L'INSERTION :
DÉFI POUR L'ANALYSE,
ENJEU POUR L'ACTION

Georges Liénard (éd.)

L'insertion : défi pour l'analyse, enjeu pour l'action

MARDAGA

Le CERISIS-UCL remercie de leur soutien et de leur confiance les organismes qui ont financé les travaux à la base de ce livre : le Fonds Social Européen (dans le cadre de l'Objectif 1 Hainaut), la Région Wallonne, la Communauté Française de Belgique, les Services fédéraux des affaires scientifiques techniques et culturelles et l'Université catholique de Louvain.

2001 Pierre Mardaga éditeur
Hayen, 11 - B-4140 Sprimont (Belgique)
D. 2001-0024-23

Ce livre a pu être réalisé grâce aux multiples apports des personnes impliquées dans les organismes d'enseignement, de formation et d'insertion, ainsi que des responsables sociaux, politiques et économiques. Leur lutte contre les inégalités économiques et sociales qui touchent nombre d'habitants de nos régions a constitué un des ferments de notre réflexion. Qu'ils soient ici remerciés pour leur contribution. Nous espérons que ce livre correspond à leur travail et à leur engagement.

Nous tenons également à remercier Mesdames Viviane Faucon, Anne Moiny et Pascale André pour leur soutien administratif permanent.

Tous les auteurs des articles présentés dans cet ouvrage ont été ou sont chercheurs au Cerisis, Centre de Recherche Interdisciplinaire pour la Solidarité et l'Innovation Sociale. Etabli à Charleroi (Belgique), ce centre de recherche en sciences humaines composé d'économistes, de psychologues et de sociologues, fait partie de l'Université catholique de Louvain.

Ont participé à la rédaction des différents articles :

Bernard Delvaux, sociologue
Anne Deprez, historienne et démographe
Donatienne Desmette, psychologue
Valérie Dumont, psychologue
Bruno Gilain, économiste
Caroline Gaussin, économiste
Ginette Herman, psychologue
Bertrand Jadoul, économiste
Christine Jaminon, sociologue
Catherine Lefèvre, psychologue
Georges Liénard, sociologue
Marthe Nyssens, économiste
Francesca Petrella, économiste
David van Ypersele, psychologue

Introduction

Georges Liénard

La problématique de l'insertion est devenue l'objet d'une multitude de démarches d'analyse. Inexistante voici quelques dizaines d'années, cette question s'est imposée sous la conjonction de plusieurs phénomènes sociaux entrecroisés. La question de l'insertion, qui mobilise tant d'énergies humaines, est donc bel et bien un construit social, et pas une « évidence ». A ce titre, le fait que la non-insertion soit désignée comme problème (occultant de ce fait d'autres problèmes sociaux pour leur part minimisés) ainsi que la manière dont est posée la question peuvent être décortiqués et critiqués. Mais, par ailleurs, faire de la non-insertion un problème n'est pas totalement hors de propos. Ce mot renvoie en effet à des réalités concrètes, à de la souffrance humaine. L'analyste ne peut donc se contenter de dire que la souffrance du non inséré découle du fait que la société a fait de cette non-insertion un problème, un manque, un échec.

C'est ainsi qu'il faut, le plus lucidement possible (donc en percevant et dénonçant l'excessive désignation négative de la non-insertion), aborder cette réalité. En tant que chercheurs, les auteurs de ce livre ont tenté de le faire sans nier la complexité de la question. C'est ainsi que, face aux trois dimensions de la question de l'insertion, ils ont tenté de développer une démarche interdisciplinaire, partenariale et engagée.

LES TROIS DIMENSIONS DE LA QUESTION DE L'INSERTION

L'insertion est un construit social complexe. Elle est produite par l'action historique et institutionnelle des hommes, par l'évolution de leurs relations de pouvoir et de leurs droits sociaux et politiques, par la transformation de leurs structures économiques et de leurs institutions morales et sociales. A une époque où l'emploi conditionne largement l'insertion sociale des individus, ce construit social comprend trois dimensions interdépendantes : la première concerne la structuration des formes d'emploi et de non-emploi et la «distribution» inégalitaire des individus entre ces diverses formes, la seconde a trait aux statuts et rôles sociaux associés à ces diverses formes d'insertion et de non-insertion ; la troisième concerne les diverses formes d'identité psychosociale associées à ces formes ainsi que les diverses stratégies que les individus peuvent mettre en place lors de la perte d'une insertion sociale reconnue ou non.

Sur la première dimension, d'importants changements ont été observés en vingt ans. Dans les sociétés d'Europe Occidentale, l'emploi, défini selon des critères de dignité et d'inscription dans une sécurité d'existence de long terme, avait connu une période d'expansion quantitative et qualitative entre 1945 et 1970. Il est redevenu, depuis la fin des années 1970, un bien relativement rare dont la production et la répartition sont la source d'un renouvellement significatif des inégalités. La diversification des formes d'emploi induit une segmentation importante du corps social basée sur des changements profonds dans l'ordre économique, dans les relations de pouvoir entre les divers facteurs de production (capital, travail) et entre les diverses formes d'économie (marché, état, économie sociale et économie non monétaire).

En ce qui concerne la seconde dimension de l'insertion, on voit bien que l'emploi et le non-emploi (dans leurs diverses formes) sont devenus la principale force intégrant ou désaffiliant l'individu et structurant ses rôles et ses statuts. Par la position sociale (positive, vulnérable, fragile, précaire ou dominée) qu'ils procurent dans le circuit de production, d'échange et de répartition, ils génèrent diverses formes d'insertion, de non-insertion ou de désinsertion définies en fonction de la référence actuellement dominante dans la société.

Enfin, sur la troisième dimension, force est de constater que, puisque l'emploi et le non-emploi (qui en est la face négative, du moins quand il n'est pas reconnu comme légitime) sont devenus nettement prépondérants par rapport à d'autres formes d'activité, ils contribuent grandement à la construction et aux transformations de l'identité psychosociale et de l'estime de soi. A leur tour, les caractéristiques diversifiées de l'identité sociale contribuent à dessiner les stratégies que l'individu pense pouvoir développer (Doise, 1982, 15-47).

ANALYSE DES DIMENSIONS ET DE LEUR INTERDÉPENDANCE

A chacune de ces trois dimensions de l'insertion, on est tenté de faire correspondre une approche disciplinaire particulière : l'économie pour la première, la sociologie pour la seconde, la psychologie pour la troisième. Pourtant, les frontières sont plus floues qu'il n'y paraît et l'un des enjeux consiste précisément à aborder chacune de ces dimensions de façon interdisciplinaire. Cette approche interdisciplinaire s'impose encore plus lorsqu'il s'agit ensuite de discuter des interdépendances entre ces trois dimensions et des effets «multidimensionnels» des politiques «publiques» ou «privées» mises en place pour agir sur elles.

Les processus de production et de répartition de ce bien relativement rare qu'est l'emploi digne (de type contrat à durée réellement indéterminée avec droits sociaux y afférents) font le plus souvent l'objet d'une analyse économique. Les critères pertinents d'une telle analyse ne peuvent se limiter à l'égalité des chances offertes aux individus mais doivent intégrer le contenu des politiques d'égalité des chances. L'analyse articule ainsi l'économique et le social en prenant en compte les inégalités (politiques, sociales, culturelles, économiques) préexistantes. On tente ainsi de dépasser les études qui se limitent à une égalité de chances formelle en droit mais qui oublient l'analyse des conditions permettant aux individus de s'approprier efficacement, en tenant compte des inégalités qui les frappent, plusieurs des «chances» qui leur sont proposées. L'analyse économique, oubliant souvent qu'elle est aussi une science morale (Sen, 1993 et 1999), n'incorpore que difficilement ces faits dans son paradigme dominant de référence. Or, elle ne peut pas ignorer les rapports sociaux de pouvoir (Granovetter, 2000; Laville, 1997). C'est à partir d'un tel socle que doivent s'analyser le contenu et l'efficacité des divers types d'économie (de marché, d'état ou sociale) et des diverses politiques ainsi que les trajectoires d'insertion et de non-insertion. Il s'agit entre autres de mieux comprendre les principaux déterminants structurels et individuels de ces trajectoires de désinsertion ainsi que leurs conséquences durables, les possibilités d'en sortir ou d'en demeurer victimes contraintes ou adaptées. Une collaboration entre l'économie, la sociologie et la psychologie s'impose pour mener à bien une telle approche.

Dans le même temps, il est souhaitable d'articuler à cette analyse socioéconomique la compréhension des processus d'intégration ou de désinsertion des individus par rapport à la construction des normes sociales. Dans ce champ d'analyse, les questions sont nombreuses.

– Certaines concernent la manière dont la société s'accommode de la présence de personnes non insérées. Comment se restructure la société et comment parvient-elle à «gérer» la non-insertion ou l'insertion compétitive de ses membres? Selon quels processus les conflits sociaux potentiels se déclenchent-ils ou ne se déclenchent-ils pas?

– D'autres questions tentent de mieux saisir les responsabilités sociales. En quoi les diverses formes d'insertion et de non-insertion sont-elles liées à la modification des processus et des normes de socialisation, à la transformation des caractéristiques des divers personnels des organisations chargées de la socialisation ainsi qu'aux évolutions des caractéristiques sociales, culturelles, symboliques et économiques des individus concernés? Comment se défont, s'effritent ou se redéfinissent les processus de solidarité quand s'étend l'individualisme dans son aspect négatif, c'est-à-dire celui d'individus se sentant assez forts pour pouvoir se passer des protections collectives? (Castel, 2000; Granovetter, 2000, 149-192).

– Enfin, un troisième ensemble de questions s'interroge sur le caractère structurant d'autres formes d'activité humaine que l'emploi. Comment s'est construit le monopole social et symbolique de l'insertion par l'emploi? A quelles conditions une conception plurielle de l'insertion peut-elle exister et ne pas pénaliser celles et ceux qui revendiqueraient une forme élargie ou différente de reconnaissance sociale avec les droits sociaux et économiques y afférents? Ces diverses questions sont le plus souvent traitées par la sociologie, mais on voit bien que cette discipline gagne à être complétée par des approches psychologiques et économiques.

L'analyse de l'insertion nécessite également la compréhension de la construction et du fonctionnement de l'identité sociale. Il est indispensable de comprendre le processus mouvant de l'identité sociale puisque, à la fois, celle-ci «est influencée par» et «agit sur» les trajectoires des individus. Influencée, car les positions sociales qu'occupe l'individu au cours de sa trajectoire de vie structurent fortement son identité, du fait des statuts et rôles sociaux liés à ces positions. Mais, en retour, l'identité influence la trajectoire: elle pèse en effet sur une série de variables médiatrices : les comportements cognitifs, perceptifs, évaluateurs des individus, leurs représentations et leurs schèmes d'action et, *in fine*, les stratégies qu'ils développent. A propos de cette influence de l'identité sur les trajectoires, de nombreuses questions peuvent être formulées. Ainsi :

– Par quels processus dits « subjectifs ou intériorisés » (dont les effets sont aussi réels que ceux des processus dits « objectifs ou extérieurs ») se produisent les stratégies individuelles et collectives d'obtention d'emploi ou de réaction face à une situation de non-emploi ?

– Quels sont les facteurs « subjectifs » engendrant des stratégies de soumission, d'intériorisation honteuse de sa situation, d'adaptation, de résistance ou de réaction dynamique ?

Les questions peuvent aussi être plus ciblées sur les dispositifs que les acteurs politiques et sociaux ont construits en vue de favoriser l'insertion ou la réinsertion. Ainsi :

– Quelles pédagogies individuelles et de groupe ou quelles interactions individu-groupe peuvent contribuer à renforcer les stratégies dynamiques ou modifier les pratiques autohandicapantes, tant sur le plan cognitif que sur le plan de l'estime de soi et du sentiment d'efficacité ?

– A quelles conditions sociales et psychosociales les effets positifs d'un dispositif d'insertion sur la qualité de vie ou le développement personnel peuvent-ils se transférer et induire des conséquences positives dans l'élaboration des stratégies et des pratiques d'insertion ?

Répondre à de telles questions nécessite une alliance entre les approches de la psychologie cognitive et de la psychologie sociale, cette dernière jetant par ailleurs des ponts vers la sociologie.

INTERDISCIPLINARITÉ ET PARTENARIAT

Le chemin ici esquissé et que ce livre tente d'emprunter peut être comparé à la production d'une symphonie ou d'une chanson. Celle-ci demande que le compositeur ait une représentation mentale des relations entre les notations des divers instruments et que les divers instrumentistes, sous la conduite d'un(e) chef d'orchestre[1] rompu au déchiffrement des partitions, au sens des œuvres et aux relations entre le rôle et la fonction des divers instruments, s'approprient la technique et le sens de l'œuvre afin qu'au bout du chemin leurs interactions produisent en continu les enchaînements musicaux recherchés par le compositeur pour le plaisir des auditeurs, participants et producteurs. Le travail déployé diachroniquement s'exprime, lors de l'exécution de l'œuvre, en un accord transversal unique. La compréhension de la complexité des processus d'insertion par les sciences humaines relève d'un travail du même ordre.

Ainsi, pour appréhender et comprendre (au sens fort du terme) ce que l'action politique et sociale a désigné comme l'insertion ou la non-insertion, pour rendre compte des aspects multidimensionnels et de la complexité de cet «objet», il convient d'adopter une démarche «interdisciplinaire» et de partenariat. La démarche «interdisciplinaire» s'appuie sur le croisement et la confrontation entre diverses disciplines scientifiques (sociologie, économie, psychologie sociale et cognitive), démarche d'autant plus complexe que chaque discipline doit elle-même faire des choix pertinents parmi plusieurs paradigmes de référence faisant chacun apercevoir, malgré leurs manques, tel ou tel aspect de la réalité. Le «partenariat» entre praticiens, experts de terrain et chercheurs construit la connaissance en développant une démarche basée sur la confiance et la critique réciproques entre le savoir des experts de terrain et le savoir des chercheurs. Cette réciproque interpellation confiante et critique permet de mieux comprendre les diverses dimensions de l'insertion car elle articule théorie et pratique, induction et déduction, problématisation théorique et questions d'action, enjeu sociopolitique et enjeu scientifique.

Cette démarche pluridisciplinaire et de partenariat ne se limite pas seulement à attribuer à chaque discipline l'analyse de tel ou tel aspect de la réalité de l'insertion. Elle invite chaque discipline à questionner les deux autres, à percevoir les limites de sa propre logique et à construire un modèle multidimensionnel. L'expert de terrain, lui aussi, interpelle le cloisonnement disciplinaire et oblige à distinguer et à relier travail d'analyse, enjeux d'action, évaluation des politiques et propositions en fonction de finalités explicites.

Une troisième caractéristique de notre démarche est l'engagement de morale politique qui le sous-tend. Qu'elles le veuillent ou non, qu'elles l'acceptent ou non, que ce soit implicite ou explicite, les sciences sociales sont reliées, certes de façon spécifique et contrôlée, aux engagements de morale politique. Pour nous, la recherche de l'égalité et de la dignité des hommes ne constitue pas seulement des critères pour l'action humaine mais aussi pour toute science sociale digne de ce nom. Notre souhait est que ce travail permette un pas, des pas dans la réduction de deux des inégalités les plus graves : la privation de l'emploi et la non-reconnaissance ou la déconsidération sociale.

PLAN DE L'OUVRAGE

L'ouvrage est composé de quatre parties. La première a pour objectif de présenter la nature des regards scientifiques que posent sur l'insertion les trois disciplines auxquelles se réfèrent les auteurs de cet ouvrage. Sociologie, psychologie et économie proposent des approches variées de l'insertion. Chaque discipline a en effet construit son objet à partir de ses postulats fondateurs et de ses méthodologies de recherche. Mais la présentation des trois regards disciplinaires met en évidence qu'il n'existe pas, en leur sein, de pensée unique. Chacune des disciplines construit son approche de l'insertion dans un mouvement dialectique qui propose des conceptions parfois contradictoires, parfois complémentaires. Cette variété des conceptions existant à l'intérieur des trois disciplines est d'ailleurs l'une des sources d'un dialogue transdisciplinaire.

La seconde partie dissèque certains liens entre enseignement et insertion. Le rapprochement de ces deux termes n'étonnera personne. L'insertion d'un individu dans la société contemporaine est en effet fortement corrélée à son parcours scolaire. Cependant, cette unanimité masque une pluralité de lectures de ce qui constitue le ciment des deux termes. La lecture traditionnelle réduit l'enseignement à un temps de préparation à l'insertion professionnelle. La réalité n'est pas aussi simple. Ainsi observe-t-on une certaine interpénétration de la préparation aux rôles familiaux et professionnels dans des sections qualifiantes traditionnellement féminines. Cette pluralité des liens qu'entretiennent enseignement et insertion n'empêche pas que l'insertion professionnelle demeure l'étalon principal à partir duquel se structure l'actuelle hiérarchie des enseignements, qui conditionne puissamment l'identité des jeunes, leurs valeurs, leurs connaissances et compétences et, par là, leur insertion.

La troisième partie présente plusieurs analyses psychologiques de l'insertion, centrées sur le classique objet d'étude de la psychologie, à savoir l'individu dans ses interactions avec son environnement. Qu'il s'agisse d'évaluer les effets de dispositifs de formation socioprofessionnelle ou les effets d'autres activités dans lesquelles peuvent s'engager les personnes sans emploi, le chercheur psychologue fait intervenir des mesures afférentes au sujet lui-même et à ses représentations du monde. Les recherches portent sur des variables comme le bien-être et la santé mentale, ou l'identité personnelle et sociale. Elles visent ainsi à comprendre les processus cognitifs et psychosociaux qui animent l'individu inscrit dans une réalité sociale. Ce faisant, elles ouvrent aussi à une compréhension plus complexe et plus multidimensionnelle du phénomène d'insertion.

La quatrième et dernière partie s'interroge sur le vaste champ des politiques d'insertion, développées pour «lutter contre l'exclusion», «resocialiser», «activer les chômeurs» ou encore les «réinsérer professionnellement». Ces politiques sont frappées du sceau de l'ambivalence puisqu'elles peuvent être levier d'une intégration effective ou une nouvelle forme de contrôle social et de mise à l'écart. Les lignes de conduite des pouvoirs publics ne sont pas toujours claires et adaptées au champ des activités d'insertion. Et lorsqu'elle sont fixées précisément, ces lignes directrices ne correspondent pas nécessairement aux attentes des bénéficiaires des politiques d'insertion. Un tel décalage peut conduire à un échec relatif des programmes mis en place. Un autre danger guettant les politiques d'insertion est d'imposer de manière trop réductrice la logique d'insertion professionnelle à des domaines d'activité qui, comme celui des services de proximité, peuvent être source d'insertion multidimensionnelle (professionnelle, sociale et citoyenne) touchant non seulement les travailleurs, mais aussi les usagers et leur entourage, voire les bénévoles.

NOTE

[1] Dans le cas présent, il ne s'agit pas d'un «unique» chef d'orchestre mais d'une équipe ayant appris, par la coopération exigeante et critique, des principes communs de production.

PREMIÈRE PARTIE

REGARDS DISCIPLINAIRES SUR L'INSERTION

Est-on inséré si on est sans travail ou si l'emploi que l'on occupe est mal rémunéré, à temps partiel ou temporaire ? Est-on inséré si le statut conféré par l'emploi est source de stigmatisation sociale ? Est-on inséré si on connaît un état d'épuisement physique ou mental ? Est-on inséré si l'environnement social, professionnel ou familial est réduit à portion congrue ? La diversité de ces questions suggère que la notion d'insertion implique une approche multidimensionnelle, conjuguant des apports relevant de plusieurs disciplines des sciences humaines. Ainsi, on ne peut appréhender l'insertion que si on analyse, de manière complémentaire, ses composantes économique, sociologique et psychologique. C'est l'option qu'ont prise les auteurs de cet ouvrage. Dans l'introduction, Georges Liénard systématise d'ailleurs certaines des complémentarités qui sont développées ultérieurement.

Cependant, même si un dialogue s'est construit entre différents éclairages, chacun d'entre eux repose sur des paradigmes qui lui sont spécifiques. Chaque discipline a en effet construit son objet à partir de ses postulats fondateurs et de ses méthodologies de recherche. Les systèmes de pensées qui en découlent présentent donc des caractéristiques qu'il importe de mettre à jour afin de comprendre la nature des convergences ou des oppositions qui peuvent surgir entre disciplines. La première partie de cet ouvrage est dès lors consacrée à la manière dont trois des disciplines qui ont contribué à la compréhension du mécanisme de l'insertion l'ont élaboré sur le plan épistémologique. Successivement sont présentés les regards sociologiques, psychologiques et économiques portant sur l'insertion.

L'approche sociologique, développée dans le chapitre 1 par Christine Jaminon, propose une analyse qui met en évidence la diversité, voire parfois l'antagonisme, des conceptions de l'intégration. Un premier courant la considère comme une dynamique inhérente à la vie sociale : il n'est de société et d'insertion dans cette société que si les normes et les valeurs ont été intériorisées par les individus. A l'opposé, un autre courant affirme que l'insertion est le résultat de rapports de force qui s'exercent au sein d'une société. Elle se limite dès lors à l'imposition de la culture véhiculée par la classe dominante. Un dernier courant tente de renouveler le débat en proposant une conception de l'insertion basée sur la possibilité de l'individu de penser et de construire, à l'intérieur des contraintes caractérisant sa position sociale, sa propre insertion.

Le regard psychologique exposé dans le chapitre 2 par Ginette Herman, Donatienne Desmette et Valérie Dumont n'échappe pas à la pluralité des analyses. Certains courants considèrent que l'insertion possède des contenus spécifiques et définis *a priori* comme, par exemple, le bien-être des individus ou leur qualité de vie. Pour d'autres courants, il ne s'agit là que de normes sociales, susceptibles d'être transformées au gré des rapports de domination qui s'instaurent entre groupes de haut statut (autrement dit, insérés) et groupes de faible statut (dits marginaux ou désinsérés).

Le point de vue économique, présenté dans le chapitre 3 par Bertrand Jadoul, Marthe Nyssens et Francesca Petrella, est construit à partir de l'analyse des différents principes qui organisent l'allocation des ressources entre différents agents économiques. D'entrée de jeu, ce texte signale l'existence de différents courants qui s'opposent à la mise en place d'une pensée univoque en matière d'insertion. Ainsi, si le courant néo-classique considère que les mécanismes de l'insertion sont supposés relever des lois du marché et pouvoir être analysés sur base de la théorie des choix rationnels, des extensions au paradigme néo-classique ainsi que des approches relevant de la socioéconomie mettent en avant la pertinence de principes organisateurs non marchands. Ces courants «hétérodoxes» questionnnent la pertinence d'une rationalité économique globalisante et tentent d'analyser des dimensions telles que, par exemple, l'établissement de relations de confiance entre différents agents économiques ou encore l'articulation entre des logiques marchandes et non marchandes.

La brève présentation des trois regards disciplinaires qui vient d'être faite (mais qui sera amplement développée dans les pages qui viennent) met en évidence qu'il n'existe pas, en leur sein, de pensée unique. Chacune des disciplines construit son approche de l'insertion dans un mouvement dialectique qui, de place en place, propose des conceptions parfois contradictoires, parfois complémentaires. C'est d'ailleurs grâce à la variété des conceptions existant à l'intérieur des trois disciplines qu'un dialogue peut s'instaurer de manière transversale. Par exemple, chacune d'entre elles est traversée par un courant qui met en exergue la nécessité d'analyser l'insertion à partir des institutions, des normes et des forces sociales qui composent la société. Ce courant affirme que l'insertion ne peut être isolée des systèmes de relations économiques, sociales, culturelles ou politiques. Les trois disciplines, dans certaines de leurs orientations, convergent donc vers l'idée que l'insertion est une construction sociale, directement dépendante du contexte dans lequel cette notion est pensée et agie.

Une autre caractéristique commune transparaît en filigrane dans chacune des trois approches disciplinaires exposées ci-après. Il s'agit des liens qui peuvent s'instaurer entre analyse et action. Certains des courants présentés ne se cantonnent pas à une neutralité morale. Ils prennent le parti de privilégier les approches qui, tout en ne cédant en rien sur les critères de scientificité requis, développent des analyses compatibles avec une société plus équitable, plus humaine.

En dépit des convergences mentionnées, le lecteur constatera, à l'issue de la présentation de ces trois approches, que même si quelques communautés d'idées peuvent être dégagées, le chemin vers l'interdisciplinarité est encore long et complexe.

Chapitre 1
Regards sociologiques
Christine Jaminon

Le concept d'insertion est apparu dans les années 60 et s'est fortement répandu dans les années 70. Il est issu du champ des politiques publiques ainsi que du champ de l'intervention sociale. A son origine, cette notion concernait la jeunesse et particulièrement le processus d'adéquation des jeunes sortants du système scolaire avec les positions qu'ils occuperont sur le marché du travail : «l'insertion renvoie à l'imaginaire d'une adaptation fonctionnelle des pré-requis cognitifs personnels à des types d'emplois» (Eme B. et Laville J.L, 1994, 167). Ce concept évolue parallèlement au chômage qui touche les sociétés industrielles depuis le milieu des années 70. Il désigne alors de plus en plus la «régulation fonctionnelle de l'exclusion sociale et professionnelle des jeunes, puis d'autres catégories de populations de plus en plus touchées par les effets de la crise : l'insertion va peu à peu concerner toutes les catégories de population rendues vulnérables» (*ibidem*, 167).

Le concept d'insertion concerne principalement la sphère professionnelle puisqu'il s'agit d'analyser les mécanismes liés au marché du travail. Il touche également d'autres sphères puisqu'on parle désormais d'insertion sociale et de resocialisation. Ces éléments interviennent dans les analyses étant donné leur lien avec l'insertion professionnelle, qu'ils handicapent ou favorisent. L'insertion sociale est considérée depuis la fin des années 80 comme une étape préalable à l'insertion professionnelle, ce que Nicole-Drancourt et Roulleau Berger (1995) mettent en évidence : «en phase avec les préoccupations des politiques publiques, les travaux scientifiques s'intéressent alors à "l'insertion", autrement dit aux moyens "d'incorporer" (sens littéral d'insertion) les jeunes dans l'emploi. Plus le taux de chômage des jeunes augmente, plus l'analyse se focalise sur "l'entrée dans la vie active". L'idée d'insertion va alors se diluer pour se réduire très rapidement à celle d'insertion professionnelle. Ce thème devient alors un des champs de recherche les plus fréquentés des années 80» (22).

Le concept d'insertion n'est apparu que récemment comme nous venons de le voir. De plus, ce concept est apparu dans le champ politique et celui des pratiques sociales. Les sociologues ont alors été appelés à travailler à partir de ce concept dans le cadre d'évaluation de politiques publiques ou de pratiques sociales traitant de cette problématique : «La notion d'insertion est venue se substituer à celle d'intégration dans le champ politique quand on a commencé à parler du chômage d'exclusion. L'apparition de la notion d'insertion rend compte du fait qu'on ne s'intègre plus de la même façon dans le travail aujourd'hui» (Nicole-Drancourt et Roulleau-Berger, 1995, 19). Or, la sociologie avait jusque-là traité du concept d'intégration et non de celui de l'insertion. Le concept sociologique originel est donc celui d'intégration. Afin de mettre en évidence les différentes conceptions sociologiques, c'est le concept d'intégration que nous allons analyser.

Nous pouvons définir les paradigmes sociologiques sur un axe opposant l'intégration au conflit. Les écoles fonctionnalistes et structuro-fonctionnalistes sont situées proches du premier pôle. L'intégration des normes permet la cohésion de la société, celle-ci s'opérant par le processus de socialisation. A l'opposé, on trouve un second pôle : celui du conflit. Parmi les écoles qui caractérisent ce pôle, la principale est le marxisme selon laquelle les rapports sociaux de production sont centraux. Par conséquent, la position des individus au sein des rapports sociaux de production définit leur intégration. Nous allons développer chacune de ces conceptions. A ces deux conceptions s'en ajoutent une troisième que nous qualifierons de «constructiviste». Nous allons développer chacune de ces conceptions et tenter de voir comment des recherches s'inscrivent au sein de ces conceptions.

1. CONCEPTION FONCTIONNALISTE

La représentation du concept de société émerge avec la sociologie lors de l'industrialisation (Dubet & Martucelli, 1998). En effet, il apparaît alors que la question sociale est celle du maintien de la solidarité et de la cohésion sociale dans une société en pleine restructuration. Face à la décomposition de la société rurale dans laquelle la notion de communauté était centrale, la représentation sociologique qui émerge oppose alors la société à la communauté.

Selon cette conception, la société est représentée par un système. Elle est définie comme « une cohérence fonctionnelle dans laquelle la diversité des statuts, des rôles et des institutions contribue à assurer l'intégration de l'ensemble » (Dubet & Martucelli, 1998, 26).

Le paradigme de l'intégration peut se définir comme suit : « les conduites de chaque individu sont déterminées (donc socialement contrôlées) par les autres individus, qui obéissent eux-mêmes et défendent des normes ("des règles") sociales qui leur préexistent et qui sont structurées. Donc, chacun obéit aux "autres", ou plus précisément à un autre généralisé et impersonnel. (...) La cohésion du tout malgré les changements se maintient par le consensus de (presque) tous, par la soumission à un contrôle normatif exercé par "on", c'est-à-dire à la fois par personne et par tous les autres » (Bajoit, 1992, 24-25). On peut également définir ce paradigme comme « un processus par lequel une collection hétéroclite d'éléments se transforme en un ensemble, un système, une totalité c'est-à-dire quelque chose qui a sa propre unité, sa propre spécificité » (Barel, 1990, 85).

Le processus de socialisation est un élément central développé par la sociologie classique pour expliquer la cohérence de la société. Il permet à chacun d'exercer ses rôles sociaux en développant une autonomie individuelle. L'individu moderne se différencie de l'homme de la communauté : les croyances collectives, les codes culturels ritualisés, le contrôle du groupe sont remplacés par des valeurs universelles, des rôles multiples et autonomes, un contrôle social de type subjectif et des règles morales intériorisées qui deviennent des obligations subjectives. « Plus l'individu est socialisé dans des valeurs modernes et universelles, plus il fait l'apprentissage de la liberté et de l'esprit critique. Plus il se libère du poids de la tradition, plus il est pleinement un individu et cesse d'être le rouage "formaté" de la société dans laquelle il vit. La liberté n'est pas seulement l'oubli de la socialisation et des déterminismes ritualisés ou inconscients, elle est la reconnaissance conjointe de la nécessité et de l'autonomie morale » (Dubet & Martucelli, 1998, 45).

L'intégration se réalise donc par la socialisation qui permet l'intégration des normes et valeurs en cours dans la société et, par là, l'adaptation des individus au système social. La socialisation permet donc de modeler des individus conformes à ce que la société attend d'eux : «C'est la conformité précoce des individus aux normes et aux valeurs qui est assurée par les agents socialisateurs qui ont eux-mêmes été socialisés dans ce système et qui ont été légitimés pour assurer leur rôle de socialisateur» (Dubar, 1991, 53). Cette conception de la socialisation est une vision que l'on pourrait, avec Dubar, caractériser d'hypersocialisation puisque les marges de manœuvre individuelles sont très faibles.

Les individus qui sont mal socialisés ou qui ont un déficit de socialisation subiront alors des appareils mis en place afin de les resocialiser. Il s'agit d'appareils éducatifs, de contrôle ou de mise à l'écart. Ce mode de résolution des problèmes d'intégration fait donc porter la responsabilité sur les acteurs individuels et non sur le système : «Ainsi, le problème central des jeunes "à intégrer" est associé aux obstacles psychologiques qu'ils doivent affronter pour accéder à la vie adulte. Tout se passe comme si c'était les individus — en l'occurrence, les jeunes ou leurs parents — qui devaient porter la responsabilité de la non-intégration lorsque le système "fonctionne". Ce courant d'intervention ne cherche pas à stimuler la capacité d'intégration des structures sociales mais à "réorienter" les jeunes individus dont les trajectoires s'écartent de la norme dans une société posée *a priori* comme système intégré et intégrant» (Molgat, 1999, 82).

Dans cette conception de la société et de la socialisation, il n'y a pas de distance entre le système et l'acteur : «la notion de rôle, définissant la rencontre d'un acteur, de positions et de codes sociaux, est au centre de ce modèle de l'action. L'individu est un "personnage social" parce que le système de positions sociales et la culture sont intimement imbriqués, parce que cette intégration accroît la maîtrise de l'individu sur lui-même. (...) L'acteur n'est pas subordonné au système comme dans le monde communautaire, il est le système» (Dubet & Martucelli, 1998, 48). C'est donc par la socialisation que les membres de la société vont adhérer aux normes et ainsi être intégrés au tout.

a) Emile Durkheim

La sociologie durkheimienne fonde ce courant : la question qui se trouve au cœur du travail de Durkheim est la suivante : «qu'est-ce qui fait qu'une collection d'être humains sans relations *a priori* finit par se constituer en une "collectivité", c'est-à-dire en un agrégat, relié par des formes spécifiques de solidarité?» (Xiberras, 1998, 37). Le concept de conscience collective défini par Durkheim permet de mettre en évidence ce processus d'intégration : «en s'agrégeant, en se pénétrant, en se fusionnant, les âmes individuelles donnent naissance à un être psychique si l'on veut, mais qui constitue une individualité psychique d'un genre nouveau» (1977, 103). Cette conscience collective est différente de la conscience individuelle mais est aussi différente de la somme des consciences individuelles. Il s'agit d'une supra-entité. Durkheim explique la cohésion de la société et, donc, répond à la question fondamentale de sa sociologie comme suit : la force et le degré d'intensité reliant les hommes à la conscience collective varient avec la force et le degré de cohésion entre les hommes. Par exemple, dans les sociétés traditionnelles, les consciences individuelles sont soumises à la conscience collective. Il s'en suit une solidarité naturelle, de l'altruisme (solidarité mécanique) alors que dans les sociétés modernes, on trouve une forte différenciation (solidarité organique) : les consciences individuelles priment sur la conscience collective et on voit se développer l'individualisme ainsi que l'égoïsme. A partir de là, Durkheim développe deux concepts, celui de densité morale et celui d'anomie. La densité morale est définie comme «la cohésion qui existe autour de valeurs, d'interdits ou d'impératifs sacrés, qui relie les individus au tout social» (1977, 103). C'est elle qui influence le degré de cohérence d'une représentation collective et, par là, le degré d'adhésion chez les sujets. Dans ce paradigme, c'est le rapport aux normes, aux valeurs qui définit la cohésion de la société. Plus il est fort et plus la cohésion de la société est importante. Pour le père de la sociologie française, les normes sociales sont contraignantes et exogènes et, par là, permettent la cohésion de la société.

b) Talcott Parsons

La conception parsonienne de la société, datant de l'après-guerre, est un peu différente : la société se dote de structures sociales permettant de répondre aux besoins de ses membres, elle assure la cohésion de son système de valeurs et entretient ainsi la motivation et les «engagements» des acteurs. «Les actions individuelles se conforment généralement à des statuts et des rôles qui sont fortement connotés par les normes et les valeurs dominantes, assurant ainsi l'intégration des individus au système et le maintien d'un système intégré» (Molgat, 1999, 81).

c) Robert Castel

Le travail contemporain de Castel sur la désaffiliation semble s'approcher d'une conception fonctionnaliste de l'intégration.

Dans son analyse de la question sociale, Castel (1995) élabore le concept de désaffiliation, défini comme «la dissociation du lien social» (1991, 139) ou encore «la rupture du lien sociétal» (*ibidem*), «le décrochage par rapport aux régulations à travers lesquelles la vie sociale se reproduit et se reconduit» (1990, 154), alors qu'à l'opposé, l'intégration «serait l'inscription dans des réseaux producteurs de richesses et de reconnaissance sociale» (Castel, 1996, 32). La désaffiliation est un décrochage par rapport aux normes qui aboutit à la reconstruction de nouvelles normes et donc d'un nouveau type d'affiliation.

La désaffiliation s'analyse à partir d'un double axe : celui du travail et celui des sociabilités. «Etre dans la zone d'intégration signifie que l'on dispose des supports relationnels solides; la zone de vulnérabilité associe précarité du travail et fragilité relationnelle; la zone de désaffiliation conjugue absence de travail et isolement social» (1991, 148). Castel considère l'insertion dans la sphère du travail non comme l'inscription au sein d'un rapport technique de production mais comme un «support privilégié d'inscription dans la structure sociale» (Castel, 1995a, 13).

D'après Castel (1995a), «s'intégrer, c'est retrouver une place à part entière dans la société, se réinscrire dans la condition salariale avec ses servitudes et ses garanties» (*op. cit.*, 431). L'intégration, d'après cet auteur, s'oppose à l'inadaptation, la marginalité et la délinquance. Elle est définie par la réalisation d'un certain nombre de normes dont un cadre de vie décent, une scolarité «normale», un emploi stable, etc. Elle permet donc d'avoir les moyens de partager les normes et valeurs en vigueur dans la société, c'est-à-dire avoir le droit d'être conforme (par exemple avoir un travail, accéder à l'école, avoir un logement). Deux éléments participent au processus de marginalisation ou d'intégration : les structures de base de la société (dont l'organisation du travail) et le système de valeurs.

L'approche castellienne en termes de désaffiliation telle que nous venons de la développer est donc proche d'une conception fonctionnaliste de l'intégration. En effet, c'est le rapport aux normes et surtout la réalisation des normes qui définit l'intégration des individus à la société. Est donc intégré celui qui a les moyens de pratiquer les normes et notamment celle de l'emploi dans le contexte socioéconomique actuel.

2. CONCEPTION CONFLICTUELLE

Cependant, la société n'est pas que système. Elle est aussi traversée par les conflits de classe. En effet, on peut décrire la société comme le résultat de «conflits et d'ajustements entre groupes sociaux pour l'exercice et l'orientation des fonctions fondamentales de la vie collective humaine : l'économique, le politique et le symbolique» (Deschamps, 1993, 120).

L'intégration est alors le résultat de rapports de forces dans la société. Ceux-ci sont institutionnalisés par des organes de négociation. Ce sont donc les rapports de force qui définissent l'intégration des individus. Dans ce paradigme, l'intégration peut être définie comme le «processus par lequel un élément est rendu apte à être incorporé à un ensemble existant, admis comme membre légitime du tout qu'il constitue» (*op. cit.*, 85). Dans ce cadre théorique, il y a inégalité de fait entre le sujet intégré et le sujet qui s'intègre.

Dans ce courant théorique, la socialisation est considérée comme une programmation de l'individu permettant sa domination. Même l'éducation à l'autonomie peut alors être lue comme un travail de soumission de l'individu au social. «La subjectivation est perçue comme la ruse ultime de la socialisation moderne. L'autonomie individuelle n'est qu'une illusion nécessaire à l'accomplissement total de la socialisation. L'intériorisation des normes et des codes est si absolue que l'individu oublie les sources sociales de ses conduites, de ses pensées et de ses sentiments profonds» (Dubet & Martucelli, 1998, 45).

La socialisation est donc un mécanisme d'intériorisation de la culture «universelle» qui n'est autre que celle de la classe dominante. «Il est ainsi exigé d'une partie de la population qu'elle réponde à des valeurs et des normes de comportements en porte-à-faux par rapport à son origine et son vécu de classe, c'est-à-dire son expérimentation quotidienne des rapports sociaux; cette exigence trouvant sa justification dans la "nécessité fonctionnelle" des stratifications sociales qui induit un lien dans la hiérarchie et un consentement à ce lien» (Deschamps, 1993, 124). Dans cette vision comme dans la conception fonctionnaliste, il n'y a pas de distance entre l'acteur et le système, entre l'objectivité et la subjectivité.

L'habitus développé par Bourdieu s'inscrit dans cette perspective théorique. Il montre que la position sociale est définie de façon déterminante. L'habitus peut se définir comme suit : «identification à une position (relative) permanente et aux dispositions qui lui sont associées. Elle permet d'assurer la permanence des identités individuelles et la reproduction des structures sociales conçues à la fois comme espaces structurés selon les mêmes "positions" (haut/bas) et comme rapports de domination (dominants/dominés) entre des "positions" constamment reproduites à travers toutes les formes de changement qui ne constituent jamais que des reconversions de stratégies objectives ne modifiant pas la structuration de l'espace social» (Dubar, 1991, 75).

Le «rapport à l'activité» tel que Nicole-Drancourt l'a développé dans ses travaux semble proche d'une conception conflictuelle de l'intégration. Comme l'habitus, le rapport à l'activité explique que les individus se saisissent des opportunités qui s'offrent à eux et est grandement déterminé par la socialisation primaire.

Dans la société contemporaine, on peut dire que l'une des manières de classer les individus est fonction de l'insertion professionnelle. Les individus exclus de l'emploi pour de longues périodes, parfois même à vie, se situent au bas de l'échelle sociale. Ainsi, comme l'auteur le développe, des individus ayant un rapport faible à l'emploi auront des trajectoires d'emploi très chaotiques, et cela malgré les offres du marché du travail.

Le «rapport à l'activité» est défini comme «la position de l'individu envers "l'option professionnelle". Le terme d'option suggère que ce rapport s'inscrit dans l'imaginaire, qu'il est indépendant des opportunités d'emploi réelles (...) Le rapport à l'activité est le produit d'un apprentissage et doit être pensé en termes d'acquis ou de déficit. La qualité de ce rapport est une donnée structurante des modalités d'insertion sociale et des conditions d'accès à l'emploi car il détermine les stratégies d'engagement professionnel» (Nicole-Drancourt, 1992, 65). D'après l'auteur, c'est ce rapport à l'activité plus que le contexte économique qui définit l'insertion professionnelle.

Quels sont les indicateurs permettant de construire ce «rapport à l'activité»? Nicole-Drancourt va différencier le processus en fonction du sexe. «A la base de ces différences, on trouve la spécificité des rapports sociaux qui inscrit symboliquement et socialement les hommes et les femmes dans des espaces sexués.(...) Ces lois ont construit des fonctions références paternelles et maternelles très spécifiques aux familles nucléaires» (*op. cit.*, 65). Jusqu'ici, on ne peut dire qu'il s'agisse de constructions de sens individuelles étant donné qu'il s'agit de normes sociales. L'auteur montre d'ailleurs comment celles-ci ont émergé à partir d'une brève analyse sociohistorique. A partir de là, Nicole-Drancourt va construire des rapports à l'activité différents en fonction des sexes. La variable explicative est celle de l'identification au rôle du parent du même sexe. Ainsi, chez les femmes, cela s'observe souvent par un attrait pour le marché du travail, chez les hommes cette nécessité de travailler disparaît à cause d'un certain malaise identitaire : «plus l'enfance est contrariée (pour différentes raisons) et plus la fonction-référence des hommes (à savoir leur position sociale et professionnelle) a du mal à se construire — au point parfois d'ouvrir une béance impossible à combler» (1991, 329). Le rapport à l'activité est fortement expliqué par la socialisation primaire. Tout d'abord, le rapport à l'activité des femmes : lorsque l'enfance est bousculée dans sa symbolique traditionnelle, la fille rejette la fonction-référence féminine et son corollaire, «la vocation domestique», et son rapport à l'activité sera fortement développé. Par contre, les filles n'ayant pas rejeté cette référence ont un rapport à l'activité moins développé que les précédentes. Le rapport à l'activité est lié au «rapport au familial» défini comme la position de l'individu envers l'option domestique, c'est-à-dire envers l'idée de se définir principalement à travers des activités d'ordre privé et domestique : plus celui-ci est négatif, plus le rapport à l'activité est fort. Quant au rapport à l'activité des hommes, il dépend de leur référence au père : si l'image du père est négative ou l'enfance a été problématique, alors le rapport à l'activité sera faible. Ce dernier est donc déterminé par la socialisation primaire et médiatisé par l'identification ou non au rôle parental. Les stratégies individuelles vont alors jouer au niveau des opportunités professionnelles qui vont se présenter et que l'individu va saisir ou non en fonction de ce qui fut déterminé par la socialisation primaire. Par exemple, chez les femmes ayant un rapport à l'activité fortement développé, Nicole-Drancourt observe des trajectoires de stabilité professionnelle résultant des stratégies suivantes : peu d'exigences professionnelles (pour travailler à tout prix) et des stratégies mettant en évidence la sphère professionnelle par rapport à la sphère familiale : pas de perturbations sentimentales et programmation des événements familiaux, notamment à partir de familles hypoconjugales au sein desquelles on observe une «logique de compromis de la carrière des hommes, logique de redistribution de la fonction maternelle qui maintient les femmes au centre d'un système dont elles ont la responsabilité, mais non plus la charge exclusive» (1991, 266). Par opposition, les femmes en trajectoire précaire vivent un malaise identitaire, l'hyperconjugalité est ici un obstacle dans la mesure où il s'agit d'une «hégémonie des stratégies masculines au service desquelles toute l'organisation de la famille est consacrée» (1991, 266). Chez les hommes, l'instabilité professionnelle s'explique également par le malaise identitaire : «certains jeunes gens (de plus en plus) ne sont pas socialement prêts à s'intégrer dans la vie professionnelle à la fin du système scolaire. Un processus d'apprentissage doit se mettre en place qui retarde et désorganise d'autant la phase d'insertion » (1991, 364). « Les turbulences consacrent un temps de naissance à soi, souvent confortablement aménagé, qui précède la décision d'engagement dans la vie adulte et s'impose comme indispensable au préalable » (1991, 365).

Par contre, les trajectoires de stabilité professionnelle chez les hommes sont définies par un bon rapport à l'emploi ainsi que par l'adéquation entre les aspirations des individus, le niveau de formation et le niveau de la gamme d'emplois ouverts sur le marché.

L'auteur insiste sur la portée constructiviste du concept de rapport à l'activité. Cependant, on peut s'interroger sur la différence à opérer entre ce concept et celui d'habitus. S'agit-il d'un effet de structure et d'incorporation d'un habitus et donc de dispositions à la Bourdieu ou d'une réelle construction individuelle en fonction des opportunités? On voit que la socialisation primaire et les stratégies d'engagement professionnel sont liées, n'est-ce pas là une explication en termes d'habitus? Celui-ci est défini comme suit par Bourdieu : « système de dispositions durables et transposables, structures structurées prédisposées à fonctionner comme structures structurantes, c'est-à-dire en tant que principes générateurs et organisateurs de pratiques et de représentations » (Bourdieu, cité in Dubar C., 1991, 65). Si l'on reprend ce concept, il a une dimension qui le rend opératoire et, donc, ce qui semble être défini comme des stratégies n'est autre que la concrétisation pratique de l'habitus : « ce sont des connaissances-en-acte du sujet, des éléments cognitifs qui permettent à l'action du sujet d'être opératoire » (Liénard G., 1998, 5). Ce rapport à l'activité nous semble donc beaucoup plus proche de l'habitus que d'une construction individuelle comme Nicole-Drancourt l'énonce.

3. CONCEPTION CONSTRUCTIVISTE

La sociologie contemporaine marque l'éclatement des conceptions classiques de l'intégration. Un nouveau courant de recherche va se développer, il s'agit du constructivisme. « La réalité sociale tend à y être appréhendée comme construite et non comme "naturelle" ou "donnée" une fois pour toutes » (Corcuff, 1995, 6). Bien que ce concept recouvre une grande diversité de conceptions, les auteurs tentent de dépasser les dichotomies présentes dans les conceptions précédentes, à savoir celle opposant une conception collective à une conception individualiste, l'objectif au subjectif, le macro au micro, introduisant la réflexivité de l'acteur : « les réalités sociales sont tout à la fois objectivées et intériorisées.

D'une part, elles renvoient à des mondes objectivés : les individus et les groupes se servent de mots, d'objets, de règles, d'institutions, etc., légués par les générations antérieures, ils les transforment et en créent de nouveaux. Ces ressources objectivées, donc extériorisées par rapport à eux, agissent en retour comme contraintes sur leur action, tout en offrant des points d'appui à cette action. D'autre part, ces réalités sociales s'inscrivent dans des mondes subjectifs et intériorisés, constitués notamment de formes de sensibilité, de perceptions, de représentations et de connaissances» (*op. cit.*, 18).

Le concept de socialisation cède la place à d'autres concepts accentuant davantage des dimensions individuelles. Ainsi, celui d'identité défini par Dubar (1991) est composé de deux facettes, l'une sociale (donnée par les institutions et les agents sociaux), l'autre individuelle. Cette seconde facette met l'accent sur l'autonomie individuelle et remédie donc aux limites du concept de socialisation tel que défini classiquement par un conditionnement social : «la division du soi comme expression subjective de la dualité du social apparaît clairement à travers les mécanismes d'identification. Chacun est identifié par autrui, mais peut refuser cette identification et se définir autrement» (Dubar, 1991, 114).

Le concept de projet est un autre concept développant cette dimension individuelle (Beret, 1996). Certes, il est défini comme le produit d'une socialisation (un conditionnement) mais aussi comme une construction de l'agent : «le concept de projet synthétise aussi bien les déterminants du cursus passé de l'individu que l'orientation de sa stratégie» (1996, 175).

Dubet & Martucelli (1998), quant à eux, développent le concept d'expérience sociale. «Les individus sont davantage définis par leurs expériences que par leurs rôles. L'expérience sociale procède d'un double mécanisme. D'une part, elle est une manière d'éprouver le monde social, de le recevoir, de le définir à travers un ensemble de situations, d'images et de contraintes déjà là. Elle est la version subjective de la vie sociale. D'autre part, et parce que ce monde n'a ni unité, ni cohérence, l'expérience sociale est une manière de construire le monde social et de se construire soi-même» (Dubet & Martucelli, 1998, 57). L'expérience sociale est composée de trois logiques : une logique stratégique, une logique d'intégration et une logique de subjectivation. La logique stratégique renvoie à l'influence que l'on a sur autrui et qu'autrui a sur nous. La seconde logique, celle de l'intégration, concerne l'intériorisation du social. «Il s'agit, d'une part, de l'intégration sociale, de la place de chacun dans un ensemble, il s'agit, d'autre part, d'une intégration culturelle, d'une intériorisation de principes généraux vécus comme des valeurs, comme des entités qui dominent les individus et les incluent dans des ensembles collectifs» (Dubet & Martucelli, 1998, 59). La dernière logique est celle de la subjectivation ouvrant la porte à la réflexivité et à la distanciation : même socialisé, l'individu dispose ainsi, selon ces sociologues, d'une marge de liberté, d'une distance aux normes.

Charlot & Glasman (1998) montrent que, dans le cadre de cette conception, la société n'est plus définie par des rapports sociaux ou des valeurs mais par un ensemble de positions. «La société est conçue comme un vaste puzzle. Il s'agit bien pour le jeune, alors, de s'insérer, c'est-à-dire de trouver sa place dans ce puzzle. L'individu existe socialement à travers cette place et non plus à partir d'une appartenance, d'une inscription dans des rapports sociaux, d'aspirations et de valeurs partagées avec d'autres. Penser en termes d'insertion, c'est penser un ensemble de dissociations qui requièrent un moment d'articulation, c'est aussi considérer la société comme un ensemble de places» (1998, 20).

Le travail réalisé par Roulleau-Berger autour de la «culture de l'aléatoire» semble s'approcher d'une conception constructiviste de l'intégration.

Roulleau-Berger (1997) analyse comment, en situation de précarité, les individus développent de nouvelles compétences et, par là, se construisent de nouvelles formes identitaires au sein de ce que l'auteur appelle des «espaces intermédiaires, c'est-à-dire des lieux où se redéfinissent des identités individuelles et des identités collectives de jeunes en situation précaire à partir de socialisation transitionnelle qui produisent des cultures de l'aléatoire pouvant évoluer vers de l'intégration professionnelle ou de la désaffiliation sociale» (1997, 5). Cette culture de l'aléatoire des jeunes précarisés se définit comme une nouvelle manière de se gérer. Elle est constituée de travail intérimaire, de statuts intermédiaires, d'activités associatives, de travail au noir..., et n'est donc composée que de peu d'inactivité, contrairement aux présupposés. L'auteur met en exergue le rôle de la sociabilité dans la constitution de cette culture de l'aléatoire et la conceptualise sous le vocable de «socialisation transitionnelle» se déroulant dans des mondes non institutionnels, situés hors de la sphère du travail. Les espaces intermédiaires «contiennent une diversité de formes d'échanges, marchandes ou non, légaux ou illégaux, qui se chevauchent, se brouillent (...) apparaissent à la fois comme des espaces de protection identitaire et aussi comme des lieux de mise à l'épreuve de soi» (1999, 153).

Roulleau-Berger montre que ces nouvelles compétences acquises dans le cadre de cette culture de l'aléatoire peuvent devenir *intégratives* et servir de tremplin vers l'intégration au sein du monde du travail : «nous dirons qu'on passe d'une socialisation transitionnelle à une socialisation professionnelle quand se réalise un ajustement provisoire entre des occasions d'emploi sur le marché du travail et des expériences individuelles ou collectives» (1997, 8).

Par opposition, ces mêmes compétences peuvent devenir *désintégratives* et éloigner l'individu du marché du travail : «progressivement, les jeunes s'inscrivent alors dans un processus de désaffiliation sociale qui correspond le plus souvent à l'enchaînement de plusieurs expériences vécues sur un mode négatif» (1997, 9).

On voit donc ici s'opérer une analyse de la socialisation comme incorporation de normes au moment où cette socialisation ne peut s'opérationaliser étant donné la raréfaction d'emplois stables, des individus précarisés construisent de nouvelles expériences qui vont se transformer en socialisation secondaire et servent ou desservent une intégration durable. Il y a cependant une mise à distance des normes de la socialisation secondaire due à leur inefficience et leur impraticabilité sur le marché du travail. «Dans les carrières des jeunes en situation précaire, nous avons vu qu'ils développaient des "compétences de l'expérience" (apprendre à improviser dans l'urgence, se retourner quand il y a une "embrouille" sur un quartier, gérer des tensions sur sa cité quand on y est reconnu comme leader)» (1999, 155). Se dégage alors une conception sociologique selon laquelle structures sociales et individus sont en interaction : «L'acteur n'est pas pensé comme opposé aux structures mais en interrelation avec elles. Il dispose d'un répertoire de rôles plus ou moins étendu selon ses ressources économiques, sociales et culturelles qui implique des inscriptions sociales dans plusieurs lieux à la fois. Les multi-appartenance des individus sont souvent simultanées et à la fois successives, et elles définissent des itinéraires pluridimensionnels» (1999, 156). Nous nous trouvons donc ici dans une perspective constructiviste de l'intégration où la réflexivité de l'acteur est considérée comme explicative des conduites individuelles.

CONCLUSION

Dans notre analyse des différentes approches sociologiques de l'intégration, trois conceptions ont été mises à jour : les conceptions fonctionnaliste, conflictuelle et constructiviste. La conception fonctionnaliste considère que l'individu est intégré lorsqu'il a intériorisé les normes en cours dans la société ; cette intériorisation permet à l'individu d'accomplir son rôle au sein de la structure sociale et à l'ordre social de perdurer en assurant la cohésion sociale de l'ensemble. La deuxième conception est celle d'une sociologie dialectique considérant que la société est le produit des rapports de forces; la classe dominante impose ses normes implicitement à l'ensemble de la société et principalement la position au sein des rapports de production. La troisième conception est constructiviste et considère la réflexivité des individus par rapport aux normes.

Ces conceptions ont chacune été illustrées par une recherche. Celle sur l'évolution de la question sociale menée par Castel s'inscrit dans une perspective fonctionnaliste; c'est, en effet, le rapport aux normes et surtout la pratique de celle-ci qui définit l'intégration de l'individu. Le rapport à l'activité comme élément explicatif du processus d'insertion développé par Nicole-Drancourt s'inscrit dans une perspective conflictuelle; en effet, le rapport à l'activité se construit dans l'enfance en rapport avec l'éducation parentale; ce concept est donc fort proche de celui d'habitus et, par là, d'une conception en termes de reproduction sociale. Le développement d'une «culture de l'aléatoire» analysé par Roulleau-Berger se rapprocherait de la conception constructiviste dans la mesure où les individus, par une distance aux normes, construisent une nouvelle culture.

Ces différentes conceptions sociologiques doivent nous permettre d'appréhender la relation entre l'individu et la société. Comment aujourd'hui comprendre l'intégration sociale? Comment la problématique de l'insertion et de la privation d'emploi peuvent être analysées à la lumière de ces différentes conceptions? La conception constructiviste se développe actuellement en sociologie et celle-ci permet de considérer la place de l'individu au sein du système social ainsi que sa contribution au sein de la société.

Chapitre 2
Regards psychologiques

Ginette Herman, Donatienne Desmette et Valérie Dumont
(avec la collaboration de Catherine Lefèvre)

1. ENTRE CONCEPTION NORMATIVE ET CONCEPTION OBJECTIVANTE

Lorsque la psychologie aborde la question de l'insertion, elle est confrontée à deux conceptions distinctes. La première refuse d'intégrer des standards de référence dépendant des idéologies, des systèmes de valeurs et des normes sociales d'une société. Ces standards ne lui paraissent pas, en effet, relever des principes de neutralité et d'objectivation scientifique. La seule normativité reconnue et largement exploitée dans ce cas par le chercheur en psychologie est d'ordre méthodologique et statistique. Cette conception est essentiellement de mise dans le domaine de la recherche fondamentale où l'on s'attache à comprendre les mécanismes psychologiques en jeu dans les relations sociales ou dans le fonctionnement des individus.

Quant à la deuxième conception relative à la normativité, elle reconnaît à la psychologie une finalité basée sur le bien-être personnel et social des individus. Il n'est guère étonnant dès lors que cette conception débouche sur l'étude des déterminants de la qualité de vie, de la réussite scolaire ou professionnelle, ... dans le but d'optimaliser l'intégration de personnes marginalisées par les caractéristiques liées à leur situation individuelle ou sociale (par exemple, la présence de handicaps, l'origine immigrée, le statut socioéconomique faible, les qualifications professionnelles insuffisantes). Nous nous trouvons ici à l'intersection des registres sociopolitique et scientifique, dont la démarche d'investigation se concrétise par la mise en œuvre de recherches appliquées ou de recherches évaluatives.

La distinction entre ces deux conceptions renvoie à un débat classique, celui de la place accordée à la normativité dans les sciences humaines. Le présent chapitre envisage la manière dont ce débat est traité en psychologie, en particulier au travers de deux orientations, les sciences de l'éducation et la psychologie sociale.

Néanmoins, ces deux conceptions ne sont pas antagonistes et peuvent constituer des étapes distinctes mais complémentaires de la démarche de recherche. En effet, la psychologie fondamentale, tendant à mettre en évidence les processus capitaux du fonctionnement humain, est en bonne position pour permettre l'élaboration de modèles explicatifs des réalités observées. Mais elle ne se développe pas dans un vide social. La société contribue explicitement ou implicitement à la définition des thématiques qui font l'objet de recherches. Pour illustrer l'articulation qui s'établit entre ces deux registres, on peut prendre le cas de l'insertion socioprofessionnelle. A ce propos, ce qui intéresse avant tout la société en général et le politique en particulier, c'est la mise en évidence des conditions susceptibles de faciliter l'engagement des demandeurs d'emploi. Il s'agit bien là d'une démarche normative qui privilégie une forme particulière de vie sociale, à savoir la participation de tous à la production de biens et de services. Cependant, pour répondre à cet enjeu, il est nécessaire de se référer à un schéma d'analyse qui organise les relations entre les nombreuses variables impliquées dans le problème. Et l'élaboration de ce schéma exige une démarche d'objectivation dont les différents éléments sont le résultat de recherches empiriques.

Pour préciser la complémentarité de la conception normative et de la conception objectivante, il est utile de s'inspirer du modèle d'analyse proposé par Baron & Kenny (1986). Le schéma de base de ce modèle vise à mettre en évidence des relations existant entre variables indépendantes (i.e., un type de formation) et variables dépendantes (i.e., les stratégies d'ajustement[1] ou le maintien du bien-être). Appliqué à la situation de chômage, il peut être traduit comme suit : quelle influence a la formation que fréquente un chômeur sur sa capacité d'affronter son environnement? Cette question est centrale pour analyser l'insertion. Pourtant, telle quelle, elle n'est suffisante, ni pour comprendre les processus qui sont mobilisés, ni pour proposer des lignes d'action. En effet, on sait que les individus interviennent de manière active entre la situation et les conséquences que celle-ci entraîne. Des variables médiatrices doivent donc être introduites. Elles portent notamment sur la signification psychologique et sociale que la situation revêt pour le chômeur. Ainsi, pour certains, la formation est perçue essentiellement comme un tremplin à la vie professionnelle; pour d'autres, elle représente l'occasion d'une création de liens sociaux; pour d'autres encore, elle signifie une ouverture culturelle. C'est en tenant compte du rôle médiateur de ces variables que la compréhension du phénomène étudié peut progresser.

Cependant, il importe encore d'ajouter au schéma de base les conditions sous lesquelles la relation «formation/stratégies d'ajustement» se relâche ou se resserre. En effet, certains éléments peuvent jouer un rôle tampon en renforçant ou diminuant l'impact de la formation sur les stratégies d'ajustement ou directement sur le bien-être. Ces éléments sont repris sous le nom de variables modératrices. Il en est ainsi des variables psychosociales (le soutien de l'entourage), sociodémographiques (l'âge, le sexe), socioéconomiques (le niveau de revenu, la durée du chômage) et culturelles (le niveau d'études). Par exemple, une durée importante du chômage, une baisse des revenus, un faible soutien de l'entourage semblent, au moins partiellement, réduire l'efficacité des stratégies d'ajustement des chômeurs et diminuer leur bien-être.

Dans le raisonnement que nous proposons, il reste encore une étape à couvrir. Jusqu'ici ont été présentées les dimensions propres à la démarche objectivante, basée sur une normativité méthodologique et statistique. En effet, ce sont les processus destinés à la compréhension de mécanismes qui ont été privilégiés. Aucun diagnostic n'a été posé quant à savoir qui est inséré ou qui ne l'est pas. Ceci découle du fait que l'insertion est envisagée comme une stratégie d'ajustement pouvant se décliner selon différents modes (i.e., on peut être intégré malgré un statut de chômeur et marginal en dépit d'un statut de salarié) et non pas comme un état particulier de la personne (i.e., le fait d'être sans emploi, d'être handicapé, ...).

Or, l'insertion sociale et professionnelle ne se limite pas à l'analyse des mécanismes en jeu. Elle est aussi un choix de société qui implique des sujets intentionnels, agissant en fonction d'intérêts divers. L'objet des recherches sur l'insertion est donc socialement construit. On pourrait

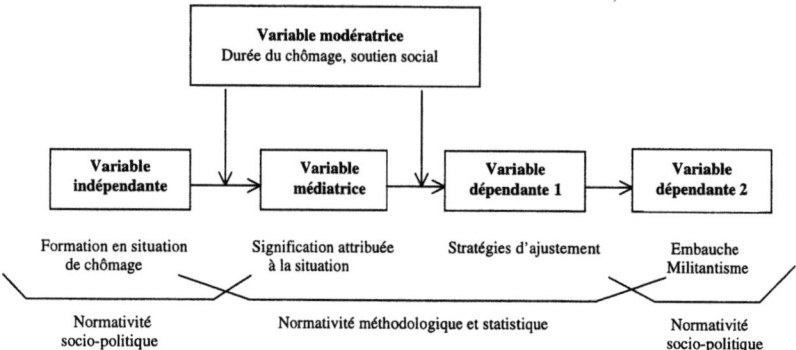

Figure 1 — Nature des variables intervenant dans l'analyse psychologique de l'insertion (la situation de chômage est présentée à titre d'exemple).

aussi dire qu'il est «socialement objectivé», c'est-à-dire constitué en tant qu'objet de recherche par les acteurs collectifs qui encadrent la problématique posée : gouvernement, employeurs, syndicats, dispositifs d'insertion, monde de l'école et de la formation, groupes de pression, ... Dans cette logique, les différents composants de la société se réservent le droit de définir les formes légitimes ou illégitimes de l'insertion, formes pouvant entrer en conflit. Par exemple, si la mise à l'emploi des adultes est généralement considérée comme le critère central et quasi unique de l'insertion, elle n'en constitue, pour une minorité d'acteurs, qu'une des possibilités. Dans ce cas, la vie associative (militantisme ou bénévolat), les activités familiales (parent au foyer) ou l'appartenance à une sous-culture font office d'insertion. Il importe dès lors d'introduire dans le schéma d'analyse une seconde variable dépendante qui puisse témoigner des priorités qu'une société ou des groupes dégagent lorsqu'ils traitent sur le plan politique des pratiques d'insertion.

Afin de permettre une vue globale des différents types de variables impliqués dans l'analyse de l'insertion, un schéma est présenté dans la figure 1.

Les recherches réalisées en psychologie dans le domaine de l'insertion reflètent la diversité des approches. Les deux orientations de recherche présentées dans les pages qui suivent n'épuisent pas la question mais fournissent des analyses contrastées.

La première orientation concerne le monde de l'éducation et examine la démarche psychopédagogique en matière d'insertion des enfants ou des adultes. Elle fournit, en particulier, un éclairage sur la manière dont la normativité sociopolitique intervient dans l'étude des mécanismes de l'insertion. Cette approche est particulièrement présente dans le fait que l'analyse débute par la sélection de populations dites à intégrer, comme les personnes handicapées, immigrées, sans emploi, les enfants malades en situation scolaire et dans le fait qu'elle débouche sur la conception de programmes d'intervention destinés à optimaliser l'intégration de ces personnes «différentes». Mais cette approche ne se réduit pas au traitement de la composante normative. Elle s'enrichit par la prise en compte de processus explicatifs médiateurs comme, par exemple, les mécanismes de l'apprentissage ou ceux de l'identité personnelle. La finalité de la démarche consiste donc à décrypter les mécanismes de l'insertion et à construire des pratiques sociales susceptibles de répondre à la question sociale posée. Notons que les sciences de l'éducation n'ont pas le monopole de ce type d'analyse. La psychologie clinique, par certains de ses aspects, se place dans une perspective similaire : elle se donne pour ambition l'amélioration du bien-être des personnes à partir de l'analyse de ses déterminants.

La deuxième orientation de recherche abordée dans ce chapitre présente l'apport de la psychologie sociale en matière d'insertion. Son approche du problème est foncièrement différente de celui des sciences de l'éducation dans la mesure où est mise en évidence l'impossibilité, du point de vue de la normativité méthodologique, de définir un contenu *a priori* et univoque de l'insertion. L'argument repose sur le fait qu'il s'agit d'une représentation sociale sujette à des variations liées au statut social des groupes impliqués et aux rapports de domination qui s'instaurent entre ces groupes. Dans cet esprit, il ne peut être question de s'engager dans une analyse de l'insertion sans en envisager plusieurs modalités. Et celles-ci sont étroitement liées aux enjeux tels que chacun des groupes en présence les définit. Ainsi, pour certains groupes, l'insertion des chômeurs ne peut se concrétiser que par leur mise au travail, tandis que pour d'autres, elle pourra se traduire par des formes diversifiées de vie collective.

2. LE CONCEPT D'INSERTION EN SCIENCES DE L'ÉDUCATION

C'est peut-être dans le domaine des sciences de l'éducation que le thème de l'insertion est abordé de la manière la plus formalisée. En effet, la démarche y est double : elle intègre les données relevant de la démarche de recherche mais s'appuie sur les priorités et les enjeux tels qu'ils sont définis par la société. Un rapide survol des derniers travaux en la matière établit que les recherches actuelles sont développées dans deux domaines majeurs. Le premier porte sur le monde de l'enfance et plus particulièrement la problématique de l'insertion des jeunes dans leur milieu scolaire. Le deuxième concerne l'éducation des adultes; les spécificités de la formation d'un public adulte y sont analysées et discutées.

a) En milieu scolaire

S'il est un domaine où la question de l'insertion est traitée en tant que telle, c'est bien celui de l'école. En effet, l'insertion scolaire est considérée comme une condition nécessaire mais non suffisante de l'insertion sociale. Dans le même temps, l'école est de plus en plus confrontée à des publics hétérogènes non seulement sur le plan cognitif mais également social et culturel, dont les différences appellent une adaptation de l'école et le développement d'une approche différenciée. Pourtant, force est de reconnaître que les réflexions autour de l'insertion scolaire, en se préoccupant essentiellement des populations qui, à l'instar des enfants handicapés et malades chroniques ou des enfants immigrés, ne peuvent bénéficier pleinement de l'enseignement normal sans aménagements conduisent trop souvent à réduire l'approche de l'insertion à l'analyse des conditions d'accès à l'enseignement normal et des facteurs de maintien dans cet enseignement.

De quelle intégration parle-t-on? La question de l'impact du milieu d'origine des enfants sur le processus d'adaptation scolaire a fait l'objet de nombreux travaux (e.g. Beyers & Goosens, 1999; Brizuela & Garcia-Selles, 1999; Manço, 1994). En effet, en raison de la diversification des populations scolaires, les différences socioculturelles se posent comme élément à part entière du processus d'enseignement et d'apprentissage. Dans cette perspective, les facteurs permettant de réduire l'écart culturel entre la culture d'accueil, représentée par l'école, et la culture d'origine vécue au sein de la famille prennent toute leur importance.

En ce qui concerne les enfants handicapés, l'intégration scolaire est envisagée sur trois plans complémentaires, qui ne se limitent d'ailleurs pas au seul enfant mais sont vrais également pour l'adulte (Gardou, 1998) : l'intégration fonctionnelle (l'enfant handicapé peut-il participer aux activités scolaires courantes, utilise-t-il le même matériel, etc.?), l'intégration sociale (comment se déroulent les échanges entre les enfants, avec l'enseignant?) et l'intégration physique (les enfants handicapés ou malades chroniques sont-ils intégrés dans les classes ordinaires ou regroupés en classes spécialisées?). Pour ces publics différents, l'évaluation de l'adaptation scolaire s'est faite essentiellement sinon exclusivement sous l'angle de la réussite académique ou des compétences cognitives développées par l'élève. Ces dernières années, toutefois, l'analyse a dépassé le simple examen de l'intégration «factuelle» de l'élève pour proposer une approche systémique où des variables comme les interactions enfant/famille/école (pairs et enseignants) ou encore l'autonomie et le bien-être de la personne sont considérées comme des composantes importantes d'une intégration réussie.

Quant aux facteurs favorisant ou au contraire entravant l'adaptation au milieu scolaire de ces publics différents et plus particulièrement des enfants immigrés, les études se sont notamment attachées à mieux cerner deux types de facteurs déterminants. Le premier, objet d'un nombre impressionnant d'études, renvoie aux variables individuelles qui concernent tant l'enfant (son degré de maîtrise de la langue du pays d'accueil, ses caractéristiques cognitives et socioémotionnelles) que son milieu familial. Les variables classiquement prises en compte sur ce versant sont le niveau scolaire des parents, le niveau socioéconomique du ménage, le niveau de la pratique de la langue française au sein de la famille ou encore la nationalité des parents (Manço, 1994).

Les variables du deuxième type ont trait au dispositif d'enseignement et plus spécifiquement aux démarches didactiques. A titre d'exemple, l'intégration scolaire des enfants malades chroniques nécessite non seulement des démarches dirigées vers l'enfant mais également vers l'enseignant. Ainsi, il faudra veiller à minimiser le sentiment d'isolement des enfants (en proposant, par exemple, des arrangements alternatifs aux élèves qui sont incapables de prendre part aux activités physiques); il faudra également mettre en place un dispositif pour soutenir émotionnellement les enseignants (Mukherjee, Lightfoot & Sloper, 2000).

Il apparaît donc que différents programmes d'intervention sont conçus pour optimaliser l'intégration des personnes différentes, que ces différences soient de nature physique, mentale ou socioculturelle. Ces programmes se basent notamment sur l'analyse des difficultés rencontrées par les personnes différentes pour s'insérer dans l'école. Inversement, certaines recherches analysent l'efficience de ces programmes et les conditions de leur efficacité.

En définitive, ces dernières années, les travaux se sont surtout caractérisés par une conception plus systémique de l'insertion, celle-ci étant considérée comme passant obligatoirement par la mise en relations des différentes sphères de sens de l'enfant. Brizuela & Garcia-Sellers (1999), notamment, élargissent l'analyse bipolaire enfant/école au milieu familial, reconnaissant à celui-ci une place essentielle dans le processus d'insertion scolaire. Dans cette perspective, c'est l'interaction entre des variables aussi diverses que le support fourni par l'école, les attentes de la famille, la communication entre la famille et l'école, le degré d'accord ou de désaccord entre la famille et l'école (plus spécifiquement, la compréhension que l'enseignant a de la famille et la compréhension que la famille a des demandes de l'école vis-à-vis de l'enfant), le style d'enseignement, les attentes des enseignants, qui est considérée comme définissant la qualité de l'insertion. Brizuela & Garcia-Sellers donnent ainsi quatre modèles d'adaptation, dont le plus abouti, appelé «adaptation optimale», conjugue communication entre famille et école et conscience de leur spécificité respective. Dans ce cadre, la médiation «famille/école» devrait être formalisée par l'existence d'un médiateur reconnu par les différents acteurs. Par ailleurs, tout en soulignant les effets positifs d'une réelle gestion de l'hétérogénéité des publics, cette étude a le mérite de ne pas éluder les coûts éventuels de l'adaptation au milieu d'accueil, tant sur le plan familial (stress parental lié à l'acculturation, au changement de rôle des parents) que personnel (comment conserver les liens avec le milieu d'origine, comment construire une identité cohérente et valorisée?).

On pourrait encore approfondir les apports des travaux en la matière; ceux-ci sont en effet nombreux et nous n'en donnons qu'un aperçu partiel. Toutefois, dans une perspective plus critique, nous jugeons utile de souligner certaines limites de ces travaux, limites qui pourraient constituer autant de départs à des recherches ultérieures.

Tout d'abord, concernant le concept d'insertion lui-même. Tel qu'abordé en psychopédagogie, le concept d'insertion apparaît normatif et peu dynamique: on parle en effet d'insertion pour un public spécifique, *a priori* en difficulté, tels les enfants immigrés ou handicapés. Ce sont ceux-ci qui doivent s'intégrer au dispositif scolaire, selon les normes imposées par celui-ci. La plupart des recherches, reflétant ce parti pris des écoles, n'ouvrent pas véritablement le champ de l'analyse aux relations dynamiques d'évolution interactive qui amènent l'ensemble des acteurs à construire un rapport nouveau à la société.

Dans le même ordre d'idées, le caractère fondamentalement multidimensionnel de l'insertion est appréhendé de manière encore très limitée, les critères majeurs d'évaluation de l'adaptation scolaire restant la réussite scolaire et le développement cognitif de l'enfant, et ce dans un rapport très étroit avec l'école. Les travaux récents, comme ceux de Brizuela & Garcia-Sellers notamment, attestent toutefois d'un intérêt de plus en plus vif pour une approche qui resitue l'intégration scolaire dans le processus d'insertion sociale au sens large.

Cela dit, si l'on peut effectivement regretter que l'analyse de l'insertion soit à certains égards trop peu ambitieuse, il est tout aussi évident, sinon plus, que les données récoltées ces dernières années sont particulièrement intéressantes, et que ce champ d'étude est de première importance. D'autant plus important, par ailleurs, que la question de l'insertion par l'éducation ne se limite pas aux seuls enfants et jeunes élèves. Elle concerne, au contraire, dans notre société de la connaissance, un nombre croissant d'adultes.

b) En éducation des adultes

Il est incontestable que, actuellement, l'éducation acquise par la formation initiale ou continuée et traduite par un niveau de qualification est une composante essentielle de l'insertion. On peut considérer la formation comme un moyen de répondre à l'un des trois objectifs suivants (Crouch, 1992) : maintien d'un niveau de qualification, (re)qualification ou élévation globale du niveau de qualification.

Le premier objectif s'impose lorsque l'on considère que le chômage dépend de facteurs économiques généraux et non de facteurs individuels ; il convient alors de répartir équitablement le chômage sur l'ensemble de la population active, par exemple par une alternance programmée des périodes de chômage et de travail. Le rôle de la formation est dès lors de permettre à chacun de maintenir un niveau de compétence concurrentiel pendant la période d'inactivité. Le deuxième objectif apparaît lorsque l'on considère que le chômage provient de l'inadéquation des qualifications de certains individus par rapport aux besoins du marché du travail ; la lutte contre le chômage passe alors par la (re)qualification des chômeurs et la formation est conçue comme un moyen de porter remède aux lacunes identifiées. Quant au troisième objectif, il situe la formation des adultes dans une stratégie visant à élever globalement le niveau de compétences ; on se situe ici dans la philosophie de l'éducation permanente ou de la formation continue.

Il faut reconnaître que la majeure partie des actions de formation, pour différentes raisons dont les critères de financement ne sont pas les moindres, se situe sans équivoque dans la deuxième orientation, qui assimile formation à qualification socioprofessionnelle. Ceci n'est pas sans incidence sur le processus d'insertion. Sans développer la question de la stigmatisation des personnes « non insérées » (dans ce cadre, les actifs sans emploi), il faut néanmoins rappeler que l'étiquetage négatif des individus comme « non qualifiés », assimilés à « non compétents », est loin d'être anodin ; au contraire, de nombreux travaux soulignent l'incidence forte d'une identité personnelle et sociale négative sur les difficultés rencontrées par les adultes dans leur apprentissage (i.e., Steele & Aronson, 1995). En effet, la formation-remédiation concerne des personnes marquées par un passé d'échec scolaire ou d'échec professionnel. Dès lors, quelles démarches instaurer qui, d'une part, ne renvoient pas au manque et à l'échec et qui, d'autre part, permettent d'orienter et de développer adéquatement la formation ?

Avice, Bonnal-Lordon & Jean-Montcier (1996) s'étonnent du petit nombre d'études concernant les conditions de réussite des actions de formation de publics en difficulté (chômeurs de longue durée, minimexés, femmes isolées, etc.) et de bas niveau de qualification. En particulier, dans notre société de la connaissance, l'apprentissage reste paradoxalement la « boîte noire » de la formation et fait l'objet de peu de travaux spécifiques (Bourgeois & Nizet, 1997). A cet égard, les travaux sur l'éducation cognitive (*cf.* Büchel, 1995) apportent des éléments intéressants dans la compréhension des voies d'analyse des conditions et des processus d'acquisition de schèmes opératoires de pensée chez l'adulte (*cf.* Büchel, 1995).

Il reste que, en dehors de tout débat d'ordre plus strictement didactique, la responsabilité de la formation d'adulte et, *a fortiori*, de celles qui visent l'insertion sociale et professionnelle, ne se limite pas au processus d'apprentissage et d'éducation interne à la formation mais s'étend également à l'« après-formation ». En effet, comme le soulignent Sibille & Verdié (1992), « pour une bonne part des bénéficiaires (...) la formation a une fonction de resocialisation, certes positive, de maintien des prestations financières, de sortie du statut de chômeur pour celui, nébuleux mais moins négatif, de stagiaire ou encore de rapprochement du seuil d'employabilité. Mais les espoirs s'amenuisent en une formation qui mènerait à l'emploi » (p. 574). En d'autres termes, dans un contexte de chômage structurel, l'accès à l'emploi reste, même après formation, largement incertain. Dès lors, on s'interroge sur la pertinence d'une action qui vise la (re)qualification de la personne sans développer un accompagnement de la transition vers l'emploi ou sans améliorer les capacités d'adaptation à moyen terme, en favorisant un développement multidimensionnel des individus.

*
* *

De cette rapide présentation, il apparaît que les sciences de l'éducation ont abordé depuis longtemps l'analyse de l'insertion et ont développé non seulement un champ de connaissances mais aussi des outils destinés à favoriser le bien-être des personnes souffrant d'une forme quelconque de marginalité. Mais, comme nous l'avons dit plus haut, une telle approche ne constitue pas l'apanage des sciences de l'éducation. Elle peut être exploitée dans d'autres branches de la psychologie. C'est le cas de la contribution de Donatienne Desmette (chapitre 8) qui étudie la manière dont le sentiment d'efficacité personnel participe au développement d'adultes au chômage fréquentant un dispositif de formation. C'est aussi le cas de la contribution de Catherine Lefèvre (chapitre 6) qui examine les déterminants objectifs et subjectifs de la qualité de vie dans le but de construire une grille d'analyse de l'action pédagogique d'entreprises de formation par le travail.

3. UNE ANALYSE PSYCHOSOCIALE

Si les sciences de l'éducation ont traité la question de l'insertion de manière directe en construisant la notion sur base non seulement des mécanismes psychologiques et pédagogiques qui sont impliqués mais aussi en intégrant les priorités et les enjeux définis par la société, la psychologie sociale aborde cette notion en mettant en lumière l'ambiguïté qui peut surgir tant dans les mécanismes psychosociaux impliqués que dans les enjeux contradictoires que définit la société.

Afin de développer cette approche, il est utile de préciser le cadre dans lequel la réflexion est réalisée. Sur le plan sémantique, la notion d'insertion postule, par essence, que certains individus sont insérés alors que d'autres ne le sont pas ou pas suffisamment. Les uns bénéficient d'une place centrale au sein de la société ; les autres occupent des positions périphériques. La pertinence d'une telle conception a été examinée sur le plan empirique dans divers travaux sociologiques (Jaminon, 2000). De fait, de nombreuses analyses portant sur l'emploi et le chômage convergent vers l'idée que font partie de la « centralité » les personnes disposant des ressources suivantes : un travail, un contrat d'emploi relativement stable, un niveau d'instruction moyen ou élevé, une qualification professionnelle. Inversement, sont situés à la périphérie les individus ne présentant pas de telles caractéristiques. Mais la distinction entre le centre et la périphérie ne s'arrête pas là. Elle est associée à d'autres aspects tels que le niveau de revenus, le type de domicile dans lequel on habite, ... Enfin, elle réfère aussi à une dynamique sociale : alors que les personnes « insérées » sont censées poursuivre leur trajectoire, les personnes situées à la périphérie sont supposées manifester des démarches volontaires d'intégration (par le biais de formation ou de stages, par exemple).

La notion d'insertion ou de désinsertion renvoie donc à une catégorisation générale des activités et des statuts : elle permet de classer les individus dans des classes. Il en est de même pour les termes connexes d'exclusion, disqualification, désaffiliation. Cependant, cette opération de catégorisation peut être source d'une série de problèmes tant au niveau de la méthodologie de recherche que de la pratique sociale et politique.

a) L'insertion confrontée à ses limites méthodologiques

Envisageons d'abord le plan scientifique et, en particulier, la méthodologie à la base de la catégorisation. D'après Miles & Huberman (1984), trois activités cognitives sont impliquées dans la démarche. La première — démarche principale — consiste en une réduction des données. Celle-ci se définit par des processus de sélection, de simplification, d'abstraction et de transformation des informations dont on dispose. Elle agit par regroupement d'objets qui sont similaires sur certaines dimensions, différents entre eux sur d'autres points et distincts des autres objets sur ces mêmes dimensions. Le classement nécessite dès lors que soient posés divers choix ; ce qui implique que certains éléments du réel soient conservés et d'autres exclus d'une catégorie donnée. Lorsque l'étape de la réduction est réalisée, un travail d'organisation des données, sous la forme de résumé ou de tableaux, est pratiqué. Enfin, la dernière étape consiste à donner du « sens » aux données organisées : une démarche d'interprétation est alors mise en place, qui consiste à noter les régularités, les modèles, les chaînes causales possibles. C'est ainsi que, en fin de compte, à l'issue de ces trois opérations, on débouche sur des catégories telles que celles évoquées plus haut : personnes «insérées et désinsérées», «affiliées et désaffiliées»...

Par cette procédure, le gain réalisé sur le plan heuristique est fabuleux. En effet, on dispose, une fois que la catégorisation a été réalisée, d'une typologie de personnes, de conduites, de statuts ou de représentations qui non seulement organise la complexité du réel mais permet d'inférer des hypothèses, voire des théories. La réalité en devient plus compréhensible et mieux contrôlable. Le résultat de la catégorisation pourrait même servir de guide à l'action.

Toutefois, le prix à payer d'une telle démarche n'est pas négligeable. En effet, l'activité de réduction de données comporte une perte d'informations notable : on est souvent amené à oblitérer les nuances qui font la singularité de l'individuel afin de faire coïncider un nouvel objet avec les catégories élaborées précédemment. De plus, les catégories elles-mêmes peuvent être sujet à caution : leur sélection procède de logiques dont la validité théorique peut parfois être mise en question. (Par exemple, le fait de choisir comme catégorie «exclusion» pour des Gitans plutôt que «culture nomade» n'est pas sans conséquences). L'activité de classement véhicule donc une part d'arbitraire dont la démarche scientifique ne peut faire l'économie mais qu'elle prend en considération par la prudence avec laquelle elle élabore les conclusions dégagées des résultats de recherche.

b) L'insertion sur le plan de la pratique sociale et politique

Mais que se passe-t-il lorsque ces catégories atteignent le champ de la pratique sociale ? Que se passe-t-il lorsque, dans le langage courant, on se réfère à des notions telles que personnes «désinsérées, exclues ou disqualifées»? Là, un risque de confusion majeur peut faire jour. C'est ce que la psychologie sociale tend à montrer au travers d'un courant d'études portant sur les stéréotypes et les relations intergroupes. Un détour théorique se révèle ici nécessaire pour comprendre les risques de l'opération.

Envisageons la situation suivante. Des personnes sont réparties, de manière arbitraire, dans deux groupes qui ne se caractérisent *a priori* par aucun conflit d'intérêts. Par exemple, l'un des groupes est constitué de personnes ayant une sensibilité artistique surnommée «Klee», l'autre de personnes présentant une sensibilité dénommée «Kandinsky». Très rapidement apparaîtront les signes d'une différenciation entre ces groupes au profit du groupe d'appartenance : les personnes attribueront une image plus positive à leur groupe qu'à l'autre, la réussite de leur groupe sera estimée meilleure, leur valeur plus grande... Une catégorisation sociale, basée sur un critère même dérisoire, fait donc surgir chez les individus un souci de discrimination en vue de favoriser le groupe auquel ils appartiennent (Tajfel, 1982). C'est ce qu'on appelle le phénomène du favoritisme de l'endogroupe, mis en évidence dans de multiples situations. Etendu à la vie courante, ce phénomène est souvent entaché de conséquences profondément injustes. Par exemple, on connaît bien aujourd'hui le mécanisme de discrimination à l'embauche dont sont régulièrement victimes en Europe les personnes qui portent un nom de famille à une connotation Nord africaine (i.e. Arrijn, Feld & Nayer, 1998). Des travaux expérimentaux ont montré que cette pratique était bien due à une préférence systématique de l'employeur pour son groupe d'appartenance ethnique (Kalin, 1981).

Comment expliquer l'émergence d'un tel mécanisme ? Le fait de catégoriser en deux ou plusieurs classes (travailleurs ou chômeurs, belges ou immigrés, hommes ou femmes) a un impact sur le sentiment d'estime de soi. On se sent mieux quand on pense que les chômeurs sont plutôt fainéants, les immigrés délinquants ou les femmes incompétentes ! Le fait de dénigrer les groupes auxquels on n'appartient pas implique automatiquement que nous sommes meilleurs qu'eux. Bien sûr, tout le monde ne véhicule pas les mêmes contenus à propos des catégories, néanmoins, le principe de préférence subsiste au travers de différents contextes.

Mais il y a plus. Le fait d'appartenir à un groupe entraîne une perception assez particulière des personnes faisant partie d'un autre groupe (appelé exogroupe). Ainsi, on a tendance à accroître les diversités au sein de son propre groupe et à sous-estimer les différences qui existent au sein de l'exogroupe. Dans ce dernier cas, les membres sont perçus comme relativement homogènes ; ils sont supposés se comporter de manière similaire, présentant des analogies nombreuses du point de vue de leur personnalité, de leur culture, de leurs actes... Ce mécanisme se trouve à la base de la construction des stéréotypes. Il correspond au fait qu'on attribue une même « essence » aux personnes faisant partie d'une même catégorie. Même si la caractéristique sur base de laquelle est constitué le groupe est tout à fait accessoire, les acteurs sociaux se comportent comme si le groupe en question était doté d'une véritable nature, dont les membres partagent des propriétés profondes. Aussi, bien que leur fondement soit subjectif, on voit comment les catégories sociales peuvent être perçues comme possédant une existence objective. Tout se passe comme si ces catégories étaient naturelles, alors qu'elles sont en fait arbitraires et altérables.

Ces processus, qui se mettent en place d'une manière involontaire et souvent inconsciente, présentent pour le fonctionnement humain une utilité essentielle. En effet, en nous appuyant sur des catégories, nous croyons disposer, en quelques secondes, d'une masse extraordinaire de renseignements à propos de nos interlocuteurs. Bien sûr, les jugements qui en résultent sont grossiers et généralement biaisés. Mais ces raccourcis de pensée, donnant le sentiment de disposer d'informations en suffisance, nous permettent de nous concentrer sur les éléments de notre environnement où nous jugeons l'action prioritaire.

Cependant, les mécanismes qui viennent d'être décrits ne s'inscrivent pas dans un contexte où les rapports entre les groupes sont équivalents. Ceux-ci sont le plus souvent asymétriques, marqués par une inégalité de valeur. La qualification professionnelle, le statut social, le sexe, la couleur de la peau ne sont pas seulement des critères significatifs de classification des personnes. Ce sont également des critères de différenciation sociale entre les classes ainsi constituées du fait que les caractéristiques associées à chaque critère sont valorisées différemment dans l'univers partagé des personnes. De ce fait, l'interdépendance entre les groupes s'actualise dans des rapports de domination qui modulent de façon considérable la différenciation catégorielle et la construction de l'identité sociale des personnes. Dès lors, l'appartenance groupale n'a pas la même saillance dans la pensée des personnes et des groupes selon qu'ils sont proches ou non d'une référence à laquelle chacun est censé pouvoir s'identifier. Ainsi, vivant dans un même univers, groupes dominants et groupes dominés se réfèrent aux mêmes normes sociales. La norme identitaire commune est, par conséquent, celle incarnée par les dominants. Ceux-ci ne se pensent pas comme des personnes déterminées par leurs insertions catégorielles. Ils se perçoivent comme des acteurs volontaires, libres et autonomes, comme des sujets de l'action, voire de l'histoire. Cette définition en terme d'individualité, cette identité personnelle correspondent bien à la conception que les dominants se sont forgés d'eux-mêmes : ils se voient comme un ensemble de sujets libres et responsables de leurs choix. Le dominant va donner de lui-même une définition en accord avec la norme commune qu'il incarne. Il s'identifie au sujet social que cette norme valorise et, quelle que soit sa distance personnelle avec cette référence, il ne pourra que la partager.

Par contre, les dominés sont exclus de cette conception. Leur être est réduit concrètement à un statut hétéronome, soumis à la définition des dominants. Ils doivent alors se penser davantage comme des objets interchangeables que comme des sujets. Mais évoluant dans un référent commun aux dominants, le dominé, dans le même temps qu'il est défini de l'extérieur, ne peut pas échapper à la définition des êtres humains en termes de sujets, de citoyens libres et autonomes. Il s'ensuit que les dominés auront une plus grande difficulté pour définir leur identité. Contrairement aux dominants, ils doivent gérer l'incertitude qui découle de l'écart entre leur assignation à un ensemble indifférencié et leur inscription dans un référent qui insiste sur leur individualité (Lorenzi-Cioldi, 1998). Il n'est dès lors guère étonnant d'observer que des personnes considérées comme désinsérées développent une image négative d'elles-mêmes qui est le pendant des représentations véhiculées par le groupe des travailleurs. Par exemple, ils se jugent comme peu compétents sur le plan professionnel, apathiques sur le plan privé, ... (Herman & van Ypersele, 1999). Tout se passe comme si les chômeurs avaient, en quelque sorte, intériorisé les étiquettes essentialistes dont ils sont l'objet. Dans cette logique, la notion d'insertion présente le risque de considérer que les individus qui sont sans emploi partagent une essence qui menace de les cantonner dans des catégories étanches.

Ces mécanismes montrent combien l'utilisation de catégories telles que l'exclusion, la désinsertion ou la disqualification est problématique du point de vue de l'usage social qui en est fait tant pour les personnes qui appartiennent au groupe dominant («les inclus, les insérés») que les autres. En effet, grâce à ces catégories, les premières développent une lecture du réel dont elles peuvent tirer bénéfice mais qui engendre une discrimination à l'égard des autres. Quant aux secondes, elles dégagent de la catégorie une estime de soi généralement négative, une perception de soi comme manquant d'individualité, comme assimilé à l'ensemble du groupe.

Pour conclure l'analyse psychosociale qu'on peut faire de l'insertion, il importe de souligner que le fondement d'une catégorie sociale comme l'insertion relève d'une construction sociale de la réalité, donc arbitraire et artificielle. Mais, malgré cela, elle peut être perçue, dans la pratique sociale, comme possédant une existence objective.

Cette conception de l'insertion ne se limite pas à être uniquement une forme d'analyse. Elle implique, sur le plan de la pratique sociale, des modalités d'action qui relèvent du changement social. En effet, comme la distinction entre insérés et désinsérés n'est pas le reflet d'une réalité objective mais d'une construction sociale, c'est cette construction sociale qu'il s'agit de modifier au travers d'actions telles que, par exemple, la compétition ou le conflit intergroupe. On n'est donc plus face à des individus ou des groupes qu'il importe d'insérer mais on est confronté à des mécanismes de domination de certains groupes sur d'autres. C'est la thèse que plaident en France ou en Belgique des groupes de «chômeurs actifs» lorsqu'ils mettent en question la part de responsabilité des personnes privées d'emploi dans leur situation ou lorsqu'ils revendiquent, en matière de respect de droits, un traitement égal pour tous.

*
* *

La recherche de Herman & van Ypersele, portant sur les activités des chômeurs et présentée dans cet ouvrage (chapitre 7), s'inscrit partiellement dans la conception qui vient d'être proposée. En effet, cette recherche ne désigne *a priori* aucune forme d'insertion comme préférable à une autre. Toutes sont mises sur le même pied, qu'il s'agisse d'une implication dans l'action associative, dans des activités relevant de la vie professionnelle (i.e. recherche d'emploi), dans la sphère familiale ou dans des activités de développement personnel. L'insertion n'a donc pas été associée à un contenu normatif, reflet exclusif de la position du groupe dominant.

CONCLUSION

A l'issue des deux démarches psychologiques qui ont été présentées, que reste-t-il de la notion d'insertion ? Comme cela fut précisé dans l'introduction, elle appartient essentiellement au champ de l'action, que celle-ci soit d'ordre scolaire, sociale ou politique. En effet, elle est, avant tout, liée à un objectif, celui de l'amélioration des conditions de vie des individus qui composent une société, en particulier de ceux qui en sont à la périphérie.

Cette manière de penser est particulièrement présente dans le point de vue des sciences de l'éducation, fortement marqué par une perspective de normativité sociopolitique qui se matérialise par la nécessité d'œuvrer pour un mieux-être des individus au sein de la société. Les recherches portent alors principalement sur la mise en évidence des processus qui concourent à cet objectif. Ces processus concernent tant la personne à insérer (sa formation, par exemple) que son environnement social (le soutien familial ou sociétal) et physique (aménagement de l'espace public). Au plan de la pratique sociale, cette perspective entraîne des modalités d'action basées sur les stratégies d'intégration des individus. Enseignement spécial, ateliers protégés, dispositifs d'insertion socioprofessionnelle... constituent des exemples de ce type de politique.

Toutefois, les choses ne sont pas aussi univoques. Une perspective aussi légitime que celle de l'insertion des chômeurs, des handicapés ou des immigrés entraîne la mise en mouvement d'une série de mécanismes qui peuvent avoir les effets inverses de ceux qui sont espérés. En effet, de nombreux travaux réalisés en psychologie sociale montrent que la notion d'insertion est avant tout une manière d'organiser la complexité de la réalité sociale en tenant compte des rapports de domination qui existent. Le fait de classer un individu dans une catégorie dite «personne à insérer» entraîne chez celle-ci le renforcement d'une dépréciation de soi, d'un sentiment de dépersonnalisation. Inversement, les personnes qui sont déjà dites «intégrées» bénéficient d'un enrichissement de l'estime de soi, ce qui renforce leur identité personnelle. Dans cet esprit, les stratégies d'action que mettent en œuvre les groupes dépendent de leur statut social (Herman, 1999). Les groupes à statut élevé tendront à maintenir le statu quo tandis que les membres des groupes à statut faible soit pratiqueront une mobilité individuelle pour rejoindre l'exogroupe (en se lançant, par exemple, dans des formations), soit contesteront collectivement le sort qui leur est réservé (en s'affiliant à des associations de «chômeurs actifs»).

Ce chapitre, en situant la notion d'insertion à l'intérieur du champ de la psychologie, en a démontré la plasticité et la relativité. C'est donc par la clarification des enjeux sociaux et politiques qui la sous-tendent que cette notion peut faire l'objet d'une démarche d'investigation riche et utile.

NOTE

[1] Les stratégies d'ajustement (du terme anglais «coping») sont envisagées comme le résultat d'un processus cognitif et comportemental qu'un individu interpose entre lui et la situation stressante pour maîtriser ou diminuer l'impact de celle-ci sur son bien-être physique et psychologique. A ce titre, elles peuvent être considérées comme un préalable (d'ordre psychosocial) de l'insertion.

Chapitre 3
Regards économiques

Bertrand Jadoul, Marthe Nyssens et Francesca Petrella

Bien que l'insertion ne soit pas en tant que tel un objet d'étude de la théorie économique, celle-ci en aborde de nombreuses facettes. En effet, les sciences économiques ont pour objet l'analyse de l'allocation des ressources entre différents agents économiques. Sont considérés comme tels les personnes qui produisent, consomment ou travaillent. L'économie s'intéresse ainsi à la production, à la distribution (via des relations marchandes ou non marchandes) et à la consommation de biens et services. L'analyse de l'accès à un revenu monétaire et aux biens et services est donc au cœur de la théorie économique. Dans ce cadre, les analyses dans le champ de l'économie publique s'intéressent aux politiques de taxation et de redistribution ou encore à l'accès à des biens et services jugés fondamentaux par la société (tels que l'éducation, la santé, le logement et les services sociaux). Relevons également les analyses relatives au fonctionnement du marché du travail qui s'intéressent aux trajectoires d'emploi et de non-emploi.

Soulignons, d'entrée de jeu, que l'économie n'est pas une discipline homogène. Malgré la suprématie du paradigme néo-classique, elle est constituée de différents courants, dont les principes de base, les finalités et les outils conceptuels diffèrent fortement. Dans ces quelques pages, cependant, notre objectif n'est pas de faire une revue de ces nombreuses analyses par rapport à la problématique d'insertion, loin s'en faut. Nous nous proposons, à partir de la question abordée dans le chapitre 12, portant sur « l'insertion dans les services de proximité », de développer comment la théorie économique contribue à cette réflexion particulière sur l'insertion. Plus précisément, nous tentons d'expliciter pourquoi nous avons recours à différents cadres d'analyse compte tenu de leurs apports et leurs limites par rapport à cette problématique de l'impact des services de proximité sur la diversité des agents économiques concernés par leur développement. En effet, le développement de ces services implique non seulement les travailleurs mais aussi les usagers et les bénévoles voire la société dans son ensemble par exemple en termes de cohésion sociale ou de développement local.

1. LE PARADIGME NÉO-CLASSIQUE ET SES EXTENSIONS

Le paradigme néo-classique s'affirme aujourd'hui comme le courant dominant en sciences économiques. La théorie néo-classique est née dans les années 1870 avec l'arrivée de l'approche marginaliste fondée par des économistes comme Léon Walras (1834-1910) ou Alfred Marshall (1842-1924). Les néo-classiques sont en quelque sorte les héritiers des auteurs classiques du XIXe siècle qui, à la suite d'Adam Smith (1723-1790), sont partisans du libre échange et voient dans le marché le meilleur mécanisme d'allocation des ressources. Selon ces auteurs classiques, le marché opère comme une main invisible qui fait coïncider l'intérêt individuel avec l'intérêt collectif.

Cette intuition va être conceptualisée par les néo-classiques. Cette approche dite « standard » repose sur les principes de « rationalité » des agents économiques et d'allocation des ressources via le mécanisme du marché. A partir de ces postulats, des déductions logiques sont tirées, en recourant à la formalisation mathématique, à partir d'hypothèses formulées *a priori* sur les comportements de ces agents et sur le fonctionnement des institutions basées toutefois sur une connaissance intuitive ou une observation du réel (Malinvaud, 1997). Cette démarche est caractérisée par une forte cohérence interne. Elle est par essence réductrice, du fait de la complexité des phénomènes qu'elle tente d'expliquer.

a) L'homo-oeconomicus ou l'agent économique rationnel

L'homo-oeconomicus est au cœur de la théorie néo-classique. Trois postulats constituent le fondement de cette « rationalité économique ».

Tout d'abord, l'individualisme méthodologique suppose que tout phénomène social peut être expliqué par l'agrégation de comportements individuels. Ensuite, chaque agent est caractérisé par des préférences — représentées par sa fonction d'utilité — qui sont telles qu'il peut toujours exprimer un choix entre différentes situations. Enfin, les agents cherchent à maximiser leur intérêt individuel[1], c'est-à-dire qu'ils agissent au mieux de leurs préférences. L'homo-oeconomicus va donc, sous les contraintes liées aux ressources disponibles, maximiser son utilité, comme consommateur et travailleur, et son profit, comme producteur.

Si l'on se penche, par exemple, sur la question de l'insertion professionnelle des travailleurs dans le champ des services de proximité, le refus d'un chômeur d'accepter un travail à temps partiel dans une crèche peut s'expliquer par ce comportement rationnel. Si la personne est chef de famille ayant deux enfants à charge, accepter ce travail au salaire minimum en vigueur ne lui procure aucun avantage financier compte tenu des coûts liés à ce retour à l'emploi (par exemple la suppression de la majoration des allocations familiales ou les frais de transport). Si, en outre, son retour à l'emploi engendre des frais de garde et la suppression des revenus liés à une activité via une Agence locale pour l'emploi[2], elle subirait même une perte de revenus (Cantillon *et al.*, 1998; De Greef, 2000). Si la personne ne prend en compte que l'utilité retirée du salaire espéré, elle préférera rester au chômage. D'autres éléments, comme l'espérance de revenus futurs plus élevés ou l'utilité liée à l'intégration dans le monde du travail, peuvent toutefois entrer en ligne de compte et modifieront son appréciation en termes d'utilité et donc éventuellement son choix.

b) L'allocation des ressources via le marché

Dans ce cadre de la rationalité, la question centrale de la théorie économique est celle de l'allocation optimale des ressources entre agents à travers des activités de production, de consommation et de distribution. Le marché, et donc l'échange via le mécanisme des prix, est le principe-clé qui conduit à l'allocation des ressources entre des agents qui cherchent à maximiser leur intérêt individuel (c'est-à-dire le profit pour les entreprises et l'utilité pour les consommateurs-travailleurs). La situation de référence est celle d'un marché de concurrence pure et parfaite, c'est-à-dire lorsque des conditions particulières d'échange sont rencontrées comme l'absence de pouvoir dans le chef des agents, une information parfaite sur les biens et les services échangés ou encore l'absence d'externalités (voir *supra*) et de biens publics. La réalité n'est, bien sûr, qu'un pâle reflet de cette situation de référence. Cependant, elle est importante car c'est à partir d'elle qu'est construite la notion d'efficacité des marchés, chère aux économistes.

L'efficacité économique est définie au sens de Pareto. L'optimum de Pareto est atteint s'il est impossible de modifier cette allocation de manière à augmenter le bien-être de certains individus sans détériorer le sort d'au moins un autre individu. La théorie du rendement social démontre que, lorsque les marchés sont complets, c'est-à-dire lorsque tout bien peut être échangé sur un marché à un prix connu de tous, l'équilibre de concurrence pure et parfaite est nécessairement efficace au sens de Pareto. Ce résultat conceptualise en quelque sorte l'intuition d'Adam Smith qui voyait le marché comme une main invisible permettant que la poursuite des intérêts individuels conduise à «l'intérêt général». Soulignons que ce concept de Pareto et d'«intérêt général» est un critère très faible d'efficacité. En outre, il ne dit rien sur la distribution des ressources et donc sur des critères d'équité. Ce lien entre efficacité et allocation des ressources via le marché suppose la réalisation des conditions de la concurrence pure et parfaite. Si l'une d'entre elles n'est pas rencontrée, l'équilibre du marché n'est plus efficace. Nous faisons alors face aux «échecs du marché». Relevons ainsi plusieurs caractéristiques propres au champ des services de proximité qui nous éloignent de cette situation de référence et donc d'une situation optimale.

D'abord, l'information entourant les services de proximité est fondamentalement imparfaite. En effet, il s'avère bien souvent que certains agents possèdent plus d'informations que d'autres sur des dimensions essentielles des services engendrant «des asymétries d'information». Certains services de proximité ont une dimension relationnelle importante parce que la qualité est étroitement liée à la construction de la relation entre le prestataire et l'usager. Le caractère multidimensionnel de certains services (comme pour l'aide à domicile) implique que l'information nécessaire pour juger de la qualité est particulièrement complexe. Dans ces conditions, les usagers doivent alors choisir un prestataire sans pouvoir juger, *a priori*, de la qualité de ces services. Dans d'autres cas, les bénéficiaires ne participent pas directement au service et ne peuvent donc en expérimenter eux-mêmes la qualité (par exemple, lorsqu'un parent dépose son enfant à la crèche).

Ensuite, les services de proximité engendrent de nombreuses externalités. Une externalité est un effet positif ou négatif de l'action d'un agent sur le bien-être d'autres agents, et cela sans que ces interactions ne soient régulées par le système de prix. Les externalités sont collectives lorsqu'elles sont indivisibles, c'est-à-dire lorsqu'elles touchent simultanément un ensemble d'acteurs et donc l'environnement socioéconomique dans son ensemble. C'est le cas des services de proximité qui engendrent, en plus de la satisfaction directe des individus qui les consomment, des bénéfices collectifs. Pour prendre le cas d'un réseau de garde d'enfants, la qualité de celui-ci a une influence sur l'ensemble du fonctionnement du marché du travail, au-delà des seules parties prenantes du service, via par exemple une augmentation du taux d'activité des femmes et une réduction du taux d'absentéisme des travailleurs. Ou encore, la présence de services de proximité dans des quartiers défavorisés ou isolés, par exemple des zones rurales ou d'anciens pôles industriels, peut renforcer ou reconstruire l'attraction socioéconomique de ces territoires en y encourageant le maintien de la population, l'intensification des liens sociaux et la localisation d'entreprises.

Enfin, des situations de pouvoir se développent également compte tenu de la structure non concurrentielle de l'environnement. De nombreux créneaux sont caractérisés par un rationnement des prestataires puisque la demande excède l'offre. En effet, les subventionnements publics étant limités (garde d'enfants, services à domicile...), le nombre de prestataires l'est aussi. Ce rationnement peut être aussi expliqué par d'autres facteurs qui freinent l'entrée de nouveaux prestataires : accès difficile au capital, importance des investissements irrécupérables... Cette situation de fait nous éloigne encore une fois des conditions d'un équilibre de concurrence pure et parfaite.

Le champ des services de proximité s'éloigne donc sensiblement de la situation de référence. Dans ces conditions, l'équilibre atteint par les mécanismes de l'échange marchand ne peut plus être qualifié d'efficace au sens de Pareto. Nous faisons face aux limites du marché qui justifient donc le développement d'autres mécanismes comme l'intervention de l'Etat. La plupart des fonctionnements socioéconomiques s'écartent de la situation idéale de la concurrence pure et parfaite. Dans ce cadre, différents élargissements de la théorie néo-classique standard sont apparus progressivement afin de dépasser les limites du modèle d'équilibre concurrentiel. Une première extension vise à tenir compte du fait que le marché n'est pas le seul mécanisme de coordination des agents. D'autres formes de coordination des agents sont donc envisagées aux côtés de la coordination décentralisée opérée par le marché via le système de prix.

c) De la coordination par le marché à la coordination organisationnelle

Divers ensembles théoriques peuvent être mentionnés qui se regroupent en tout ou en partie : nouvelle économie institutionnelle, théorie des coûts de transaction, théories du principal-agent, école des droits de propriété... Ces théories économiques placent en leur centre les organisations, reconnaissant que le marché n'est pas le seul mécanisme d'allocation des ressources.

Bon nombre de relations entre agents sont coordonnées par des régulations non marchandes qui se substituent au système de prix. Coase (1937) est un des premiers à justifier l'existence d'entreprises en mettant en avant le fait que les transactions entre individus sur le marché comportent des coûts. Ces coûts de transaction peuvent être regroupés en deux catégories (Milgrom & Roberts, 1992) : les coûts de coordination (i.e. rencontre des agents, collecte des informations nécessaires à la transaction, négociation entre les différentes parties, etc.) et les coûts de motivation des agents (i.e. dispositifs ou incitants mis en place afin que les termes du contrat soient respectés, comme par exemple des coûts de contrôle et d'évaluation). La création d'une firme pourrait réduire ces coûts du fait que les agents délèguent, dans certaines limites, à un entrepreneur les tâches de coordination et d'organisation de la production.

Réduire l'entreprise à un ensemble de production, comme le fait le paradigme néo-classique standard, est, dans ce cadre, insuffisant. L'analyse économique des organisations considère toute organisation comme un ensemble complexe de contrats, de conventions, de normes et d'arrangements institutionnels qu'il faut analyser (Milgrom & Roberts, 1992). Les organisations ne peuvent être comprises par le seul prisme de la logique marchande puisqu'elles reposent aussi sur des logiques de redistribution et de don (Arrow, 1975; Akerlof, 1982; Collard, 1978; Phelps, 1975). Le modèle néo-classique de base réduit l'entreprise à une boîte noire et ne laisse la place qu'aux entreprises qui poursuivent la maximisation des revenus des actionnaires, postulant que l'entreprise maximise le profit, c'est-à-dire la différence entre les recettes et les coûts (y compris salariaux). La théorie des organisations ouvre, quant à elle, le champ à une diversité d'arrangements institutionnels.

Ainsi, dans le champ des services de proximité, de nombreux prestataires, tant publics que privés, n'ont pas comme finalité la recherche du profit mais poursuivent d'autres finalités comme celle de service aux membres ou à la collectivité (centres publics d'aide sociale, mutuelles, associations, coopératives de logement...). Les analyses économiques qui s'intéressent au fonctionnement du secteur non lucratif et s'attachent à expliquer leurs raisons d'être ont ainsi largement recours à la théorie des organisations (Nyssens, 2000).

Les limites du marché en cas de non-respect des conditions de la concurrence pure et parfaite renvoient à d'autres mécanismes. Par exemple, la présence d'externalités collectives appelle une intervention de l'Etat, mais sous quelle forme ? Si, par exemple, les externalités engendrées par la formation des peu qualifiés, personnes au cœur de la prestation de certains services de proximité, justifient un subventionnement public, quels seront les arrangements institutionnels entre les pouvoirs publics et les organismes de formation qui limiteront les risques de comportements opportunistes dans un cadre d'information asymétrique ? Si les subventions ne tiennent pas suffisamment compte des caractéristiques des usagers, les prestataires auront intérêt à prendre en charge les usagers les moins «coûteux» et refuser les usagers les plus lourds. Mais il est très difficile pour les pouvoirs publics d'observer ces pratiques. Le choix du type d'organisation peut être déterminant. Les pouvoirs publics préféreront peut-être subventionner des organisations non lucratives, comme les entreprises de formation par le travail (EFT), que des entreprises commerciales. Le fait que la finalité première des EFT ne soit pas le profit est un garde-fou mais n'est sans doute pas une garantie suffisante, chaque partie pouvant poursuivre des motivations personnelles allant à l'encontre de l'«intérêt général». Les EFT impliquent en effet une pluralité de parties prenantes (responsables, formateurs, stagiaires et pouvoirs publics subsidiants) qui ne poursuivent pas forcément les mêmes objectifs et dont les relations font l'objet de différents arrangements institutionnels. Epinglons, dans ce cadre, la théorie des contrats qui examine les types de contrats pouvant limiter les comportements opportunistes des agents dans un champ très large de situations où l'information est détenue de façon asymétrique entre les différentes parties de la transaction.

Tout comme la théorie néo-classique standard, ces théories économiques des organisations reposent, pour la plupart, sur le postulat de la rationalité optimisatrice des individus. Cependant, certaines d'entre elles remettent également en cause ce postulat en développant des notions telle que celle de la rationalité limitée à la suite d'Herbert Simon (1976).

d) De la rationalité «substantielle» à la rationalité limitée

Les agents n'ont en effet pas la capacité cognitive de prévoir tous les événements éventuels qui pourraient influencer le résultat des transactions. Lorsqu'il s'agit de choisir, par exemple, une formule d'aide à domicile pour des personnes dépendantes, peut-on affirmer que les usagers ont la capacité cognitive d'anticiper toutes les conséquences possibles de ce choix ? En outre, même si tout était prévisible, il serait impossible, fastidieux et/ou très coûteux de traduire toutes ces éventualités dans des clauses du contrat attenant à ce type de transaction. De nombreux contrats sont de fait incomplets puisqu'ils ne prennent pas en compte toutes les possibilités. Comment va réagir, par exemple, le prestataire si l'état de santé d'une personne âgée se détériore et qu'elle nécessite plus de soins ? Dans ce cas, le prestataire pourrait profiter de cette circonstance non prévue par le contrat pour ne pas remplir correctement ses engagements.

Etant donné la rationalité limitée et le risque de comportements opportunistes des agents, les théories se posent la question des types de contrats, dispositifs ou arrangements institutionnels qui limitent les coûts de motivation, c'est-à-dire qui poussent à ce que les termes du contrat soient respectés et suscitent donc la confiance entre les différentes parties. Face à l'incomplétude de l'information, des contrats de type procéduraux ou relationnels dans lesquels, plutôt que de se mettre d'accord sur tous les aspects de la transaction, on introduit un cadre général sur la procédure sous-jacente à la transaction, peuvent s'avérer plus efficaces. Ainsi, le contrat entre le prestataire d'aide à domicile et la personne dépendante peut spécifier qu'en cas de circonstance particulière, les parties concernées (prestataire, personne dépendante et son entourage, médecin traitant...) se réunissent pour mettre en place les réponses adéquates.

e) Théorie néo-classique : positive ou normative ?

Une distinction entre approche positive et approche normative est classiquement opérée au sein de la théorie économique néo-classique. Cette distinction porte essentiellement sur les objectifs que les analyses poursuivent. La théorie positive a comme but de « comprendre et d'expliquer le comportement (dans la sphère économique) des individus et des institutions qui en découlent » (Cockx, 1996). Elle se veut donc être une théorie orientée vers l'explication du fonctionnement de l'économie. Selon Lallement (1997, p. 7), « l'économie positive doit fournir le socle scientifique qui rend possible une discussion rationnelle des objectifs et des moyens d'une éventuelle politique économique. La positivité de l'économie aurait comme effet d'éclairer rationnellement les choix de toute politique publique ».

Pour être pertinents, les modèles économiques doivent pouvoir être confrontés au réel, ou en d'autres mots, les énoncés théoriques devraient être empiriquement testables. Pour ce faire, les économistes ont besoin d'observations répétitives et qui concernent un nombre suffisant d'agents (Gevers & Maniquet, 1996, p. 347). L'étude statistique, qui systématise les observations empiriques, est donc couramment utilisée. Sa capacité de tester des énoncés théoriques est toutefois réduite étant donné la nature des données existantes (non expérimentales) ou les limites des méthodes économétriques (Malinvaud, 1997). Nous pouvons toutefois questionner le caractère «objectif et neutre» de l'économie positive. En effet, on ne peut ignorer que les postulats de l'analyse économique — l'homo-oeconomicus et le marché comme principe régulateur central — comportent une dimension normative évidente, comme de nombreux auteurs l'ont souligné.

En économie publique, l'approche positive va, par exemple, étudier l'impact des décisions de politiques publiques sur le comportement des agents. A titre d'exemple, on pourrait analyser l'impact d'une subvention en espèce (sous forme d'un transfert monétaire) ou en nature (garantir l'accès à un logement social ou à des structures de garde d'enfants pour les enfants dont les parents sont à la recherche d'un emploi) dans les services sociaux. S'il est concevable de mettre en évidence ces effets via la modélisation, se pose la question de l'existence et de la disponibilité des données pour confronter ces résultats à la réalité.

L'approche normative, quant à elle, mène une réflexion, d'une part, sur les objectifs que l'on souhaiterait assigner à la société en général et, d'autre part, sur la mise en œuvre des objectifs que la société s'est donnée (Cockx, 1996; Gevers & Maniquet, 1996). Le point de départ de l'économie normative assigne à la société un objectif de maximisation du bien-être collectif. Une des préoccupations majeures devient alors la recherche d'un critère de bien-être social à partir des niveaux de bien-être individuels. Les premiers théoriciens, les utilitaristes, faisaient l'hypothèse que le bien-être social était obtenu en faisant la somme des bien-êtres individuels (c'est-à-dire des utilités). Arrow (1963) a toutefois démontré qu'il était impossible d'arriver à une fonction de bien-être social permettant une agrégation des préférences individuelles qui soit cohérente et donc que la comparaison inter-individuelle était vouée à l'échec. C'est pourquoi l'économie du bien-être est basée sur le concept d'efficacité au sens de Pareto qui ne nécessite aucune comparaison : une situation est optimale lorsqu'il n'est pas possible d'augmenter le bien-être d'un individu sans diminuer celui d'au moins un autre individu.

Compte tenu de la faiblesse de ce critère normatif, de nombreux théoriciens de la justice sociale ne se fondent pas sur la notion d'utilité mais explorent d'autres voies pour établir des critère de justice. Divers travaux plus récents en économie normative[3] s'inspirent de philosophes anglo-saxons dont un des plus connus est John Rawls. Il propose comme principe de justice sociale une distribution égalitaire des biens sociaux premiers[4] entre individus, sauf si une inégalité favorise le sort du plus défavorisé (Rawls, 1972). L'objectif final est donc de maximiser le sort du plus défavorisé. Selon Sen (1992), la priorité donnée par Rawls à la liberté des moyens ne suffit pas à garantir une égalité de la liberté réelle des individus à poursuivre leurs fins propres. Sen propose donc un principe de justice portant sur l'égalisation des «capabilités», soit l'ensemble des fonctionnements (c'est-à-dire les caractéristiques et actions constitutives d'un individu) qu'un individu peut atteindre. Autrement dit, les capabilités représentent la liberté ou les opportunités réelles qu'a un individu de choisir entre différentes manières de vivre pour atteindre un certain bien-être (Sen, 1992). Le chapitre de Catherine Lefèvre dans ce volume sur la qualité de vie en entreprises de formation par le travail (chapitre 6) tente d'appliquer cette notion de «capabilité».

Le choix des objectifs que la société doit poursuivre est donc une question centrale de l'économie normative. Faut-il, par exemple, donner la priorité, voire réserver l'accès aux services de proximité à certains groupes-cible? La conception du rôle de l'Etat peut également influencer le choix des politiques sociales à mettre en œuvre. Une conception plus paternaliste favorisera sans doute des transferts en nature qui ont l'avantage de garantir que l'argent alloué à la consommation d'un bien ou service sera effectivement utilisé à cette fin. Offrir un logement social à un loyer très faible assurera un logement aux personnes concernées de manière plus sûre qu'une allocation monétaire destinée au logement mais pouvant servir à d'autres fins. L'avantage de l'allocation monétaire, par contre, est de laisser une plus grande liberté aux bénéficiaires dans leurs choix de consommation, argument central d'une conception plus libérale de l'intervention de l'Etat. D'autres arguments tels que la non-formation de ghettos et une moindre stigmatisation des bénéficiaires plaident également en faveur d'une allocation monétaire.

2. LES COURANTS HÉTÉRODOXES OU LA SOCIOÉCONOMIE

Bien que le paradigme néo-classique élargi s'avère être le courant dominant, de nombreux économistes pensent que plusieurs types d'approches peuvent coexister dans la science économique. Ce présupposé d'un nécessaire pluralisme, qui s'oppose à une rationalité économique globalisante, est sans doute un des points communs des économistes qu'on appelle parfois «hétérodoxes». Selon ces auteurs, l'analyse économique n'est pas réduite à la théorie des choix rationnels mais est définie par l'études des mécanismes de production, d'échange et de consommation ainsi que de leur évolution dans un contexte donné. Cette approche de l'économie est parfois qualifiée de substantive (Polanyi, 1953), contrastant avec l'approche formelle qui n'envisage comme économique que les choix rationnels de maximisation opérés sous contrainte de rareté. Ces auteurs posent, entre autres, la question de la pertinence de l'extension de l'axiomatique du choix rationnel à des logiques non marchandes développée initialement pour analyser les logiques marchandes. Comme le souligne Favereau (1989), on peut s'interroger si la théorie du choix rationnel ne perd pas en cohérence ce qu'elle gagne en extension. Par exemple, dans le champ des services de proximité caractérisé par des conditions d'information imparfaite, la confiance qui peut s'établir entre les usagers et les prestataires devient centrale pour le développement de ces services. La construction de cette nécessaire confiance peut-elle être réduite à des arrangements institutionnels soustendus par des choix rationnels alors qu'elle se bâtit dans une construction complexe de relation de service? Plus largement, dans ce champ où coexistent des logiques marchandes et non marchandes, est-il légitime de réduire l'analyse de la genèse et de l'action des institutions à l'agrégation de choix rationnels?

Pour ces courants «hétérodoxes», le refus d'une approche autonomisée des phénomènes économiques par rapport aux autres sphères de la vie sociale constitue un deuxième trait commun. Ces approches appréhendent en effet l'économie non pas comme une sphère autonome, en dehors de toutes relations sociales, mais à partir des institutions, normes et forces sociales qui la composent (Dortier, 1998, p. 12-13). C'est pourquoi de nombreux auteurs renvoient à la notion d'encastrement empruntée à Polanyi (1983) qui met en exergue que l'activité économique ne peut être isolée des systèmes de relations sociales, culturelles ou politiques. L'encastrement est ici opposé à la vision «dénaturalisée» du marché. Ces approches placent donc les institutions au cœur de leurs analyses à l'instar de l'économie néo-institutionnelle dont nous avons parlé précédemment. Elles se distinguent toutefois de celle-ci en soulignant la construction sociale des institutions et en dépassant le fonctionnalisme qui envisage les institutions existantes comme celles sélectionnées pour des raisons d'efficacité tenant à la réduction des coûts de transaction. Pour ne pas «absolutiser» les institutions existantes, il s'agit de procéder à une analyse sociologique, historique et juridique pour en comprendre la genèse. En effet, dans la mesure où un des choix principaux de ces approches est de situer les fonctionnements économiques dans l'ensemble des relations qu'ils entretiennent avec leur environnement, la science économique ne peut que prendre en compte l'apport des autres sciences sociales. Ce choix explique pourquoi l'on regroupe parfois ces différentes approches hétérodoxes sous le vocable de «socioéconomie».

Ces postulats, qui se distinguent de ceux de l'axiomatique du choix rationnel, ont des conséquences méthodologiques. Ces courants privilégient une approche compréhensive des phénomènes mettant en lien la diversité des institutions, des normes et des comportements des agents. Ce faisant, elles accordent une place importante à des analyses plutôt inductives basées sur des inférences interprétatives suggérées par l'analyse de l'histoire économique, des évènements économiques et des activités économiques particulières (Malinvaud, 1997).

Ces courants hétérodoxes sont caractérisés par une grande hétérogénéité que nous ne prétendons pas exposer dans cet article. Nous allons quelque peu nous attarder sur le courant de l'«économie plurielle» dans la mesure où les initiatives locales et les services de proximité sont au centre de leur analyse. Soulignons que cette mouvance fait partie des analyses relevant de la socioéconomie au sein de laquelle, selon Lévesque, Bourque & Forgues (1997), trois courants principaux, au sein du monde francophone, peuvent être distingués : les institutionnalistes[5], le mouvement anti-utilitariste[6] et l'économie plurielle. Tous s'inscrivent dans la réflexion du renouvellement des politiques sociales et d'emploi, à la suite de la persistance du chômage et dans le contexte de reconfiguration de l'Etat-Providence.

L'économie plurielle repose, d'une part, sur l'encastrement politique des institutions socioéconomiques et, d'autre part, sur la nature plurielle de l'économie (Laville, 1997, p. 234-235). Si les anglo-saxons mettent en évidence l'encastrement social du marché, c'est-à-dire le fait que les actions économiques soient encastrées dans des systèmes concrets de relations sociales (Granovetter, 1985), l'encastrement politique constitue un postulat central au sein du courant francophone. Il est défini comme l'ensemble des interactions entre pouvoirs publics et initiatives se traduisant par des effets mutuels dont l'intensité et les modalités varient considérablement dans le temps. Les institutions socioéconomiques sont ainsi appréhendées via les limites imposées au marché par l'action des mouvements sociaux et par les régulations et institutions mises en place par les pouvoirs publics.

Ainsi, si le champ des services de proximité ne peut être compris sans intégrer l'analyse de la régulation publique dont il est l'objet, en même temps, les formes qu'il a prises ne peuvent être déterminées uniquement par la régulation publique. La construction sociale de ce champ d'activités ne peut être entièrement saisie à partir d'une perspective qui privilégie la simple analyse des politiques publiques. Cette construction sociale est historiquement influencée par les initiatives d'acteurs sociaux diversifiés (militants associatifs, travailleurs sociaux, usagers, entrepreneurs...) qui, par leur existence, participent à l'évolution des formes de la régulation publique.

La notion d'économie plurielle, quant à elle, renvoie à une approche de l'organisation socioéconomique en la décomposant en trois pôles, à savoir les pôles marchand, non marchand et non monétaire. En effet, elle met en avant la nécessité de dépasser la vision dichotomique classique de l'économie basée sur l'Etat et le marché et d'envisager un troisième pôle, celui de la sphère non monétaire, caractérisée par l'autoproduction et la réciprocité. La réciprocité, que l'on retrouve par exemple dans les pratiques du don et du bénévolat, correspond à la circulation de biens et services entre des groupes ou personnes qui ne prend sens que dans la volonté de manifester un lien social entre les parties prenantes. Si les représentations dominantes de l'économie contemporaine manifestent une hiérarchisation entre ces pôles, l'économie marchande étant première, l'économie non marchande supplétive et l'économie non monétaire résiduelle, il n'en demeure pas moins important de s'intéresser aux dimensions non marchandes et non monétaires. Plutôt que de les appréhender comme des secteurs distincts du marché, ces analyses mettent l'accent sur les combinaisons entre ces différents pôles.

C'est dans ce cadre que de nombreuses analyses s'intéressent aux organisations socioéconomiques du tiers-secteur (c'est-à-dire des organisations privées dont la finalité première n'est pas la recherche du profit) dont une des spécificités est à la combinaison de différentes logiques (marchandes, non marchandes et non monétaires), des dimensions économiques et sociales. Les organisations du tiers secteur sont actives dans un très grand nombre d'activités, notamment dans le champ des services de proximité.

CONCLUSION

Le champ des services de proximité est pétri par une pluralité de logiques tant marchandes, non marchandes que non monétaires. En cela, il questionne, de manière fondamentale, les positionnements épistémologiques des économistes. Avec ce survol des différents apports de l'analyse économique à la question de l'insertion dans les services de proximité, nous avons voulu mettre en exergue la diversité des courants en science économique au-delà de la suprématie du paradigme néo-classique. Le choix d'un cadre spécifique a des implications méthodologiques importantes privilégiant tantôt une approche plus déductive, tantôt plus inductive. Si le paradigme standard «élargi» s'ouvre de manière décisive à l'analyse des institutions non marchandes, il n'en demeure pas moins un questionnement central, celui de la pertinence d'une approche initialement conçue pour appréhender des logiques marchandes. Le champ des services de proximité est donc non seulement intéressant par les défis qu'il pose à la régulation publique, question au centre du chapitre 12, mais aussi par les défis épistémologiques qu'il sous-tend en faisant apparaître, en tension, les différentes approches qui tissent les sciences économiques.

NOTES

[1] Il ne faut pas confondre intérêt individuel et égoïsme. Les choix de l'agent peuvent être guidés également par des valeurs altruistes.

[2] Les Agences Locales pour l'Emploi (ALE), auxquelles l'inscription est obligatoire pour les chômeurs de longue durée, permettent aux chômeurs et aux bénéficiaires du revenu minimum d'existence (minimex) de travailler au maximum 45 heures par mois en recevant approximativement 4 euros de l'heure et en gardant leur allocation (chômage ou revenu minimum d'existence), dans des activités qui ne sont pas organisées par le marché (aide ménagère, petit jardinage, etc.).

[3] Voir, par exemple, Fleurbaey, M. & Mongin, Ph., dir. (1999).

[4] Par biens sociaux premiers, Rawls désigne l'ensemble des conditions indispensables et moyens généraux permettant à chacun de poursuivre sa conception de la vie bonne. Ce sont principalement «les libertés fondamentales (droit de vote, d'expression, etc.), la richesse, le revenu, les chances d'accès à un travail valorisé, les pouvoirs et les prérogatives et les bases sociales du respect de soi» (Van Parijs, 1991).

[5] Les institutionnalistes français regroupent l'école de la régulation et celle de la théorie des conventions (Weinberg, 1998, p. 19-20). L'école de la régulation, sous l'impulsion des travaux d'Aglietta et de Boyer, articule l'analyse historique des institutions sociales et de l'organisation économique à partir de l'étude du fordisme, en tant que mode de production et de régulation dominant de l'après-guerre. Ces analyses ont ainsi éclairé la compréhension des différentes crises économiques et leurs conséquences, notamment sur le plan du chômage compte tenu des points de rupture qui ont ébranlé les compromis sociaux. La théorie des conventions analyse quant à elle la multiplicité des formes de coordination. Le marché n'est qu'une de ces formes. Les conventions, c'est-à-dire l'ensemble de normes, valeurs et représentations collectives qui servent de références aux individus, en sont une autre. Les conventions sont analysées ici en termes d'apprentissage individuel et collectif dans un monde caractérisé par la rationalité limitée. Pour une analyse de l'aide à domicile en termes de conventions, voir Enjolras (1994).

[6] Le mouvement anti-utilitariste en sciences sociales (MAUSS) part fondamentalement d'une critique d'ordre épistémologique du paradigme néo-classique tout en s'inscrivant dans une volonté de renouvellement des pratiques de l'économie. Ce mouvement dénonce «l'économisme» — c'est-à-dire le fait que les calculs d'utilité envahissent tant les analyses en sciences sociales que les pratiques sociales. Pour ces auteurs, l'analyse des logiques de don doit être au cœur des sciences sociales car elles sont au fondement des rapports sociaux (Lévesque *et al.*, 1997, p. 268).

# DEUXIÈME PARTIE

ENSEIGNEMENT ET INSERTION

Le rapprochement des deux mots «enseignement» et «insertion» n'étonnera personne. Peut-on en effet nier que l'insertion d'un individu dans la société contemporaine est fortement corrélée à son parcours scolaire? Cette unanimité masque cependant une pluralité de lectures de ce qui constitue le ciment des deux termes.

L'interprétation la plus commune consiste à considérer l'enseignement comme le lieu d'acquisition plus ou moins efficace de connaissances et de compétences nécessaires à l'insertion professionnelle. Une telle interprétation domine largement les débats consacrés à l'enseignement. Elle sert de fondement à un large éventail de politiques scolaires, telles les politiques d'adéquation de l'enseignement à l'emploi ou, moins directement, d'amélioration de l'efficacité de l'enseignement.

Cette manière de voir simplifie la complexité des liens qui unissent enseignement et insertion. Elle opère au moins quatre réductions :
– elle se focalise sur l'acquisition par l'individu de «capitaux» et «atouts», oubliant que l'enseignement est aussi un lieu de socialisation et donc d'acquisition de valeurs et de comportements;
– elle centre son attention sur la préparation à la sphère professionnelle, attribuant peu d'importance à l'impact de l'enseignement sur d'autres sphères de vie;

– elle se polarise sur l'insertion dans la vie adulte, oubliant un peu vite que l'insertion est un thème qui concerne aussi le présent du jeune scolarisé ;

– elle se concentre sur les connaissances et compétences que permet d'acquérir l'enseignement, voilant les effets de celui-ci sur l'identité du jeune.

La première réduction découle de la conception très répandue attribuant la non-insertion à un défaut de savoir, de savoir-faire et de savoir-être dans le chef de l'individu. Or, l'insertion dépend aussi des regards, attitudes et comportements des «insérés», de leur souci de contribuer à la construction d'une société produisant moins d'exclusion. Les politiques visant l'éducation à la citoyenneté vont dans ce sens, mais elles ne constituent encore que la note mineure des politiques éducatives et restent profondément contaminées par la conception d'un enseignement devant viser l'accumulation d'atouts. Dans un contexte de société individualiste se voulant tolérante, rares sont les politiques qui prennent délibérément en compte le pouvoir de socialisation de l'enseignement et le considèrent comme un lieu où l'individu ne vient pas seulement capitaliser des atouts mais est intentionnellement «conformé» à un certain nombre de valeurs jugées essentielles au fonctionnement d'une société produisant moins d'exclusion.

La seconde réduction est bien connue et fondée sur le fait que l'emploi demeure le principal vecteur de l'insertion sociale. Elle consiste à accorder peu d'intérêt aux sphères non professionnelles. Or, la sphère professionnelle ne peut être isolée des autres, avec lesquelles elle entretient des rapports de concurrence, de complémentarité ou de subordination. Un projet scolaire exclusivement focalisé sur l'emploi peut entraîner des difficultés d'insertion dans les sphères non professionnelles lorsqu'il y a concurrence entre les investissements dans ces différentes sphères. Un tel projet revient aussi à négliger les rapports de complémentarité entre sphères, et donc le tremplin que les autres sphères peuvent constituer pour une insertion dans la sphère professionnelle (le cas inverse n'est pas le seul à prendre en considération). Enfin, tout focaliser sur l'emploi, c'est aussi perdre de vue que, bien souvent, surtout dans les emplois moins qualifiés, la sphère professionnelle n'est pas investie pour elle-même mais exclusivement pour ses apports positifs (surtout financiers) aux sphères privées. Par ailleurs, on conviendra que tout focaliser sur l'emploi revient à dévaloriser les autres sphères et à dénier une identité sociale à ceux qui ne savent ou ne veulent s'insérer que dans ces sphères...

La troisième réduction est aussi importante à souligner. En se concentrant sur les effets que l'enseignement peut avoir sur l'insertion à l'âge adulte, on néglige ses effets sur le présent du jeune. Or, l'insertion présente du jeune parmi ses pairs ou, via sa famille, dans la société est non seulement importante comme vecteur d'insertion future mais aussi en elle-même...

La quatrième réduction consiste à négliger les effets de l'enseignement sur un certain nombre de variables psychosociales, telles l'identité personnelle, l'estime de soi ou le sentiment d'efficacité personnelle. Les mesures de l'efficacité d'un enseignement donnent aujourd'hui la priorité aux niveaux de connaissances et de compétences. Les variables psychosociales mériteraient d'être mieux prises en compte. Le faible niveau de ces variables à la sortie du système scolaire pèse en effet durablement sur la capacité de l'individu à s'insérer, à faire reconnaître par d'autres sa valeur et à oser exprimer ses demandes et revendications. De plus, ces variables «processus» pèsent, durant la scolarité elle-même, sur l'acquisition des connaissances et des compétences. Enfin, ces variables sont largement conditionnées par le système d'enseignement, essentiellement via les évaluations et les orientations hiérarchisées.

Certes, ces quatre dimensions négligées par la représentation dominante des liens entre enseignement et insertion ne sont pas totalement absentes des préoccupations de certains acteurs et sont traduites dans certaines politiques scolaires ou innovations locales. Cependant, elles occupent souvent une place marginale et sont souvent jugées à l'aune de la représentation dominante.

Les deux articles présentés dans cette partie s'écartent de l'approche dominante. Chacun avec leurs particularités, ils promeuvent une approche de plusieurs dimensions du rapport entre enseignement et insertion. Si l'article de Bernard Delvaux, basé sur l'analyse de données quantitatives et diachroniques, adopte un point de vue macro-sociologique, celui d'Anne Deprez, fondé sur un matériau qualitatif récolté à un moment donné, est une étude de cas fouillée, révélatrice à plus d'un égard du problème d'ensemble. Le premier article s'interroge sur la réalité de la hiérarchie des enseignements, parce que celle-ci conditionne fortement l'identité des jeunes, leurs valeurs, leurs connaissances et compétences et, par là, leur insertion sociale et professionnelle. Après avoir défini le concept de hiérarchie, l'auteur analyse ce qui la fonde et ce qui conduit à sa recomposition actuelle. Le second article traite de la manière dont les jeunes et les adultes de deux sections qualifiantes perçoivent et vivent les rapports entre les sphères familiale et professionnelle mais aussi entre les «qualités» domestiques et professionnelles : un sujet nullement anecdotique lorsqu'il s'agit d'analyser deux sections du secteur «services aux personnes», orientées vers des métiers traditionnellement féminins.

Ces deux textes ont notamment pour objectif de décrire les tensions se manifestant au sein du système scolaire, des organisations qui le composent ou de l'individu lui-même. L'une de ces tensions oppose technicisation et humanisation des métiers d'auxiliaire familial et sanitaire ou d'éducateur. Nombre d'acteurs aspirent à une professionnalisation accrue de ces deux métiers. Cette demande s'inscrit dans une logique de reconnaissance sociale et statutaire ainsi que de concurrence entre organismes de formation : pour qu'un individu puisse décrocher un emploi et que celui-ci soit intéressant, socialement reconnu et correctement rémunéré, la formation doit se techniciser. Les acteurs qui promeuvent ce mouvement ont dès lors tendance à atténuer les compétences réputées «innées» ou faiblement spécialisées (comme nombre de tâches domestiques) et à accentuer les aspects techniques de la formation. Mais on note par ailleurs qu'ils continuent spontanément à évoquer ces qualités lorsqu'ils décrivent le profil idéal du travailleur. Cette tension entre deux pôles révèle aussi deux effets non désirés de cette technicisation : le renvoi des tâches subalternes sur d'autres travailleurs dominés et une déshumanisation des rapports entre prestataires et bénéficiaires de services.

La seconde tension découle de la tentative de concilier deux projets éducatifs, à savoir la préparation aux études post-secondaires et la préparation directe à l'emploi. Ce dernier projet, objectif initial des sections qualifiantes, est aujourd'hui concurrencé par l'autre : de plus en plus de jeunes passés par l'enseignement qualifiant entament en effet des études post-secondaires. Cette combinaison de deux populations, dont la composition est par ailleurs mouvante vu l'instabilité des projets individuels, rend difficile la définition des objectifs d'apprentissage, des programmes et des pédagogies.

La troisième tension oppose uniformisation des objectifs d'apprentissage et diversification des parcours scolaires. Dans un système scolaire fortement hiérarchisé, les publics, majoritairement fascinés par les options les plus valorisées, s'évaluent par rapport à cet étalon et sont de plus en plus nombreux à vouloir emprunter cette voie. Ce mouvement de masse entre en conflit avec les intérêts de familles ou d'enseignants qui, travaillant au maintien des objectifs d'apprentissage et des critères de sélection anciens, contribuent à réactualiser les mécanismes de tri et d'exclusion. On assiste ainsi à une tension entre une volonté d'uniformisation des objectifs d'apprentissage (et d'égalisation des résultats) et une volonté de constitution de groupes d'élèves homogènes en termes de pré-requis et de projets scolaires.

Ces trois tensions peuvent déboucher sur le triomphe d'un des deux pôles. Mais l'issue peut aussi être l'adoption d'une voie médiane. Pour la première tension, cette voie médiane est souhaitable si l'on veut éviter une professionnalisation froide des relations avec les bénéficiaires. Elle implique un travail de décorticage de ces «qualités humaines» spontanément incorporées au profil professionnel afin de pouvoir les faire reconnaître dans le statut et de pouvoir les «enseigner».

Pour résoudre la deuxième tension, la tentation est grande de répartir les élèves dans des groupes distincts selon qu'ils visent l'insertion professionnelle ou la poursuite des études. C'est oublier que ces sections accueillent des jeunes qui, après avoir souvent vécu des échecs, ont besoin de temps pour reconstruire un projet et arbitrer entre les deux voies qui leur sont ouvertes. La voie médiane implique une définition d'objectifs d'apprentissage communs aux élèves qui visent une insertion professionnelle rapide et ceux qui ambitionnent de transiter par l'enseignement supérieur.

Pour ce qui concerne la troisième tension, la voie médiane est proche de celle évoquée ci-dessus. Si l'on veut donner droit à une variété d'intérêts et se fonder sur ceux-ci pour aider le jeune à se développer, il faut autoriser des parcours scolaires variés. Mais si l'on veut éviter que ces parcours et leurs débouchés soient fortement hiérarchisés, il faut sans doute veiller à définir, transversalement aux filières et options, des objectifs d'apprentissage communs, et les concrétiser dans les programmes des nombreuses options et filières qui peuvent y conduire.

Chapitre 4
Indépassable hiérarchie des enseignements ?

Bernard Delvaux

En dépit de toutes les critiques dont est victime l'école, l'insertion future des jeunes reste fortement liée à une trajectoire scolaire longue. De ce fait, les demandes en matière d'enseignement restent fortes et, au niveau secondaire, se focalisent sur les filières susceptibles d'ouvrir l'accès à l'enseignement supérieur. Ces préférences se reflètent de manière nette dans l'évolution de la répartition des élèves entre filières. En Belgique francophone comme dans de nombreuses autres régions, l'enseignement général attire une part croissante des élèves, l'enseignement technique, de plus en plus axé sur la préparation à l'enseignement supérieur, maintient sa population, tandis que l'enseignement professionnel subit un important phénomène de désertion. En dépit du fait que, depuis plus de dix ans, ce dernier type d'enseignement peut donner accès à l'enseignement supérieur[1], nombre de familles ont perdu confiance dans son pouvoir de socialisation et développent des stratégies de maintien dans la filière noble en dépit des échecs et des conseils de réorientation. Elles exercent ainsi une pression sur le système. Comprendre la genèse de cette pression du public et décoder les tensions qu'elle génère seront ici deux de nos objectifs.

Un tel exercice nécessite le détour par l'analyse de la diversité de l'offre scolaire, ou plus exactement de la hiérarchie de cette offre. En effet, un classement hiérarchisé structure clairement la représentation que se font généralement les individus du système scolaire, et qui se traduit notamment par l'existence de quatre «filières»[2]. Cette image pèse d'un poids certain sur la structure des demandes d'enseignement. C'est la raison pour laquelle la définition du concept de hiérarchie et la description des processus de production et de reproduction de cette hiérarchie seront les deux autres objets de cet article et seront traités en premier lieu.

1. LE CONCEPT DE HIÉRARCHIE INSTITUÉE

On peut dire que la diversité des enseignements est hiérarchisée dès le moment où la majorité des passages d'une unité d'enseignement à une autre s'opère à sens unique, comme s'il existait un système de clapet empêchant le retour dans la filière, l'option ou l'établissement de départ. Dans un tel système, l'analyse des flux révèle des trajectoires le plus souvent «stables» ou «descendantes», mais très rarement «ascendantes» (Delvaux, 1997). Le mode d'attribution des attestations de réorientation[3] est un signe de l'existence de ces flux à sens unique : personne ne songe à utiliser ces attestations pour interdire à un enfant doué en mathématiques mais dépourvu de sens pratique de fréquenter l'enseignement technique ou professionnel. Les filières et options interdites sont toujours celles qui sont classées en haut de la hiérarchie.

Ainsi se traduit la puissance de cette hiérarchie que nous qualifions d'instituée. Ce qualificatif attire l'attention sur le fait que nous ne faisons pas référence à un classement «objectif» des unités d'enseignement, par exemple sur base des résultats des élèves à des tests. Cela dit en passant, l'épithète «objectif» est dans ce cas trompeur car des classements de ce type présupposent tous une hiérarchisation *a priori* — donc socialement construite — des savoirs et compétences, certains d'entre eux étant l'objet d'évaluation certificative[4]. Nous ne parlons pas non plus d'une hiérarchie basée seulement sur la subjectivité des acteurs. Dans cette perspective, tout choix d'orientation déclaré positif (et non contraint) serait considéré comme témoignage d'une certaine valorisation de cette orientation. Un tel type de «sondage» nous pousserait sans doute à conclure à l'existence de plusieurs hiérarchies. Or, la hiérarchie instituée a comme caractéristique d'être unique.

Le concept de hiérarchie instituée fait donc référence à un construit social. Cette hiérarchie est reconnue comme évidente par une très grande majorité d'individus, au point que ceux-ci ne requièrent plus la preuve qu'existe une réelle différence de niveau entre les unités d'enseignement, au point aussi que les individus sont obligés d'en tenir compte même si leurs préférences s'écartent des valeurs qui la sous-tendent : ils ne peuvent ignorer par exemple que le choix de certaines options de qualification réduit l'éventail des trajectoires scolaires futures accessibles, ou que la qualité de l'élève sortant de telles unités d'enseignement risque d'être assimilée à la valeur socialement associée à cette unité.

2. HIÉRARCHIE AUX 2ᵉ ET 3ᵉ DEGRÉS ET PROCESSUS DE DIFFUSION VERS L'AMONT

Les hiérarchies scolaires peuvent être distinguées selon leur degré d'institutionnalisation. En Belgique francophone, la hiérarchie entre filières est très fortement instituée : tout le monde ou quasi s'accorde sur le sens de la hiérarchie, mentionnant dans l'ordre le général, le technique de transition, le technique de qualification et le professionnel. La hiérarchie entre options, quant à elle, n'est qu'à demi formalisée puisqu'il existe une moins grande unanimité quant à l'ordonnancement de ces options. Quant à la hiérarchie entre établissements, elle est plus floue encore.

Ces trois hiérarchies se superposent et s'emboîtent, construisant une hiérarchie complexe : les options les plus cotées d'une filière peu valorisée peuvent être situées à un échelon supérieur à celui des options les plus dévalorisées de la filière « supérieure »; la hiérarchie entre options n'est pas nécessairement la même au sein de chaque établissement (dans certains, par exemple, l'option sciences peut être plus valorisée que l'option latin); la hiérarchie des établissements n'est pas nécessairement identique au sein de chaque filière ou de chaque option.

Dans la mesure où la formalisation touche surtout les filières et les options, on peut en conclure qu'en amont — au premier degré du secondaire, et plus encore dans le primaire —, on est confronté à une hiérarchisation informelle mais cependant réelle. Celle-ci résulte d'un processus de diffusion vers l'amont du curriculum de la hiérarchie relativement formalisée observable en fin de secondaire. Cette diffusion de la hiérarchie — cette contagion pourrait-on dire — est d'ailleurs une des caractéristiques principales du système d'enseignement. Celui-ci étant structuré en niveaux d'enseignement, on observe à chaque passage de niveaux un processus de diffusion vers l'amont du curriculum : la hiérarchie de l'enseignement supérieur imprime sa marque aux 2e et 3e degrés du secondaire ; la hiérarchie structurée dans ces deux degrés conditionne à son tour la structuration du premier degré, qui elle-même fonde la hiérarchie de l'enseignement primaire.

Mais l'utilisation de ce concept de diffusion signifie aussi qu'on n'a pas affaire à un pur décalque. Il sous-entend une certaine déconnexion entre les hiérarchies des différents niveaux. Et, de fait, le caractère strict des sens uniques, observable au sein de chaque niveau, est en partie levé au moment des passages d'un niveau à l'autre. A ces étapes de la scolarité, les cartes peuvent être partiellement redistribuées. Par exemple, des élèves issus d'écoles primaires pourtant peu cotées peuvent prétendre accéder aux meilleures écoles du premier degré. Il en va de même pour les élèves sortant du technique de qualification et désireux d'accéder à l'enseignement supérieur. Ces cas restent cependant assez peu fréquents et ne suffisent pas à inverser le sens des lois de probabilités.

3. FONDEMENTS DE LA HIÉRARCHIE

En dépit du fait qu'elle apparaît évidente au point de ne plus être interrogée, la hiérarchie instituée n'en est pas moins le résultat d'un processus social. On perçoit les contours de celui-ci dès lors qu'on s'intéresse à déchiffrer les critères sur base desquels est construite cette hiérarchie.

Ces critères permettant de déterminer la place qu'occupe une unité d'enseignement dans la hiérarchie nous apparaissent être au nombre de deux : il s'agit de l'étendue et de la valeur du champ des possibles sur lequel débouche l'unité d'enseignement. Chaque unité de destination se caractérise en effet par des pré-requis, implicites ou explicites, effectifs ou imaginaires, qui servent de référence lors du choix par les familles des unités situées en amont lors de l'orientation proposée par le conseil de classe à la fin de l'étape précédente. Chaque unité d'enseignement est ainsi située dans la hiérarchie en fonction de la largeur de l'éventail d'unités de destination sur lequel elle débouche et du degré de valorisation de ces unités.

La largeur de l'éventail des possibles varie en effet selon l'option et l'établissement fréquentés. La palette des destinations autorisées est par exemple plus large lorsqu'on a suivi math forte que lorsqu'on a été inscrit dans l'option sciences sociales. Ce fait repose sur l'idée largement partagée qu'il y a un ordonnancement hiérarchisé des savoirs : les plus cotés sont ceux qui ont la réputation de se situer au fondement des autres et, étant plus abstraits, de permettre une appropriation plus rapide des autres savoirs. C'est pour cette raison qu'un élève brillant en mathématique est censé pouvoir entreprendre des études de puériculture, qu'on lui déconseillera d'ailleurs de suivre vu son bon niveau en mathématique[5].

La place d'une unité d'enseignement dans la hiérarchie ne repose pas seulement sur la largeur de l'éventail des possibles. Elle dépend aussi de la valeur de ces possibles. Or, cette valeur n'est pas liée intrinsèquement à la nature des savoirs dispensés mais à leur utilité dans l'accès à des vies post-scolaires de qualité. C'est ainsi qu'on pourrait affirmer que la valeur d'une unité de destination dépend *in fine* de la qualité des vies post-scolaires auxquelles elle donne normalement accès. En fait, il semble que la hiérarchie instituée des unités d'enseignement ne se réfère pas à ces qualités de vie post-scolaires, pour des questions de manque de consensus et de faiblesse du lien statistique. En effet, d'une part, le concept de qualité de vie (Lefèvre, 1999) débouche potentiellement sur une large palette d'options de vie, entre lesquelles il est difficile de dégager un consensus social en dépit d'une certaine uniformisation culturelle ; d'autre part, l'intensité de la relation de causalité entre type d'enseignement et qualité de vie post-scolaire est relativement faible (on ne peut clairement dire que tel type d'enseignement permet d'accéder à une meilleure qualité de vie).

C'est pourquoi le référent ultime de la hiérarchisation est un indicateur plus simple, susceptible d'un plus large consensus, et plus clairement lié aux unités d'enseignement. Les positions sociales post-scolaires constituent ce critère ordonnateur de la hiérarchie des unités d'enseignement. Bien plus que d'autres indicateurs — de qualité de vie par exemple —, il offre une grande lisibilité. Surtout, il peut être assez bien relié aux deux variables entre lesquelles il établit une passerelle. En amont, les analyses attestent d'un lien statistique évident entre unité d'enseignement fréquentée et position sociale atteinte. En aval, si la relation entre position sociale et qualité de vie apparaît plus discutable, il n'en reste pas moins que la position sociale semble donner plus d'atouts pour une vie « réussie », les nombreux contre-exemples de vie « ratées » à partir de positions sociales favorables étant généralement perçus comme le résultat d'un gaspillage d'atouts plutôt que de la non-pertinence de ces atouts. La position sociale tire donc son pouvoir d'ordonnancement de la hiérarchie scolaire du fait qu'elle renvoie à l'inégale distribution des divers types de capitaux : fréquenter certaines unités d'enseignement, c'est accroître sa chance d'atteindre des positions sociales richement dotées en capitaux ; et être richement doté en capitaux économiques, sociaux ou culturels, c'est augmenter son pouvoir de choisir librement dans une large palette de styles de vie.

La largeur de l'éventail des possibles et la valeur sociale de ces possibles — les deux critères précisés ci-dessus — convergent généralement. Les unités d'enseignement qui ouvrent sur les «meilleurs» possibles sont aussi celles qui permettent de déboucher sur le plus grand nombre de possibles.

L'existence d'un référent social structurant en dernier ressort la hiérarchie scolaire témoigne du fait que cette hiérarchie est fortement dépendante de la hiérarchie sociale, et explique dès lors la difficulté d'imposer d'autres référents au niveau scolaire. Tout travail de déconnexion entre la hiérarchie sociale et la structure de la diversité des unités d'enseignement constitue en effet une entreprise qui ne conduit pas nécessairement à l'abolition des hiérarchies parce qu'elle entraîne aussitôt un travail de reconstruction de hiérarchie et de réaffirmation d'un lien visible. Pour compenser la perte de crédibilité et de lisibilité du lien entre unités d'enseignement et positions sociales, certains acteurs détenant des capitaux économiques, sociaux et culturels sont prêts à réinvestir le système scolaire ou à (s')investir ailleurs[6] pour rencontrer les pré-requis supposés nécessaires pour l'accès aux échelons supérieurs de la hiérarchie.

4. EVOLUTIONS RÉCENTES

Ces dernières considérations pourraient laisser croire à une stabilité immuable de la hiérarchie ou, à tout le moins, à une totale dépendance de cette hiérarchie scolaire, soumise aux évolutions en matière d'ordonnancement des positions sociales. Cette impression de stabilité est d'autant plus vive que les élèves les plus conformes aux valeurs de l'institution scolaire sont détournés des options socialement dévalorisées qui, dès lors peuplées d'élèves moins cotés, voient se renforcer dans un phénomène «boule de neige» la désertion de ces options par les élèves réputés les plus aptes et par les familles des plus dotées en capitaux.

La réalité, pourtant, n'est pas aussi simple. A l'instar des quartiers urbains pauvres rapidement reconquis par les commerces de luxe, des écoles, voire même des options, peuvent voir leur position relative évoluer. Il n'est pas impossible qu'à la hiérarchie se substitue une structuration beaucoup plus horizontale des diversités, notamment lorsque la hiérarchie est à ce point marquée que les échelons les plus bas sont radicalement désertés, et ainsi contraints à disparaître. Les moments où apparaissent de tels phénomènes sont des périodes instables, propices à tensions et fertiles en réformes. Elles conduisent cependant le plus souvent à une recomposition des hiérarchies et bien plus rarement au passage d'une structure hiérarchisée à une structure moins hiérarchisée.

En Belgique francophone, on se situe actuellement dans une telle période. En effet, deux phénomènes importants se sont dessinés ces dernières années : d'une part, une dévalorisation forte des unités d'enseignement situées au bas de la hiérarchie instituée et, en conséquence, un évitement de celles-ci par les publics scolaires ; d'autre part, une unification des types d'enseignement se situant en amont des filières.

Ces deux éléments sont bien sûr intimement liés, tant au niveau de leur manifestation qu'au niveau de leur explication. Tous deux se traduisent en effet essentiellement par une désertion de l'enseignement professionnel, déjà inscrit dans les structures avant le point du cursus où apparaissent en filières[7]. La dévalorisation forte de cet enseignement et son évitement effectif résultent d'une conjonction de facteurs qui se sont mutuellement renforcés pour conduire à un effet « boule de neige ».

Un premier élément est le desserrement des freins aux ambitions scolaires des publics moins favorisés. L'hypothèse que nous formulons est la suivante : alors qu'auparavant, la hiérarchie était de nature à repousser certains publics des unités les plus cotées, elle débouche aujourd'hui sur un phénomène inverse d'attraction. Car si l'existence d'une hiérarchie des unités d'enseignement suppose toujours que la majorité des usagers soient hypnotisés par le critère ordonnateur de la hiérarchie, ce sont d'autres facteurs sociaux qui expliquent pourquoi les publics les moins favorisés choisissent soit de gonfler leurs aspirations en ne tenant pas compte des pré-requis implicites, soit d'atrophier ces aspirations en surestimant les difficultés et en dévaluant leurs compétences. Plusieurs facteurs expliquent que la première attitude soit devenue plus fréquente que la seconde. La crise de l'emploi est le premier d'entre eux : elle a poussé à allonger la scolarité et dès lors à emprunter les filières qui ont le plus de chance de donner accès aux diplômes de l'enseignement supérieur. La prolongation de la scolarité obligatoire jusqu'à 18 ans[8] a été le second facteur. Elle aussi a incité nombre de familles à « tenter leur chance » sur les chemins les plus cotés, d'autant que la perception d'une forte hiérarchie entre filières laissait croire qu'un échec dans la filière noble pouvait être transformée en réussite dans une filière ou une option moins réputée.

Cette demande d'accès aux unités les plus cotées a été complétée par un souci croissant d'éviter l'enseignement professionnel, essentiellement parce que le public le fréquentant était de plus en plus perçu comme menaçant. La prolongation de l'obligation scolaire — encore elle — a largement contribué à ce phénomène d'évitement en enclenchant simultanément deux mouvements de publics qui se sont renforcés mutuellement : une désertion des élèves «à l'heure» (dont nous avons parlé plus haut) et un afflux d'élèves «en retard» généralement peu motivés (les élèves qui, jusqu'alors, quittaient l'école entre 14 et 18 ans). On a dès lors assisté à une concentration dans la filière professionnelle des populations en décalage avec la norme scolaire, ce qui a nui largement au statut de cette filière.

La loi sur la prolongation de l'obligation scolaire n'est pas le seul facteur explicatif de la dévalorisation et de la désertion du professionnel. En effet, la Communauté flamande, elle aussi concernée par cette loi, n'enregistre pas une réduction de ses effectifs scolarisés en professionnel. Cette différence entre Communautés est dès lors probablement expliquée par les deux autres facteurs mentionnés. En Flandre, on assiste en effet à une moindre persistance de la crise de l'emploi et de nombreux indices témoignent d'une moins forte hiérarchie des filières d'enseignement (Delvaux, 1998).

Les divers facteurs énumérés ont suscité, aux 2e et 3e degrés de l'enseignement francophone, une croissance continue du nombre d'élèves fréquentant l'enseignement général et une décroissance correspondante du nombre d'élèves en professionnel, le public de l'enseignement technique demeurant sable. Ainsi, depuis 1988, année où l'enseignement professionnel a vu son nombre d'élèves culminer, la décroissance a été forte. Toutes années d'études confondues, le poids de cette filière est passé en sept ans de 24,5 % à 20,9 %. Aux 2e et 3e degrés, la décroissance a touché les 3e et 4e années[9], tandis qu'au premier degré, on a observé une uniformisation croissante des parcours scolaires, du fait de l'abandon de la filière professionnelle par nombre d'élèves (on est passé, en neuf ans, d'un élève sur quatre à un élève sur huit fréquentant le professionnel au niveau de la deuxième année). Les statistiques indiquent clairement que cette évolution ne résulte pas de la réforme du premier degré[10] mais qu'au contraire elle le précède. Le phénomène d'évitement commence en effet à se manifester dès la cohorte des jeunes entrés dans le secondaire en 1981, et n'a été temporairement stoppée que par l'afflux de jeunes en 1re B[11] et en 2e professionnel, consécutivement à la loi de 1983 limitant la durée du séjour dans l'enseignement primaire. Après quelques années de cette «embellie» conjoncturelle, la courbe descendante amorcée auparavant a repris ses droits, dès avant la réforme (Delvaux, 2000).

5. LES TENSIONS OBSERVABLES AU PREMIER DEGRÉ

Si elle n'explique pas l'uniformisation des parcours scolaires au premier degré, la récente réforme de ce degré révèle cependant les tensions existant entre des logiques concurrentes, dont certaines portent en elles les germes d'une remise en cause de la hiérarchie.

L'évolution du public décrite ci-dessus, faisant du premier degré un niveau d'enseignement beaucoup plus largement unifié qu'auparavant, a ravivé l'utopie que ce premier degré puisse être un réel tronc commun, sans aucune hiérarchie interne, et qu'à la fin de ce degré les choix d'orientation puissent être posés librement, sans détermination des origines sociales, à propos de filières et d'options nettement moins hiérarchisées qu'actuellement. La réforme initiée par le pouvoir politique fait fond sur cette utopie. Mais celle-ci entre en conflit avec d'autres logiques. Le premier degré devient ainsi un lieu important de tensions, perceptibles entre autres dans les discours des enseignants qui se plaignent de l'hétérogénéité croissante des publics et des résistances qu'opposent les familles aux propositions de réorientations formulées par les écoles (Mangez, 2000).

Cette tension naît de l'opposition entre deux types de demandes, toutes deux liées à l'existence de la hiérarchie instituée. Celle-ci nourrit en effet d'abord une demande d'accès aux sections les plus cotées car le critère ordonnateur de la hiérarchisation tend à faire perdre de vue aux usagers d'autres critères de choix ou à leur attribuer un poids moindre. La réponse positive à cette demande est freinée par un second phénomène, lui aussi nourri par la hiérarchie instituée. Celle-ci induit en effet une revendication d'alignement de l'enseignement du premier degré sur les pré-requis supposés des unités d'enseignement ultérieures : certaines familles dominantes, en connivence avec certains enseignants, incitent directement ou indirectement à gonfler le niveau d'exigence et à l'aligner sur ce qu'ils pensent être les pré-requis du niveau supérieur[12].

La logique d'uniformisation des trajectoires entre ainsi en conflit avec la logique de la préparation optimale aux pré-requis des unités les plus cotées des 2e et 3e degrés. Cette dernière logique structure l'action de deux acteurs habitués des unités d'enseignement jusqu'alors réservées : les parents «favorisés» qui lisent cette invasion comme un risque de baisse de niveau et un frein à leur projet éducatif, et les enseignants des écoles à dominante générale, qui se voient freinés dans leur programme et interpellés de manière radicale par l'hétérogénéité. En primaire et au premier degré, ces acteurs, soucieux de préparation optimale pour le niveau d'excellence suivant et inquiets quant au lien entre unité d'enseignement et position sociale, continuent à structurer leurs exigences sur les contenus et les pédagogies traditionnelles, axés sur la préparation à l'enseignement général.

Ainsi risquent de se perpétuer les pratiques de tri et d'exclusion. Celles-ci cependant, en raison de l'interdiction du redoublement au sein du premier degré, de la perte d'attrait de la filière professionnelle et, comme on le verra plus loin, de certaines mesures politiques, doivent prendre des formes partiellement renouvelées. Ainsi peuvent se développer des phénomènes de substitution aux pratiques de sélection antérieures, telles que la ségrégation interne aux établissements (tri des élèves entre classes «fortes» et «faibles»), l'exclusion en cours de trajectoire (réorientation vers des établissements moins cotés) ou la pré-orientation (synonyme de baisse du niveau d'exigence eu égard aux élèves en difficulté, qu'on laisse dès lors temporairement végéter dans l'attente d'une réorientation effective). De telles pratiques vont à l'encontre des souhaits de développement de pédagogies différenciées ainsi que de l'utopie du tronc commun et de l'orientation positive.

6. ACTIONS POLITIQUES

Par rapport à ces évolutions initiées par la population, le pouvoir politique francophone a pris deux options différentes. Au premier degré, il appuie résolument le mouvement «spontané» d'uniformisation. Aux deux autres degrés, il tente au contraire d'aller à l'encontre des phénomènes observés puisqu'il entend revaloriser les filières les moins cotées et ainsi endiguer leur hémorragie.

Au premier degré, le pouvoir politique a travaillé essentiellement sur trois axes :

– l'exigence de respect des spécificités de chaque élève, traduite notamment dans l'instauration des cycles (et l'interdiction de redoublement qui lui est liée) ainsi que dans la promotion de la pédagogie différenciée;

– le report de la diversité des enseignements au-delà d'un socle commun imposé pour tous, se traduisant notamment par une limitation de la place des options dans les grilles horaires;

– l'explicitation des objectifs communs à toutes les écoles, via la définition des socles de compétences qui doivent notamment contribuer à réduire le sentiment d'insécurité (et donc l'anticipation des pré-requis) découlant d'une imprécision des objectifs et d'une certaine déconnexion entre les hiérarchies au sein des divers niveaux d'enseignement.

Aux deux autres degrés, l'action politique s'est traduite par une définition plus précise des objectifs à atteindre, et donc par l'énumération des compétences terminales, qui sont appelées à se différencier nettement selon les filières puisque, dans l'enseignement de qualification, ces compétences se veulent davantage en relation avec les profils de qualification définis en concertation avec les milieux professionnels.

Ces deux axes d'action entrent en contradiction puisque, d'un côté, on insiste sur l'uniformisation et, de l'autre, sur les spécificités. Le politique adopte ainsi une position quasi schizophrénique, comme si, d'une part, des contenus identiques pouvaient embrasser l'éventail des compétences et déboucher sur des trajectoires variées et comme si, d'autre part, l'acquisition des compétences que l'on estime devoir être communes pouvait cesser à la fin de la deuxième année. Si cette seconde option peut être justifiée pour des raisons d'agenda politique, la première est bien plus discutable. On constate en effet que le contenu central de l'enseignement du premier degré reste prioritairement axé sur les exigences spécifiques à l'enseignement général et même plus précisément à certaines options de ce type d'enseignement. Certes, on devine une ouverture à l'émergence d'autres référents (par exemple, par l'insertion obligatoire d'un cours d'éducation par la technologie ou par l'inclusion de l'exigence de citoyenneté dans les objectifs généraux), mais les grilles horaires du premier degré ne laissent encore que marginalement place à l'exploration des compétences techniques, artistiques, manuelles ou relationnelles.

Plus encore, la mise en œuvre des objectifs poursuivis est objectivement freinée par le fait que les premiers degrés sont généralement insérés dans des écoles secondaires alors que, sur le papier, ils font partie de l'école du fondement au même titre que l'enseignement primaire. Une telle inclusion facilite le processus de diffusion des hiérarchies décrit plus haut. Et ce d'autant plus que la très grande majorité des élèves fréquente les premiers degrés des établissements qui, aux deuxième et troisième degrés, organisent exclusivement ou prioritairement l'enseignement général.

CONCLUSION

En Belgique francophone, davantage que dans d'autres régions, la hiérarchie des enseignements s'est instituée avec tant de force qu'elle a conduit une part importante de la population à se détourner de la filière placée au bas de la hiérarchie.

Aux 2ᵉ et 3ᵉ degrés, ces évolutions ouvrent la porte à une reconfiguration du découpage en filières qui, d'ailleurs, dépasse le cadre de l'enseignement de plein exercice, impliquant aussi les institutions de scolarisation à temps partiel, à savoir les Centres d'éducation et de formation en alternance et les organismes gérant les contrats d'apprentissage. Dans le cadre de cette recomposition, on pourrait assister à un reclassement des options. Certaines, jusqu'ici conçues comme devant déboucher sur une qualification en fin de secondaire, se structureraient désormais en référence à l'enseignement supérieur, tandis que d'autres pourraient continuer à être conçues comme une préparation directe à l'emploi, mais probablement plus en référence au modèle de l'alternance qu'en référence à celui de l'enseignement de plein exercice. Dans les deux cas, la question de la place de l'enseignement professionnel de plein exercice, tel que pratiqué aujourd'hui, se pose de manière cruciale.

Au 1ᵉʳ degré, on semble assister de manière irrémédiable à une extension du tronc commun. Mais la question est de savoir dans quelle optique sera en définitive structuré ce tronc commun. Le sera-t-il en référence privilégiée à l'enseignement général, comme cela se profile actuellement? Substituera-t-il aux pratiques de sélection antérieures de nouvelles pratiques plus diffuses mais tout aussi dangereusement efficaces pour ceux qui les subissent?

NOTES

[1] L'existence de deux restrictions à cet accès ne suffit pas à expliquer l'évitement croissant de cette filière. Cet accès est conditionné à la réussite d'une année d'études supplémentaire et ne concerne que l'enseignement supérieur de type court.

[2] On distingue l'enseignement général, l'enseignement technique de transition, l'enseignement technique de qualification et l'enseignement professionnel.

[3] Ces attestations, dites attestations B, autorisent l'élève à passer à l'année d'études supérieure mais excluent la possibilité de choix de certaines filières ou options.

[4] C'est d'ailleurs pour cette raison que l'utilisation que nous faisons de ce concept de hiérarchie ne signifie nullement que nous légitimons le classement des unités d'enseignement basé sur cette hiérarchie.

[5] Soit dit en passant, c'est pour cette raison d'ailleurs que les cours de mathématique proposés aux élèves de puériculture ou de sciences sociales seront d'un niveau inférieur, car le système aura fait en sorte que peu d'élèves doués en mathématique se retrouvent dans ces filières.

[6] Activités parascolaires, enseignement privé ou à l'étranger...

[7] La structuration en filières s'opère au niveau de la troisième année du secondaire. En 2e année, cependant, il existe, aux côtés de l'année «commune», une deuxième professionnelle. En 1re aussi, une année réservée à une minorité d'élèves est organisée. Bien que non affublée de l'épithète «professionnelle», cette année débouche dans 90% des cas sur la 2e professionnelle, et peut dès lors quasi être assimilée à cette filière.

[8] Votée en 1983.

[9] Les 5e et 6e années ont été préservées du fait que, le redoublement étant en décroissance, davantage d'élèves parvenaient au terme de leurs études.

[10] Débutant en 94-95, cette réforme se caractérise notamment par une limitation des cours à options, une définition précise des socles de compétences à atteindre en fin de degré et l'instauration du passage automatique de 1re en 2e.

[11] Première année du secondaire, dite d'accueil, réservée aux élèves n'ayant pas terminé avec fruit leur enseignement primaire.

[12] Il importe de voir que de telles revendications sont d'autant plus stimulées qu'existe une déconnexion partielle des hiérarchies en vigueur aux divers niveaux d'enseignement et que cette déconnexion est doublée d'une imprécision quant aux savoirs et compétences à atteindre. De telles caractéristiques induisent en effet un flou insécurisant, que les individus tendent à combler en exigeant des gages d'un alignement sur les normes du niveau d'excellence ultérieur.

Chapitre 5
L'enseignement qualifiant entre sphères familiale et professionnelle
Le cas des services sociaux et familiaux

Anne Deprez

La ségrégation entre filles et garçons continue de marquer tant le marché de l'emploi que nombre de sections de l'enseignement de qualification[1]. Lors de la création, dans les années 50, de sections professionnelles féminines, telles la «puériculture» ou l'«aide familiale et sanitaire», les responsables pédagogiques visaient à préparer les jeunes filles conjointement au double rôle de ménagère et de travailleuse salariée[2]. Depuis les années 50, le taux d'activité des femmes a fortement augmenté et les métiers relationnels, traditionnellement féminins, se «professionnalisent» en encourageant une distanciation parfois équivoque par rapport aux rôles familiaux.

Dans ce contexte modifié, qu'en est-il aujourd'hui de l'articulation entre le familial et le professionnel? Deux aspects du problème sont successivement abordés dans cet article. Le premier porte sur la manière d'envisager la sphère familiale dans les projets d'insertion sociale des élèves. Le deuxième relève la présence de paradoxes entre un pôle professionnel et un pôle domestique parmi les valeurs et les compétences professionnelles valorisées au cours de la formation scolaire.

La question de l'articulation entre le familial et le professionnel est tirée d'une recherche relative à la socialisation des élèves du troisième degré de l'enseignement secondaire de qualification[3] dans deux sections restées majoritairement féminines : la section professionnelle « auxiliaire familial et sanitaire » et la section technique « éducation de l'enfance ». Basée essentiellement sur les représentations de quatre catégories d'acteurs (des élèves, des enseignants de cours généraux, des enseignants de cours professionnels et des tuteurs accueillant les élèves en stage dans les institutions), cette recherche analyse les configurations de valeurs véhiculées dans les pratiques scolaires impliquant le monde scolaire et le monde professionnel (le stage, l'épreuve de qualification et l'articulation entre les cours généraux et les cours à orientation professionnelle)[4].

1. L'ARTICULATION ENTRE FAMILLE ET EMPLOI DANS LES PROJETS DES JEUNES

a) Le monde du travail dans les projets d'avenir

Chez tous les acteurs rencontrés, les projets d'avenir renvoient d'abord non pas à la famille mais à l'emploi. L'emploi direct après la 6e année secondaire fait encore partie des projets d'insertion des élèves dans la section professionnelle « auxiliaire familial et sanitaire »[5] et, dans une moindre mesure, dans la section technique « éducation de l'enfance ». En effet, dans cette section, la poursuite d'études supérieures[6] constitue déjà une norme en dépit de la coexistence de projets d'insertion professionnelle immédiate, les institutions recrutant encore des éducateurs issus de l'enseignement secondaire pour des raisons financières bien qu'elles préfèrent les diplômés de l'enseignement supérieur.

Plus encore que sur la possibilité d'obtenir un emploi, les préoccupations des acteurs portent sur le statut de l'emploi dont pourront bénéficier les élèves. Les acteurs se montrent en effet sceptiques face aux possibilités d'obtenir un emploi stable ou un statut acceptable à la sortie de l'enseignement secondaire.

Dans la section technique « éducation de l'enfance », la revendication d'un meilleur statut socioprofessionnel concerne davantage l'éducateur spécialisé formé dans l'enseignement supérieur que l'éducateur « classe 2 » formé dans l'enseignement secondaire. Par contre, dans la section professionnelle « auxiliaire familial et sanitaire », les acteurs revendiquent un meilleur statut pour les travailleurs issus de l'enseignement professionnel. Les aides sanitaires ont déjà été évincées des hôpitaux, secteur qui leur offrait autrefois des débouchés et qui ne recrute plus que des infirmières. La croissance du nombre d'institutions et le vieillissement de la population n'entraînent pas nécessairement le développement et la stabilisation de l'emploi dans les secteurs des maisons de repos et des services à domicile, même si les tuteurs et les enseignants les plus optimistes pensent que le coût salarial des aides sanitaires constitue un facteur favorisant leur embauche.

La revendication d'un meilleur statut sous-tend aussi la critique du contexte de concurrence dans lequel se meut l'enseignement de qualification. Dans le secteur des services aux personnes, une série de formations débouchant sur le même type d'emplois sont organisées par l'enseignement secondaire, la promotion sociale ou le secteur associatif. Dans le secteur de l'aide à domicile ou des maisons de repos, la liste des titres reconnus pour accéder à l'emploi est déjà très longue[7]. Du côté des éducateurs, la frontière reste floue entre les trois classes d'éducateurs, dont les fonctions et les rôles professionnels ne se distinguent pas toujours clairement. Des éducateurs peuvent ainsi être engagés dans une classe inférieure à celle à laquelle ils peuvent prétendre[8]. La concurrence au niveau de l'enseignement et des organismes de formation se répercute donc sur le marché de l'emploi.

Dans ce contexte de l'emploi et de la formation, la sphère familiale ne se substitue certainement pas à la sphère professionnelle même lorsque la recherche d'un emploi reste aléatoire. Dans la section professionnelle, les acteurs accordent la priorité au volet «professionnel» plutôt qu'au volet «familial» de la section «auxiliaire familial et sanitaire». Cette attitude montre que cette formation est loin d'être considérée comme un enseignement dont l'objectif serait purement domestique. A ce propos, une distinction très nette est parfois établie par les enseignants entre la section «auxiliaire familial et sanitaire», censée accorder la priorité à la maîtrise d'une profession, et d'autres sections, telle la puériculture, axées prioritairement dans leurs représentations sur la préparation à la vie familiale : «Des élèves issus d'autres sections demandent pour recommencer une cinquième "puériculture" justement pour apprendre les gestes à faire en tant que futures mères potentielles»[9]. Selon certains enseignants de cours techniques, la motivation à l'entrée de la section «puériculture» pourrait même se réduire à «l'instinct maternel». Une autre distinction très nette entre les études d'auxiliaire familial et sanitaire et celles de régente en économie familiale et sociale est également établie : «Si la régente ménagère ne trouve pas d'emploi, elle peut user de ses compétences à la maison»[10].

Par contre, dans la section technique, une partie des filles, par ailleurs porteuses du projet de poursuivre des études supérieures, définit l'utilité des cours en fonction du transfert possible de compétences acquises à l'école dans la sphère familiale : «Je préfère les petits cours comme diététique, hygiène ou puériculture parce que [...] c'est la vie courante. On parle de la grossesse et tout ça. Si on a des enfants plus tard, il y a des trucs qu'on apprend maintenant et qui nous serviront plus tard». Mais il ne faudrait pas trop vite conclure que l'utilité directe de la formation n'est ici perçue que dans la vie familiale. L'absence d'évocation de l'utilité professionnelle peut aussi indiquer que celle-ci ne sera perçue que dans l'enseignement supérieur. Il ne s'agirait donc pas d'un repli de ces jeunes filles dans la sphère familiale mais bien du report de leur qualification professionnelle dans l'enseignement supérieur.

La priorité accordée à l'emploi suggère-t-elle pour autant que le but originel de ces sections, la formation au double rôle de ménagère et de travailleuse salariée, soit devenu caduque? Nous pensons plutôt que ce double objectif subsiste mais sous des formes renouvelées. Tout d'abord, parallèlement à l'investissement dans la vie professionnelle, les jeunes filles restent invitées à s'impliquer fortement dans la vie familiale tant dans l'enseignement professionnel que dans l'enseignement technique. Ensuite, ce double investissement soulève le problème de l'articulation entre les sphères familiale et professionnelle. Les acteurs attribuent-ils du sens à chacune des deux sphères de manière relativement autonome ou, au contraire, établissent-ils des liens étroits de dépendance entre les sphères?

b) La polyvalence féminine

La primauté de la préparation professionnelle dans la formation scolaire n'a pas fondamentalement changé les représentations des rôles domestiques et de leur attribution.

Dans la section technique, l'image traditionnelle d'attribution des rôles domestiques à la femme étonne même par sa permanence tant du côté des élèves («Pour une femme, c'est quand même important d'avoir une vie familiale, ne fut-ce que pour le ménage et s'occuper des enfants») que du côté des enseignants («Les élèves en stage ont un horaire qui est très calculé sur l'horaire d'un éducateur. Les demoiselles

— les futures femmes — se rendent compte que ce n'est pas tout à fait facile et donc s'orientent vers l'enseignement »)[11].

Dans la section professionnelle, les finalités familiales de la formation ne sont évacuées ni par les enseignants ni par les tuteurs, même si ces finalités occupent la seconde position. Les élèves peuvent ainsi retirer une plus-value dans leur propre organisation familiale : « Ils partent d'un bon pied pour la vie familiale. Ils savent prendre en charge une famille. Ils savent en principe comment gérer leur budget, l'alimentation, élever un enfant et comment l'occuper. S'il y a un problème dans la famille avec une personne âgée, ils doivent savoir aider ou conseiller »[12].

La capacité à s'investir simultanément dans les sphères familiale et professionnelle est donc connotée très positivement et parfois même apparentée à l'épanouissement : « Je leur souhaite d'être tout à la fois, soit de pouvoir continuer des études, soit de travailler, d'être en même temps de bonnes épouses, de bonnes mères de famille »[13]. A cette capacité d'investissement simultané correspond un type particulier de polyvalence que nous qualifions de « féminine » dans la mesure où il y a combinaison de valeurs traditionnellement attachées aux rôles familiaux féminins et de valeurs modernes liées à la reconnaissance sociale du travail des femmes[14]. Cette reconnaissance est exprimée différemment par l'école et par le monde du travail qui accueille les élèves en stage. L'école va en effet plus loin dans la reconnaissance sociale du travail des femmes. Dans les deux sections, elle sensibilise les élèves aux aspects du statut socioprofessionnel, ce que l'institution ne fait pas au cours des stages.

c) Liens entre sphères professionnelle et familiale

Comment les acteurs envisagent-ils le double investissement des jeunes filles dans les rôles familiaux et les rôles professionnels ? Deux propositions coexistent dans les projets d'insertion. Selon les acteurs, chaque sphère bénéficie d'une relative autonomie et se voit attribuer du sens pour elle-même ou, au contraire, la sphère professionnelle devient le passage obligé pour concrétiser les projets familiaux[15].

La sphère professionnelle est parfois envisagée pour elle-même. Dans la section professionnelle, les élèves en tirent un intérêt direct sans devoir justifier l'investissement professionnel par son apport dans la sphère familiale. Se sentir utile en exerçant un travail hors du foyer est un sentiment exprimé par les élèves de la section professionnelle : « Au moins, on a déjà confiance en nous à notre âge. On est capable de faire quelque chose quand on travaille». Certaines filles formulent le projet d'avoir des enfants plus tardivement et de continuer à travailler après leur naissance. Ces élèves ne situent pas l'intérêt de l'emploi dans la sphère familiale mais bien directement dans la sphère professionnelle.

A l'inverse, pour d'autres élèves, la sphère professionnelle tire son sens non pas d'elle-même mais de la sphère familiale. Les préoccupations familiales peuvent même se vivre déjà au quotidien puisqu'au troisième degré, l'enseignement de qualification, et plus particulièrement l'enseignement professionnel, accueille des élèves enceintes ou déjà mères[16]. Dans une perspective d'insertion professionnelle, les enseignants encouragent généralement les élèves enceintes ou mères à terminer leurs études secondaires ou à les reprendre quelques années plus tard en promotion sociale[17]. Selon eux, la maternité peut parfois renforcer la motivation de l'élève pour l'école grâce à la perspective d'autonomie financière que laisse envisager le diplôme. L'emploi est alors perçu essentiellement comme le moyen de construire un projet familial.

Cette soumission de la sphère professionnelle à la sphère familiale est encore perceptible dans les choix d'orientation post-secondaire des élèves. Après la 6e année «éducation de l'enfance», les études d'instituteur (maternel ou primaire) sont plus fréquemment choisies que celles d'éducateur spécialisé ou d'assistant social[18]. Les filles s'orientent plus volontiers que les garçons vers l'école normale afin de bénéficier d'horaires de travail compatibles avec l'éducation de leurs propres enfants. Aux dires des adultes, cette prise en compte des horaires dans les projets d'études constitue en effet une norme sociale spécifique aux filles. Dans ces projets, la sphère professionnelle tend donc à être soumise à la sphère familiale. Mais, par ailleurs, cette norme n'est pas exclusive. En effet, d'autres filles n'expriment pas de préoccupations familiales et s'orientent vers la profession d'éducateur tout simplement par goût. Ainsi, la sphère professionnelle jouit aussi d'une relative autonomie. Les deux cas de figure sont donc présents simultanément dans les projets d'insertion.

d) Conceptions de l'articulation entre sphères familiale et professionnelle

Les élèves commencent à concevoir l'articulation entre la sphère familiale et la sphère professionnelle dès l'enseignement secondaire tant dans la section professionnelle que dans la section technique. Des conceptions différentes de l'articulation entre travail et famille permettent cependant de distinguer les projets d'insertion de chacune des deux filières. Une logique de conciliation horaire domine dans la section technique contre une logique d'apport salarial dans la section professionnelle. Cette différence va de pair avec un rapport à l'emploi et un rapport aux études post-secondaires également différents dans l'enseignement technique et dans l'enseignement professionnel.

1. La logique de l'apport salarial dans la section professionnelle

Lorsqu'elles se représentent leur vie professionnelle future, les élèves de la section professionnelle n'évoquent pas spontanément les difficultés horaires, le travail de nuit et de week-end, pourtant fréquents dans le secteur offrant le plus de débouchés, celui des maisons de repos. Ainsi, le travail de nuit n'est jamais perçu comme un obstacle à la combinaison entre travail et famille. Au contraire, l'avantage pécuniaire que ces horaires décalés procurent est valorisé[19]. Les élèves insistent sur la cherté du coût de la vie et la nécessité de gérer son argent. On peut même parler de véritable planification de l'avenir : «Au futur, j'y pense souvent parce qu'un jour, j'aurai des enfants. Il faut que je les nourrisse. Il faut que je paie ma maison et tout. Je trouve que maintenant, j'ai moins de dépenses, donc c'est le moment de travailler dur pour mes enfants, pour le futur».

En concordance avec la forte préoccupation chez les jeunes filles de subvenir aux besoins familiaux, on note un relatif abandon de l'image traditionnelle de l'homme qui travaille pour gagner l'argent du ménage. Dans les discours des enseignants, le chômage des maris est souvent mis en exergue ainsi que l'obligation pour l'élève d'acquérir une certaine indépendance financière par un travail rémunéré : «Elle a besoin de son diplôme pour travailler parce que son mari est au chômage. Elle base tout là dessus»[20].

Dans la section professionnelle, l'articulation entre les deux sphères suit donc avant tout la logique salariale. Le revenu est la condition *sine qua non* pour pouvoir fonder une famille et l'indépendance financière de la femme est indispensable surtout dans un contexte de diminution du volume de l'emploi industriel.

2. La logique de conciliation horaire dans la section technique

La perception des horaires de travail décalés est nettement contrastée entre la section professionnelle et la section technique. Dans cette dernière, il n'est pas question de mettre en avant des avantages pécuniaires mais uniquement l'inconfort des horaires décalés : «Quand j'ai vu les horaires... ! Il n'y a pas de vie familiale ! C'est travailler les nuits, les jours fériés, les soirées, les week-end ».

Aussi, une partie des jeunes filles préfère-t-elle l'école normale aux études d'éducateur spécialisé qui débouchent sur un métier souvent chargé d'horaires décalés. Elles planifient donc leurs projets d'études supérieures en recherchant la conciliation horaire de la vie professionnelle et de la vie familiale.

Dans la section technique, la logique salariale ne transparaît donc pas autant dans les projets d'avenir que dans la section professionnelle. Les jeunes évoquent moins les problèmes financiers car ils les reportent davantage en entreprenant des études post-secondaires.

3. Place des deux logiques dans le stage

L'école contribue à socialiser les élèves aux valeurs d'articulation de la sphère professionnelle et de la sphère familiale. Mais, comme pour les autres aspects de la socialisation, l'attitude de l'école n'est pas neutre. Aussi, deux questions assez étroitement imbriquées sont-elles soulevées. Premièrement, comment l'école se comporte-t-elle face aux deux logiques salariale et horaire ? Adopte-t-elle des attitudes différentes à leur égard ? Deuxièmement, l'institution qui reçoit les élèves en stage véhicule-t-elle les mêmes valeurs d'articulation entre la sphère familiale et la sphère professionnelle que l'école ? En effet, comme dans les autres apprentissages, l'hypothèse du décalage entre le monde de l'école et le monde du travail peut être pertinente lorsqu'il s'agit de traiter des conceptions de l'articulation entre la sphère familiale et la sphère professionnelle véhiculées au cours de la formation scolaire.

Tant les narrations de projets d'insertion que celles de pratiques de stage indiquent que la logique de la combinaison horaire est renforcée dans la section technique. Par contre, dans la section professionnelle, la logique salariale, bien que dominante, n'est pas répercutée dans les stages.

Le stage permet d'observer ou de respecter les horaires de travail. Dans la section technique, il joue à côté du rôle d'initiation professionnelle un rôle important d'orientation, voire de réorientation puisque l'expérience des horaires décalés vécue en stage contribue à décourager nombre de jeunes filles à poursuivre des études supérieures d'éducateur. Les adultes, enseignants ou tuteurs, ne cherchent pas à contrecarrer cette tendance.

Dans la section professionnelle, les tuteurs démontrent aussi cette volonté d'impliquer les stagiaires dans un «vrai travail point de vue horaire» et ainsi de leur montrer «qu'au point de vue familial, c'est tout à fait différent de faire le matin ou de faire la nuit»[21]. Les tuteurs, parfois relayés par les professeurs de cours professionnels, estiment que le stage est trop calqué sur les horaires scolaires. Ils réclament donc l'inclusion dans le stage de temps hors scolarité (week-end, soirées, nuits). Ce changement permettrait, selon eux, de corriger la perception du métier, de la faire coller à la «réalité» du monde du travail. Le manque de contact des élèves de la section professionnelle avec la réalité horaire du monde du travail est cependant relative : les horaires de travail sont connus par une partie des élèves qui les pratiquent régulièrement dans le cadre d'un travail rémunéré en maison de repos. Quoi qu'il en soit, la volonté de modifier les horaires de stage dans la section professionnelle s'inscrit avant tout dans une perspective adéquationniste et vise le rapprochement de l'école et du monde du travail.

La fonction d'orientation attribuée au stage est nettement moins développée que dans la section technique et l'orientation n'est pas basée sur le critère de conciliation horaire entre famille et vie professionnelle. Le stage vise la confrontation avec le personnel infirmier, dont les horaires de travail sont également décalés. Les enseignants de cours professionnels nourrissent souvent l'espoir de voir au moins une frange de leurs élèves poursuivre des études d'infirmière brevetée : «Si les élèves ont bien travaillé et si elles acquièrent leur cadence de travail, je leur mets un pied à l'étrier en première infirmière A2 [appellation communément employée pour désigner le brevet d'infirmier hospitalier]»[22].

Si la logique horaire d'articulation entre la sphère professionnelle et la sphère familiale est répercutée à l'école et dans les pratiques de stage (bien que de manière nettement plus soutenue dans la section technique), la logique salariale par contre ne trouve d'écho dans la pratique de stage d'aucune des deux sections. Cette logique implique de bien connaître ses droits matériels. Or, la socialisation à ces aspects du statut socioprofessionnel semble ne pas dépasser l'enceinte de l'école.

En effet, le stage n'est pas perçu par les tuteurs comme un lieu naturel d'apprentissage des questions matérielles du statut socioprofessionnel. Par contre, à l'école, les enseignants des deux sections abordent les problèmes du statut, du salaire, du contrat de travail... dans le cadre de différents cours (législation sociale, déontologie, français...). Ils jugent important d'évoquer ces questions, qu'elles fassent ou non partie du programme officiel. Les tuteurs, pour leur part, estiment généralement que la responsabilité de sensibiliser les élèves à ces aspects incombe à l'école. Ils se présentent uniquement comme formateurs professionnels et dissocient ce rôle de celui de formateur aux questions sociales et globales.

Une dernière différence sépare la section technique et la section professionnelle. Dans la section «auxiliaire familial et sanitaire», la revendication statutaire et la défense des titres tendent à conforter la logique salariale. Dans la section technique, la revendication statutaire ne peut conforter une éventuelle logique salariale car elle ne concerne pas directement les diplômés de l'enseignement secondaire technique mais d'abord ceux de l'enseignement supérieur. Des enseignants et des tuteurs recourent d'ailleurs à l'argument statutaire pour encourager les élèves à poursuivre des études au-delà du secondaire. La logique salariale n'est donc pas absente de la section technique mais accompagne un projet ultérieur.

2. LES VALEURS PROFESSIONNELLES : ENTRE PÔLE DOMESTIQUE ET PÔLE PROFESSIONNEL

La sensibilisation à la question du statut socioprofessionnel mobilise un certain nombre de principes professionnels, tels le droit à une rémunération appropriée, la valorisation des études complémentaires, la reconnaissance de la limitation des compétences professionnelles[23]... La formation scolaire au sens large (englobant le stage, les cours, les échanges formels ou informels que les élèves entretiennent avec les enseignants, les professionnels des services aux personnes ou encore avec les pairs) véhicule encore bien d'autres valeurs professionnelles qui toutes contribuent à la pré-construction d'une identité professionnelle dans l'enseignement de qualification.

La frontière entre la sphère professionnelle et la sphère familiale n'est ni étanche, ni fixée. Elle fluctue selon les acteurs ou le secteur de travail. Des emprunts dans une sphère sont en outre fréquents pour qualifier l'autre sphère ou pour former aux rôles qu'elle implique. Nous reprenons ici, en l'adaptant quelque peu, la thèse de Brigitte Croff relative au monde professionnel des aides soignantes en France. Cette auteur met l'accent sur la tension qui traverse depuis près d'un siècle cette profession entre «un pôle technique et médical (le sanitaire) et un pôle domestique et relationnel (le social)»[24]. Celle-ci est entretenue par les politiques publiques qui renforcent, en fonction du contexte social et budgétaire, tantôt le pôle domestique, tantôt le pôle technique.

Nous avons relevé trois paradoxes qui se manifestent dans les représentations de l'identité professionnelle. Le premier paradoxe concerne les aspects matériels de la profession et renvoie donc au statut socioprofessionnel. Deux logiques opposées coexistent en effet dans les représentations du travail de l'aide sanitaire, celle de la rétribution, associée au mode professionnel et celle de la gratuité ou du «don de soi», davantage assimilée au mode privé. Le deuxième paradoxe traverse les débats relatifs au profil de qualification dans le secteur des services aux personnes et caractérise la représentation de la relation idéale avec le bénéficiaire des services. Quelles qualités et quelles compétences la relation professionnelle exige-t-elle? De nouveau, deux pôles se dégagent : l'un «domestique», décrivant des qualités et des rôles traditionnellement situés au sein de la famille, l'autre «technique», renvoyant aux rôles clairement acquis au prix d'une expérience ou d'une formation professionnelle. Le troisième paradoxe se rapporte au contenu des tâches professionnelles. Quelle place les tâches domestiques occupent-t-elles? Quelle considération reçoivent-elles? Les réponses fluctuent également entre un pôle domestique et un pôle technique.

La présence de paradoxes entre pôle domestique et pôle technique ne doit pas nous étonner. En effet, l'identité professionnelle est en perpétuelle construction, et les tensions qui traversent le monde professionnel se reflètent d'une manière ou d'une autre dans l'apprentissage de ces professions.

a) Le paradoxe entre les logiques du don de soi et de la rétribution[25]

Les conditions salariales font partie du contexte dans lequel il faut replacer le paradoxe entre la logique de rétribution et la logique du «don de soi». Le personnel peu qualifié des services sociaux ou paramédicaux reste en effet peu rémunéré[26].

La logique de rétribution se heurte à celle du «don de soi» qui transparaît lors de l'évocation des qualités requises pour exercer le métier. La motivation pour exercer le métier d'aide sanitaire n'est-elle pas d'abord d'«aimer les personnes âgées», cet amour et ce dévouement étant parfois opposés à l'intérêt pécuniaire : «Il ne faut pas faire ce métier pour de l'argent parce qu'alors on se plante, on travaille mal»[27]. La logique de la gratuité est aussi paradoxale par rapport à la revendication formulée dans la section professionnelle par les enseignants et les élèves en faveur, d'une part, d'un meilleur statut socioprofessionnel pour les auxiliaires familiaux et sanitaires diplômés et, d'autre part, d'une plus grande protection de leur titre. Les deux logiques peuvent parfaitement être présentes chez un même acteur sans que cela lui pose problème. La « coexistence pacifique » de ces logiques pourtant paradoxales souligne leur inscription dans la durée.

b) Les compétences relationnelles : entre l'affectif et le technique

La formation à des métiers relationnels implique à la fois d'exploiter des qualités relationnelles préalables à la formation, acquises notamment dans le milieu familial, et de développer chez les élèves des qualités et des compétences relationnelles plus techniques, voire de corriger certaines attitudes préalables des élèves par cet apprentissage technique. Mais de nouveau, la frontière entre ces deux aspects des qualités et compétences reste floue laissant place à de multiples interprétations des rôles professionnels.

1. L'exploitation et la valorisation de l'affectif

Dans la section professionnelle « auxiliaire familial et sanitaire », la perception des qualités requises pour exercer correctement le métier d'aide familiale ou d'aide sanitaire montre qu'il est difficile de départager clairement la relation de type professionnel et celle de type parental. Selon les enseignants et les élèves, mais plus encore selon les tuteurs, les principales qualités que doit posséder un professionnel sont définies par les adjectifs « gentille »[28], « patiente », « attentionnée », « disponible ». Ces qualités relationnelles et comportementales s'apparentent à un savoir-être de type domestique, nécessitant peu ou prou de formation professionnelle spécifique. Tout au plus, la formation peut-elle renforcer des prédispositions chez les élèves. Ces qualités sont jugées essentielles à tel point qu'une élève trop agressive peut échouer à l'examen de qualification et être obligée de changer d'orientation alors qu'elle terminait sa 6e année « auxiliaire familial et sanitaire » avec des compétences techniques par ailleurs satisfaisantes[29].

Franssen & Waltéry établissent le même constat à propos de la définition des qualités professionnelles formulée par les éducateurs : « Au niveau des compétences, les éducateurs ont beau affirmer leur professionnalisme et la nécessité de « sortir de l'affectif », lorsqu'on demande à chacun les qualités, qualifications ou compétences nécessaires à l'exercice de son métier, la majorité répond en termes de qualités morales plutôt que de compétences professionnelles »[30]. Du côté des enseignants de la section « éducation de l'enfance », une facette plus domestique de l'identité professionnelle transparaît également en dépit de la tendance dominante à vouloir «professionnaliser» la relation : «Un éducateur, c'est d'abord un parent. C'est ce qu'on essaye de faire d'autant plus qu'il y en a de plus en plus qui sont enceintes»[31].

Dans certains cas, la sphère familiale est directement exploitée dans la formation. Ainsi, les élèves déjà mères de famille de la section professionnelle sont appréciées en stage pour la qualité de la relation qu'elles entretiennent avec les personnes âgées dans les maisons de repos. Dans la section technique, la sphère familiale n'est pas exploitée aussi directement. Cependant, le contexte familial de l'élève est généralement perçu comme un terreau favorable ou non à l'acquisition d'une qualité professionnelle reconnue par tous. Une famille unie procurerait à l'élève-éducateur l'«équilibre psychique» indispensable à la formation et à l'exercice du métier d'éducateur. La famille désunie tendrait au contraire à déséquilibrer mentalement l'élève, compromettant ainsi ses chances d'acquérir les compétences en techniques relationnelles, notamment la «distanciation» affective avec la personne encadrée.

Quant aux élèves, il leur importe de bénéficier d'une reconnaissance sociale bâtie sur leur qualification professionnelle dans le secteur sanitaire. Mais, simultanément, ils recourent à des valeurs familiales. Dans la section professionnelle, le recours à ces valeurs exprime un sentiment critique à l'égard de la relation professionnelle observée en stage. En effet, les élèves éprouvent parfois du mal à s'identifier au personnel des institutions qui les accueillent en stage. Ils le jugent trop blasé, trop distant ou trop agressif avec les pensionnaires âgés des maisons de repos. «Des fois, j'ai envie de dire : "Vous ne comprenez pas que c'est vos parents que vous allez conduire ici un jour ou l'autre"». Dans la section technique, les élèves établissent beaucoup plus fréquemment que les adultes une analogie entre la relation professionnelle et la relation parentale : «Apprendre à l'enfant, c'est important. C'est un peu comme un parent». Cette référence à la relation affective et parentale montre le décalage qui existe entre la conception que les élèves se font de la relation et la conception dominante véhiculée à l'école, dans laquelle la prise de distance affective est fortement encouragée.

Les exemples précédents montrent que l'énoncé des qualités requises pour exercer le métier se situe près du pôle domestique. En dépit de leur volonté d'affirmer le caractère professionnel de la formation, nombre d'acteurs puisent dans la sphère familiale pour définir les qualités indispensables au bon exercice des métiers rattachés aux services sociaux et familiaux. Mais, simultanément, certaines pratiques menées à l'école ou dans les institutions se rapprochent du pôle technique.

2. La valorisation des compétences relationnelles techniques

Les «compétences relationnelles techniques» englobent des compétences assez variées (des compétences en animation de groupe, en communication orale et écrite, en déontologie, en psychologie ainsi que des connaissances plus théoriques de l'environnement social, juridique...). Ces compétences diverses sont généralement associées à la tendance de «professionnalisation» des métiers relationnels.

Dans la section «auxiliaire familial et sanitaire», les techniques relationnelles sont davantage valorisées dans le secteur de l'aide à domicile, bien que pas exclusivement. Les enseignants et les cadres de ce secteur soulignent l'importance des cours de psychologie, de techniques de communication et de déontologie, cours censés éloigner la profession de ses aspects les plus domestiques. En effet, les règles de déontologie imposent une certaine «distanciation» affective avec le bénéficiaire, celle-ci contribuant à renforcer la facette de l'identité professionnelle de l'aide familiale axée sur l'amoindrissement du rôle domestique et l'accentuation du rôle relationnel.

Dans la section «éducation de l'enfance», la relation professionnelle est présentée plus nettement encore comme devant se distancer de la relation parentale. Comme dans les secteurs offrant des services aux personnes âgées, le séjour en institution des différentes populations encadrées par les éducateurs (jeunes délinquants, jeunes ayant subi des sévices familiaux...) a tendance à être écourté et les capacités de prise en charge par la famille valorisées. Dans le cadre de cette évolution, la «distanciation» fait partie des valeurs jugées essentielles par les tuteurs et les professeurs de cours à orientation professionnelle[32]. Celle-ci est définie comme étant l'aptitude à «ne pas s'investir émotionnellement» dans la relation avec le bénéficiaire des services[33], ou encore «à ne pas prendre la place des parents»[34].

Outre la «distanciation», d'autres compétences sociales et intellectuelles sont valorisées pas les adultes dans le but de «professionnaliser» la relation. Citons le travail en équipe et la capacité de réflexion sur son propre travail (voire un début de réflexivité). Précisons que les élèves seront davantage initiés que formés à certaines de ces compétences très exigeantes pour le niveau secondaire.

Des exemples précédents, il ressort que la volonté de modifier le profil de compétences allant dans le sens d'une plus grande valorisation des compétences relationnelles techniques accompagne la révision actuelle des divisions du travail social et paramédical. La limitation du travail institutionnel et l'implication plus grande des familles incitent en effet à rehausser les compétences du personnel le moins qualifié et le moins cher, qui joue le rôle d'intermédiaire entre les patients et le personnel plus qualifié.

3. A quel modèle familial se réfère-t-on ?

Dans un environnement caractérisé à la fois par une forte volonté de professionnaliser la relation et par des changements importants au sein des divisions du travail social, les multiples références à la famille invitent à nous interroger sur le modèle familial mobilisé et sur le sens de cette mobilisation. Quel type de relations professionnelles suggèrent les références à la famille ? Que visent les acteurs lorsqu'ils mobilisent de la sorte la famille ?

Chaque fois que les acteurs évoquent la relation avec les bénéficiaires des services en se référant à la relation parentale, ils mobilisent l'image d'une famille idéale, stable et affectivement unie. Ce modèle prévaut tant dans la section professionnelle que dans la section technique. La relation professionnelle idéale proche de la relation familiale ne peut donc être que désintéressée, bienveillante et fidèle.

L'analogie établie par les élèves entre la relation familiale et la relation éducative professionnelle doit être confrontée avec le discours des enseignants qui déplorent un certain conformisme matériel chez leurs élèves. La conception familiale des élèves a évolué : «Pour eux, à la limite, être de bons parents, c'est plus avoir une belle baraque, avoir du fric et partir en vacances que d'avoir un contact avec les enfants. Alors qu'eux, ils s'impliquent très fortement avec les gosses des autres»[35]. Cet extrait suggère qu'il n'y aurait pas méprise chez les élèves de la section technique entre rôles parentaux et rôles professionnels et que l'implication dans une relation se situe davantage au niveau professionnel qu'au niveau familial. La référence familiale servirait bel et bien à décrire la relation professionnelle que les élèves jugent idéale comme c'était déjà le cas dans la section professionnelle.

La référence familiale pourrait ainsi exprimer la nécessité de maintenir un minimum d'empathie ou de chaleur humaine avec le bénéficiaire des services. Elle démontre en tout cas le sentiment d'insécurité qui traverse les secteurs sociaux et éducatifs face à la recomposition des divisions du travail et face à l'évolution des métiers sociaux et éducatifs.

Ce sentiment n'entraîne pas une critique de la distanciation ou de la professionnalisation de la relation avec le bénéficiaire des services, mais elle prévient certainement une possible déviation de cette tendance actuelle. En effet, les acteurs expriment aussi leurs craintes que le métier évolue vers plus de compétences techniques ou institutionnelles et moins de contact «humain» en raison des contraintes bureaucratiques ou budgétaires en vigueur en Communauté française.

c) La minimisation des tâches ménagères

L'accentuation des tâches techniques souligne également la volonté de «professionnaliser» la relation dans des métiers où les tâches ménagères ont toujours occupé une place plus ou moins importante selon la fonction.

Cela est particulièrement vrai dans la section professionnelle qui forme à un métier manuel. Dans cette section, le volet technique et paramédical est fortement valorisé. L'épreuve de qualification comporte très souvent une partie pratique en maison de repos qui démontre l'accentuation de ce volet (effectuer la toilette et les soins courants d'un pensionnaire). L'absence dans le jury de qualification de représentants du secteur de l'aide à domicile où les tâches ménagères sont réputées être plus abondantes est tout aussi révélateur.

Cette valorisation passe notamment par un changement au niveau du recrutement du personnel enseignant. Des professeurs-infirmières, bénéficiant d'une expérience professionnelle, tendent à remplacer les régentes en économie sociale et familiale dans les cours techniques, tel celui de «techniques de soins». Le facteur démographique (la réduction du nombre d'étudiants au régendat en économie familiale) ne suffit pas à expliquer ce revirement. Ce dernier participe d'une tendance plus générale dans l'enseignement de qualification et la formation professionnelle, qui vise l'adéquation entre les contenus de formation et les demandes du monde du travail. Dans le secteur des services sociaux, les institutions cherchent à offrir des services à la fois plus spécialisés, plus intégrés (le fonctionnement en équipe pluridisciplinaire) et moins coûteux. Elles sont donc demandeuses d'une plus haute qualification du personnel exécutant.

La même évolution s'observe en dehors de l'enseignement professionnel. Dans la formation «auxiliaire polyvalente des services à domicile et en collectivité» proche par les débouchés professionnels de la section «auxiliaire familial et sanitaire», les cours théoriques ont été développés et les cours qualifiés habituellement de domestiques minimisés : «Le premier contenu de la formation [d'auxiliaire polyvalente] était assez simple au niveau du contenu [...] : l'entretien du linge, la capacité de faire un lit, faire la lessive. Cette formation s'est ensuite complexifiée en y ajoutant de la physiologie, de la psychologie, de la déontologie »[36]. En outre, dans le métier d'aide familiale, la déontologie doit contribuer à distinguer la profession d'aide familiale de celle d'aide ménagère en interdisant les tâches domestiques dangereuses et en insistant sur le secret professionnel. Les rôles préventifs et éducatifs sont mis en avant, les tâches domestiques étant justifiées uniquement par le travail relationnel et social qui en découle : «L'aide familiale ne fait pas les carreaux. Elle ne fait pas tout ce qui est dangereux et insalubre [...]. Elle fait plein de choses l'aide familiale. Elle s'occupe de l'éducation des enfants. Elle apprend aux gens à conserver une autonomie parce que la perspective du service, c'est de permettre aux gens d'être le plus autonome possible».

Mais la hiérarchisation des tâches fluctue selon la position sociale. Dans le cas du métier d'aide familiale, le cadre privilégie les rôles sociaux et éducatifs. Il souligne l'importance du secret professionnel en tant qu'instrument déontologique au service de la relation professionnelle. Par contre, pour l'aide familiale, «la première demande, c'est le travail ménager»[37]. Les élèves de la section professionnelle établissent le même constat. Ainsi, ils formulent des projets d'emploi dans le secteur des maisons de repos plutôt que dans celui des services d'aide à domicile où il leur semble qu'ils seront «employés au-dessous de leurs qualifications» et qu'ils ne pourront donc pas être valorisés en fonction de compétences techniques.

Dans la section technique, les tâches ménagères proprement dites sont moins importantes. Toutefois, on relève dans une moindre mesure une tension entre l'intégration de tâches non strictement éducatives (tâches ménagères, nursing, gardiennage) parmi les rôles exercés par l'éducateur et l'affirmation d'une identité (pré)professionnelle qui tire sa spécificité du refus de ces tâches non strictement éducatives. Comme dans la section professionnelle, la position sociale influence les points de vue. Des enseignants disent du nursing : «En stage, les élèves se rendent compte que cela fait partie de leur boulot»[38]. Les élèves défendent un point de vue très différent : «[En stage] je devais aller chercher le linge, le faire sécher. Je leur ai dit : Mais je suis ici pour quoi, moi ?!».

Mais il faut nuancer le point de vue des adultes intégrant dans le travail des tâches non strictement éducatives. Si les acteurs incluent dans les qualités requises pour exercer le métier d'éducateur la capacité d'accomplir des tâches très diversifiées, y compris certaines tâches ménagères, ils défendent aussi l'idée que le «domestique» doit se soumettre au «technique». Ainsi, le critère de choix d'un lieu de stage renvoie d'abord à «la présence d'une préoccupation relationnelle et éducative» dans l'institution et non à la polyvalence de l'élève qui doit, par ailleurs, accepter l'idée d'intégrer des tâches non éducatives dans son stage.

Les exemples de remaniement du curriculum dans la section professionnelle et d'organisation de stages dans la section technique montrent que la valorisation de la formation s'appuie sur le pôle technique et certainement pas sur le pôle domestique. Les contenus de formation et l'expérience en milieu professionnel des enseignants deviennent des outils servant à se classer le mieux possible dans le jeu de concurrence entre écoles secondaires et entre opérateurs de formation.

CONCLUSION

La «polyvalence féminine», investissement simultané dans les sphères professionnelle et familiale, caractérise les projets d'insertion des élèves inscrits dans les sections des services sociaux et familiaux. Cette caractéristique témoigne à la fois de la permanence et du changement dans la répartition des rôles sociaux. Dans les représentations, le rôle traditionnel des femmes dans le ménage et l'éducation des enfants perdure alors que les rôles professionnels féminins sortent renforcés dans un contexte de déclin de l'emploi industriel masculin.

Deux logiques d'articulation entre les sphères familiale et professionnelle distinguent les deux sections, la logique d'apport salarial dans la section professionnelle et la logique de combinaison horaire dans la section technique. Tandis que la logique de combinaison horaire trouve un écho favorable tant à l'école qu'au cours des stages dans les institutions, la logique d'apport salarial n'est relayée qu'à l'école. Plutôt que d'une dissociation entre l'apprentissage purement technique, détaché de son contexte social, et la socialisation aux valeurs morales et sociales, il serait plus juste de parler de sélection des valeurs sociales accompagnant l'apprentissage des compétences techniques. En outre, la distinction établie selon la filière entre les deux logiques montre que la hiérarchisation de l'enseignement qualifiant s'appuie sur des discours moraux différents.

Les références à la famille formulées par les acteurs suggèrent deux remarques à l'adresse des programmes d'adéquation de l'enseignement de qualification au monde du travail social et éducatif. La première remarque relève la volonté de l'école de maintenir une sensibilisation minimale des élèves au contexte social et statutaire du travail. Cet aspect est important dans le cas des professions féminines qui pâtissent d'une faible reconnaissance à la fois sociale et salariale. En outre, ce rôle de sensibilisation incombe à l'école, le monde du travail ne souhaitant pas participer à cet aspect de la formation. La deuxième remarque concerne le profil de qualification. L'enseignement secondaire est appelé à rehausser ses exigences pour répondre non seulement aux demandes du monde du travail mais aussi à celles de l'enseignement post-secondaire qui tend de plus en plus à être la voie empruntée pour obtenir la qualification professionnelle. On peut relever deux questions soulevées par la forte valorisation du pôle technique. L'une, en aval de cette valorisation, concerne la place laissée dans l'enseignement qualifiant aux élèves incapables d'acquérir des compétences «techniques» mais pourtant remplis de qualités «domestiques». L'autre, en amont du problème, concerne la priorité accordée par une frange des professionnels aux qualités domestiques dans la description des qualités requises pour exercer les métiers d'aide sanitaire ou d'éducateur. Cette préférence étonne dans un contexte fortement marqué par les thèses adéquationnistes car elle soulève la question du sens de l'adéquationnisme.

Nous relevons aussi une faille dans la description des qualités et compétences professionnelles. Des compétences, telles que la «distanciation», qui tendent à marquer l'éloignement avec la relation familiale, sont généralement relativement bien définies[39]. Par contre, le fait même d'aller puiser dans la sphère familiale pour décrire des qualités professionnelles s'apparente au flou artistique. Ces qualités participent cependant à la concrétisation d'objectifs professionnels actuels, telle l'autonomie des personnes encadrées, ainsi qu'à l'amélioration de la qualité des services. Mais, simultanément, elles contribuent à la faible valorisation sociale des travailleurs des services sociaux et familiaux[40] alors que, par ailleurs, le problème statutaire est très souvent dissocié du problème des compétences professionnelles.

Afin d'avancer d'un pas dans le sens de la revalorisation de ces formations et de ces métiers relationnels, et dans le souci de rechercher des pistes de réunification du problème statutaire et de la question des compétences professionnelles, ne conviendrait-il pas de mieux définir ces qualités et compétences «domestiques»? Il s'agirait de traduire en termes professionnels ce que l'on qualifie habituellement de «domestique». La question mériterait d'être prise en considération.

NOTES

[1] Dans le bassin scolaire de Charleroi, au cours de l'année scolaire 1999-2000, le pourcentage de filles s'élevait en 6ᵉ année secondaire à 99 % dans la section «auxiliaire familial et sanitaire» et à 81 % en «éducation de l'enfance».
[2] A ce sujet, voir Grootaers, D. & Tilman, Fr. (1994), p. 284-287.
[3] Les deux dernières années de l'enseignement secondaire.
[4] La recherche, exploratoire et inductive, a été menée entre septembre 1997 et septembre 1999 dans cinq écoles du bassin scolaire de Charleroi, tous réseaux confondus. Le matériau analysé provenait d'une quarantaine d'entretiens approfondis et de l'observation d'épreuves de qualification. Voir Deprez A. (2000).
[5] Dans la section «auxiliaire familial et sanitaire», une partie des élèves inscrits au troisième degré travaillent déjà dans les maisons de repos, principal secteur offrant des débouchés professionnels aux aides sanitaires.
[6] Pour éviter la confusion, rappelons que la poursuite des études n'entraîne pas nécessairement la réussite.
[7] Le document intitulé *La Liste des diplômes, certificats, brevets... entrant en ligne de compte pour une inscription sur la liste du personnel soignant des maisons de repos* est utilisé dans les institutions dépendant du CPAS de Charleroi. Selon ce document, le personnel soignant d'une maison de repos peut être en possession d'un certificat d'auxiliaire familial et sanitaire mais aussi de puéricultrice, d'auxiliaire polyvalente des services à domicile et en collectivité, et d'aide familiale (formation dispensée par les mutualités). En 1998, le Gouvernement de la Région wallonne a accordé un nouveau statut à la profession d'aide familiale et définit les voies d'accès à la profession (*Le Moniteur*, 8/9/98). Celles-ci restent cependant variées. Elles correspondent plus ou moins à celles énumérées dans *La Liste* précédente.
[8] A ce sujet, voir ISAJH (1996), p. 303.
[9] Chef d'atelier dans le secteur des services aux personnes de l'enseignement technique et professionnel.
[10] Professeur de techniques de soins dans la section «auxiliaire familial et sanitaire», infirmière de formation.
[11] Professeur de psychopédagogie et de stage dans la section «éducation de l'enfance».
[12] Infirmier en chef d'une maison de repos et de soins.
[13] Professeur de français dans la section «auxiliaire familial et sanitaire».
[14] L'ensemble de la recherche a permis de dégager trois autres acceptions du concept de «polyvalence» : la «polyvalence verticale», qui implique de combiner dans un même travail des tâches diverses, certaines très techniques et d'autres domestiques, la «polyvalence horizontale», qui renvoie à l'adaptation à différents secteurs de travail, et «l'interdisciplinarité», qui implique une certaine compréhension du travail accompli par d'autres professionnels ainsi que la capacité à échanger des informations entre professionnels différents. Cette dernière acception est surtout évoquée dans la section technique «éducation de l'enfance».
[15] L'autonomie ou le lien entre les sphères doivent se comprendre à partir des projets d'insertion et des représentations des acteurs. Une autre lecture qui aboutirait probablement à des résultats différents est possible à partir du vécu de l'articulation. Mais tel n'est pas notre propos dans le présent article.
[16] A titre indicatif, dans une des classes «auxiliaire familial et sanitaire» de notre échantillon, trois élèves sur un total de vingt-trois étaient mères de famille et poursuivaient leurs études professionnelles.
[17] Notamment les études d'auxiliaire polyvalente des services à domicile et en collectivité qui offrent les mêmes débouchés que la section «auxiliaire familial et sanitaire».

[18] Nous ne disposons pas de base de données tenant compte de l'orientation prise par l'étudiant à la fois en fin de secondaire et au début de l'enseignement supérieur pour pouvoir confirmer ces constatations établies au niveau de trois écoles. Par ailleurs, d'autres raisons s'ajoutent à cette motivation, notamment la protection restée insuffisante aux yeux des élèves et des adultes, du titre d'éducateur spécialisé.

[19] La prime pour prestations irrégulières s'élève à 20 % du salaire horaire ordinaire du personnel soignant dans les homes pour personnes âgées et maisons de repos et de soins du secteur privé. Le salaire horaire ordinaire d'un travailleur sans ancienneté ayant obtenu une attestation comme soignant atteint 306 francs. *Salaires minimums à partir du 01/09/2000* (document transmis par la Centrale chrétienne de l'alimentation et des services).

[20] Professeur de sciences dans la section «auxiliaire familial et sanitaire».

[21] Infirmière en chef d'une maison de repos.

[22] Professeur de cours professionnels dans la section «auxiliaire familial et sanitaire», infirmière de formation.

[23] Afin de faciliter la compréhension de ce qui suit, précisons que nous concevons la socialisation dans l'enseignement de qualification comme ne pouvant être dissociée de la qualification professionnelle. Les qualifications techniques et les qualifications sociales (les qualités comportementales ou disciplinaires conformes à une éthique de travail) sont intimement liées dans un même processus pédagogique. A ce sujet, voir Alaluf (1997), p. 3-7. Cette conception de la socialisation s'éloigne quelque peu de celle concrétisée dans le «parcours d'insertion» en Wallonie, qui situe l'étape de socialisation préalablement à la qualification professionnelle. Mais la conception soulignant l'imbrication des qualifications techniques et des qualifications sociales nous semble particulièrement pertinente pour analyser la formation à des métiers sociaux axés sur la relation humaine.

[24] Depuis la création, en 1922, de la profession d'infirmière en France. Avant cette date, ce type de travail était à charge des femmes, des domestiques et des religieuses. Croff B. (1994), p. 113-114.

[25] Nous nous pencherons essentiellement sur la section «auxiliaire familial et sanitaire» car, dans la section «éducation de l'enfance», la recherche de l'indépendance matérielle et la logique de rétribution qui la traverse sont reportées au-delà de l'enseignement secondaire.

[26] Le salaire horaire minimum du personnel soignant débutant mais ayant obtenu une «attestation comme soignant» s'élève à 306 francs dans une maison de repos privée (voir note 15). L'aide sanitaire récemment engagée par le CPAS gagne un salaire annuel de 588.000 francs (d'après *Echelles de traitement...*, 18/10/97, document transmis par la Centrale Chrétienne des Services Publics).

[27] Infirmière en chef d'une maison de repos.

[28] Les adjectifs sont au féminin parce que les personnes interviewées utilisaient spontanément le genre féminin pour décrire les qualités professionnelles.

[29] Epreuve de qualification dans une école professionnelle de l'arrondissement de Charleroi, 6e «auxiliaire familial et sanitaire», 1/9/98.

[30] Franssen & Wathery (s.d.).

[31] Professeur de psychopédagogie dans la section «éducation de l'enfance». On remarque aussi que cette conception défend l'idée non seulement de la proximité entre les rôles professionnels et les rôles parentaux, mais aussi de celle existant entre la profession d'éducateur et celle de l'enseignant, dont le point commun serait la diversification tant des missions du professionnel que des problèmes sociaux et familiaux des populations encadrées.

[32] Il s'agit d'une des rares valeurs professionnelles autour desquelles les acteurs adultes convergent. En effet, d'autres valeurs, tels «le travail en équipe» ou la «polyvalence»,

sont définies différemment par les acteurs quoique sous des appellations communes. Toutefois, la conception de la distanciation varie selon le secteur de travail. Très affirmée dans les institutions encadrant des mineurs délinquant ou ayant subi des sévices familiaux, la distanciation est beaucoup moins valorisée dans les institutions accueillant des personnes handicapées, dont la réinsertion familiale semble plus aléatoire.

[33] Professeur d'éducation corporelle et rythmique dans la section «éducation de l'enfance».
[34] Professeur de psychopédagogie dans la section «éducation de l'enfance».
[35] Professeur de psychopédagogie dans la section «éducation de l'enfance».
[36] Assistant social, enseignant en «auxiliaire polyvalente...».
[37] Aide familiale des services d'aide à domicile, CPAS de Charleroi.
[38] Professeur de psychopédagogie, de pédagogie et de stage dans la section «éducation de l'enfance».
[39] Nuançons toutefois ce point de vue en précisant que d'autres compétences, telle la capacité à travailler en équipe, comporte presque autant de définitions que de «définisseurs».
[40] A ce sujet, voir Cause, Fournier & Labruyère (1998).

TROISIÈME PARTIE

INSERTION, QUALITÉ DE VIE ET PROCESSUS PSYCHOSOCIAUX

Quand la psychologie s'intéresse à l'insertion ou au phénomène du chômage, c'est en se centrant sur son classique objet d'étude : l'individu dans ses interactions avec son environnement. Qu'il s'agisse d'évaluer les effets de dispositifs de formation socioprofessionnelle ou les effets d'autres activités dans lesquelles peuvent s'engager les personnes sans emploi, le chercheur psychologue fait intervenir des mesures afférentes au sujet lui-même, relatives aux représentions de soi et du monde. Cet accent mis sur des variables subjectives, comme le bien-être et la santé mentale, ou des variables relatives à l'identité personnelle et sociale, en tant que partie intégrante du processus d'insertion, est certainement un trait commun aux articles qui constituent la troisième partie de cet ouvrage. Tous visent en effet la compréhension des processus cognitifs et psychosociaux qui animent l'individu inséré ou en insertion.

La nécessité de coordonner des mesures subjectives et des mesures plus objectives est un autre point commun aux articles qui suivent. Les variables «objectives» sont celles qui renvoient à des comportements observables définis, en fonction d'une norme sociale, comme révélateurs de l'objet d'étude. Pour l'étude de l'insertion, le «fait» d'avoir un emploi ou le taux d'embauche au terme d'une formation tiennent classiquement lieu de variables objectives. Les études présentées ici ne s'intéressent donc pas uniquement à la compréhension des processus cognitifs et psychosociaux animant l'individu en insertion, mais aussi à l'insertion en tant que phénomène social imprégné de normativité sociopolitique. Dans le cadre de cette coordination des points de vue subjectif et objectif, on voit s'agencer les deux types de mesures différemment selon les auteurs. Les variables subjectives interviennent tantôt au titre de « variables dépendantes » (celles sur lesquelles est mesuré l'effet d'un phénomène, par exemple, l'effet d'une formation), tantôt au titre de « variables intermédiaires » qui médiatisent ou modèrent l'effet exercé sur des variables objectives, comme l'insertion effective dans l'emploi ou les démarches de recherche d'emploi. Parfois, aussi, les deux aspects (objectif et subjectif) se juxtaposent et c'est tant sur l'un que sur l'autre que sont appréhendés les effets recherchés.

Au-delà de la distinction entre variables objectives et subjectives, les trois chapitres insistent aussi sur la multidimensionalité de l'insertion. Certes, l'intégration dans l'emploi reste la valeur dominante, mais les modèles proposés ou les études décrites insistent, d'une part, sur les multiples facettes du processus d'insertion qui met en jeu et coordonne différentes sphères d'existence tant professionnelles que privées, et, d'autre part, sur l'existence de mécanismes alternatifs à l'emploi, pouvant parfois remplir une partie des fonctions sociales de celui-ci.

Les chapitres 6 à 8 peuvent s'articuler sur les traits qui viennent d'être dégagés, bien qu'ils gardent chacun leur spécificité et mettent différemment l'accent sur l'un ou l'autre de ces traits. Le chapitre 6 fournit une définition multidimensionnelle de l'insertion. Sans en exclure l'intégration dans l'emploi, Catherine Lefèvre propose un modèle de l'insertion au sens large, la qualité de vie multidimensionnelle, au sein duquel les différentes facettes de la qualité de vie résultent de l'interaction entre, d'une part, les comportements ou potentialités individuels, et, d'autre part, les caractéristiques des sphères d'existence, comme la sphère professionnelle et celle de la formation, ou la famille, les amis, les associations fréquentées... En outre, dans ce modèle, l'intérêt porté à la fois à ce que fait et à ce qu'est un individu à partir des ressources dont il dispose permet de mesurer la qualité de vie tant par des indicateurs objectifs — le « faire » — que subjectifs — l'« être » — et d'en étudier les relations. Parmi les processus subjectifs, le bien-être personnel et la satisfaction vis-à-vis de la vie ont une place de choix. Ce modèle, appliqué à l'étude des effets de dispositifs d'insertion par le travail, fournit une grille d'analyse de l'action pédagogique, de ses objectifs et des pratiques permettant de développer les points forts de la qualité de vie des bénéficiaires, ou de renforcer les facettes qui, au début de la formation, se révèleraient plus fragiles ou déficitaires.

La multidimensionalité et la diversification des formes de l'insertion est aussi une préoccupation de Ginette Herman et David van Ypersele qui signent le chapitre 7. Sur base d'une revue de littérature, ils avancent l'idée qu'en situation de chômage, l'individu peut développer des activités qui contribuent à lui fournir une identité sociale positive. Ginette Herman et David van Ypersele étudient ainsi la relation entre différents types d'activités et deux dimensions de l'insertion du chômeur : la santé mentale et la mobilité professionnelle. La coordination de variables de nature objective et subjective est claire ici aussi : la santé mentale est évaluée via une échelle de dépression et une mesure d'apathie, tandis que la mobilité professionnelle est envisagée sous l'angle de l'importance subjective attribuée au travail, de la perception qu'a le chômeur de ses possibilités d'accès à l'emploi, mais aussi des démarches qu'il effectue pour trouver du travail. Il ressort de l'étude que, contrairement à l'isolement social ou aux activités propres à la sphère privée, l'implication du chômeur dans des activités organisées, tel l'engagement associatif, est corrélée avec de meilleurs résultats au plan de sa santé mentale et de ses attitudes et comportements vis-à-vis de l'insertion professionnelle. Cette corrélation peut être mise en rapport avec des études de type expérimental qui suggèrent que le fait d'appartenir à un groupe socialement valorisé améliore l'identité sociale de la personne privée d'emploi et l'incite à déployer des conduites actives dans différents domaines.

L'intérêt pour les processus individuels comme vecteur d'insertion est également au cœur du chapitre 8. Donatienne Desmette centre en effet son étude des effets des formations sur une composante de l'identité personnelle : le sentiment d'efficacité personnelle qui, notamment par sa force motivationnelle, serait un déterminant majeur des comportements, dont celui de rechercher activement un emploi ou de s'engager plus avant dans le parcours d'insertion. Desmette met d'abord en évidence différentes composantes du sentiment d'efficacité. L'une d'elles, la perception de ses propres capacités à accéder à l'emploi, évolue en cours de la formation, et cela différemment selon les individus. Les «pessimistes» initiaux voient leur sentiment d'efficacité se renforcer alors que les «optimistes» de départ régressent. Par ailleurs, le rôle du sentiment d'efficacité personnelle dans l'insertion professionnelle se dessine comme suit : un sentiment d'inefficacité personnelle semble être un frein à l'insertion. Enfin, parmi les variables qui semblent renforcer le sentiment d'efficacité des plus faibles, on trouve le support social reçu au sein de la formation. A l'instar de ce que montre le chapitre de Ginette Herman et David van Ypersele, cette influence du support social sur le sentiment d'efficacité personnelle laisse entrevoir qu'un des bénéfices des formations professionnelles serait de permettre la construction ou la reconstruction d'un réseau relationnel structurant et valorisant.

Chapitre 6
Insertion et qualité de vie : une approche multidimensionnelle

Catherine Lefèvre

Nous traitons ici de la qualité de vie, en tant que mesure multidimensionnelle de l'insertion... Comment sommes-nous arrivés à lier ces deux notions — l'insertion et la qualité de vie ? Et qu'apporte le mesure de la qualité de vie à celle de l'insertion ? Telles sont les deux questions qui traversent ce chapitre.

Notre point de départ est une étude que nous menons auprès les Entreprises de Formation par le Travail (EFT) du Hainaut belge, étude qui a pour but premier d'évaluer les bénéfices que retirent de leur passage en EFT les bénéficiaires de ces formations.

1. QUALITÉ DE VIE ET ENTREPRISES DE FORMATION PAR LE TRAVAIL

Les acteurs de ce champ de la formation et de l'insertion professionnelle sont confrontés au manque d'emplois. Quoiqu'ils fassent, leur action ne crée pas l'emploi. Tout au plus augmente-t-elle le niveau d'employabilité des personnes. Pour les moins qualifiés, les perspectives restent sombres, même si les formations socioprofessionnelles qui leur sont accessibles ont pour but premier l'obtention d'un emploi. C'est le cas des EFT qui s'adressent à un public en rupture scolaire, en rupture professionnelle, parfois même en rupture sociale plus large. Compte tenu des contraintes du marché du travail et des caractéristiques particulièrement précarisantes des stagiaires qu'ils accueillent, les responsables de ce secteur de la formation doivent au quotidien réinventer l'insertion, miser parfois sur autre chose que l'emploi pour que les bénéficiaires de leur action jouissent malgré tout d'une meilleure «qualité de vie». Les questions que se posent ces acteurs de terrain quant au bien-fondé et à l'utilité de leur travail, à la diversité de celui-ci ainsi qu'à ses effets réels dans diverses sphères d'existence sont loin d'être triviales. Les prendre en considération assure à notre étude de l'insertion son utilité et sa pertinence sociale. Il s'agit en effet de fournir aux acteurs de terrain des outils d'analyse adaptés à leurs pratiques ou, à tout le moins, au contexte social et économique dans lequel s'inscrit leur travail d'insertion.

Dans ce cadre, évaluer les bénéfices que les stagiaires retirent de leur passage en EFT implique que soit élargie la notion de bénéfice des formations à des dimensions autres que l'emploi, que l'insertion soit envisagée aussi dans d'autres aspects que sa seule dimension professionnelle. Plus haut, l'expression «qualité de vie» a été lancée pour parler de cette variété des modalités d'insertion, pour désigner l'insertion au sens large. C'est donc à la qualité de vie qu'est consacré ce chapitre et plus particulièrement à la pertinence d'une approche multidimensionnelle ainsi qu'à sa capacité d'être opérationnalisée pour mesurer les bénéfices des EFT.

Notons que la notion de pertinence a ici deux acceptions clairement distinctes. D'abord, il y a la pertinence scientifique, aussi appelée «validité», qui signifie qu'une mesure évalue bien ce qu'elle prétend mesurer. A cet égard, après avoir défini la qualité de vie, motivé au plan théorique l'approche multidimensionnelle par rapport à d'autres indicateurs, et décrit comment cette définition est opérationnalisée pour étudier l'insertion de jeunes précarisés, il s'agira de montrer, grâce à l'analyse factorielle, que la mesure multidimensionnelle proposée est irréductible à un indicateur unique, qu'elle jouit d'une puissance descriptive plus grande du phénomène approché que les approches unidimensionnelles.

Quant à la seconde acception de la pertinence, elle est davantage de nature sociale et consistera à indiquer en quoi la prise en compte de différentes dimensions (autres que l'emploi) ouvre des perspectives pour l'action sociale menée dans des entreprises d'insertion comme les EFT.

2. DÉFINIR LA QUALITÉ DE VIE : DOGMATISME, SUBJECTIVISME ET... FONCTIONNEMENT

Définir la qualité de vie n'est pas chose aisée. D'un point de vue historique, il s'agit d'une expression relativement récente puisqu'elle fit son apparition officielle en 1964 dans un discours du Président B. Johnson qui se préoccupait de la «qualité de vie» des Américains (Shea & King-Farlow, 1976). Quand, par la suite, cette notion devint un objet d'étude scientifique, les définitions qui lui furent données s'avérèrent d'emblée très larges, vagues même : on fit de la qualité de vie un synonyme de vie agréable, de bien-être personnel et social, de protection sociale générale et de progrès social (Huttman & Liner, 1978).

L'intérêt, nous semble-t-il, de la définition qui vient d'être donnée tient moins à ce qu'elle dit qu'à ce qu'elle ne dit pas. Définir la qualité de vie par une vie agréable oblige encore à définir cette dernière et le point de vue qui sera pris : individuel, collectif, normatif, moral... ? De même, juxtaposer bien-être individuel, bien social, protection sociale et progrès laisse aussi entrevoir les multiple regards qu'il est possible de porter sur la qualité de vie. De ces regards divers est née une dichotomie qui, depuis les premières définitions de la qualité de vie, a fait couler énormément d'encre. Elle oppose les indicateurs objectifs et les indicateurs subjectifs de la qualité de vie (Diener & Suh, 1997; Erikson & Uusitalo, 1987; Mercier, 1987; Ringen, 1995), et renvoie aux forces et faiblesses irréductibles des deux approches.

a) Le dogmatisme des indicateurs objectifs de qualité de vie

Les indicateurs objectifs de qualité de vie (Carlisle, 1972; Hoffenberg, 1970; Huttman & Liner, 1978) évaluent, sur base de critères socialement reconnus, les conditions de vie des individus, comme leur revenu, leur logement, le fait qu'ils ont ou pas un emploi, etc. Ces indicateurs furent les premiers introduits dans les études des économistes (Liu, 1973) et sont souvent classés en deux types — économiques ou sociaux — bien que cette distinction soit plus historique qu'actuellement opérationnelle. Le contexte d'apparition de ces indicateurs est le suivant. D'un côté, la société américaine capitaliste industrielle prête à la population un appétit insatiable de biens matériels et assimile le citoyen au consommateur. Il lui semble donc pertinent de mesurer la qualité de vie de cet agent économique par des indices également économiques : le revenu par habitant ou le revenu moyen (Liu, 1973), ou les indices de l'emploi (de Neufville, 1975; Liu, 1973). D'un autre côté, deux éléments s'imposent également sur le Nouveau Continent, deux faits qui vont stimuler l'apparition d'indicateurs sociaux élargis de qualité de vie. Ces deux faits sont la pollution engendrée par la société industrielle et la prise de conscience que la capacité à gagner de l'argent et à le dépenser ne constitue qu'une part des préoccupations des populations, les loisirs de plus en plus accessibles et les contacts sociaux apparaissant comme également importants. Les économistes introduisent dès lors dans leurs études, aux côtés d'indicateurs strictement économiques, des indicateurs sociaux relatifs à l'environnement physique (Inhader, 1975), à la santé (Liu, 1973; Smith, 1973), à l'éducation (Liu, 1973; Smith, 1973), et à l'environnement humain (de Neufville, 1975).

Les indicateurs sociaux et économiques de qualité de vie ont en commun d'être extérieurs aux individus. Ils ne traduisent en rien l'appréciation que peut faire une personne au sujet de son existence. C'est pourquoi on les dit «objectifs». Ils mesurent la qualité de vie par la richesse matérielle, l'environnement physique, le voisinage des groupes de personnes, les capacités d'une nation à fournir des biens et des services à sa population. Le plus souvent, ces indicateurs se fondent sur des données statistiques à grande échelle (bien qu'existent également des études micro-économiques du revenu). Enfin, les indices objectifs sont choisis en fonction de critères et de valeurs reconnus par les sociétés qui les exploitent. Partant, ces indicateurs dépendent de valeurs pouvant être très éloignées de celles qui ont du sens pour le public dont on évalue la qualité de vie. Le risque de dogmatisme dans l'approche est très grand (voir Diener, 1984; Ringen, 1995). La question qui se pose est celle du droit qu'on a de juger de la qualité de vie indépendamment des gens qui la vivent, sans considération pour leurs vécus et les systèmes de valeurs qui les animent.

b) La relativité du jugement de bien-être

A l'opposé des indicateurs objectifs de qualité de vie, les mesures subjectives concernent les représentations mentales des personnes, leurs perceptions, les avis qu'elles émettent à propos de leurs conditions de vie, ainsi que leurs estimations de bien-être personnel et de satisfaction vis-à-vis de la vie.

En psychologie, le bien-être a, en tant qu'indicateur de qualité de vie, un statut privilégié, voire même l'exclusivité, le psychologue ne s'intéressant aux conditions objectives d'existence que dans leurs conséquences sur le vécu de l'individu. Ce dernier est pour les psychologues l'objet d'étude.

Les économistes ne sont cependant pas insensibles au versant subjectif de la qualité de vie. Ils partent de l'idée que différentes personnes peuvent éprouver des sentiments divers vis-à-vis d'objets identiques. En effet, historiquement, les pères de l'économie (comme Jeremy Bentham, 1748-1832) donnaient la priorité au bien-être. Celui-ci, encore appelé utilité, était leur préoccupation. Aujourd'hui encore, l'utilité est entendue soit comme la satisfaction des préférences, l'expression du choix d'un individu, soit comme le plaisir procuré par l'action ou la possession d'un bien (Sen, 1999). L'approche utilitariste résulte de ces préoccupations que manifestaient les pères de l'économie pour le bien-être de tous. Cette approche consiste à calculer une fonction d'utilité permettant d'établir le meilleur choix collectif comme étant celui qui maximise la somme des utilités individuelles. Certes, l'objet de la théorie économique du bien-être d'inspiration néo-classique est davantage lié à l'allocation des ressources qu'au bien-être lui-même. Il n'empêche que le bien-être reste sa préoccupation et que, dans ce cadre, pour les économistes comme pour les psychologues, bien-être et qualité de vie sont pour ainsi dire synonymes (Ringen, 1995).

Le bien-être subjectif présente l'intérêt de respecter les préférences des individus, les systèmes de valeurs personnelles et leur relativité. Réduire la qualité de vie au bien-être présente cependant un biais au sens où le jugement de bien-être est relatif, susceptible d'adaptation (Diener, 1984) : des personnes peuvent s'estimer heureuses de ce qu'elles ont et manifester un niveau de bien-être assez élevé du fait que, mises dans des conditions de vie particulièrement dures, elles ont appris à restreindre leurs aspirations et leurs désirs. Olson & Schober (1993) détaillent ce phénomène du «pauvre satisfait» dont les conditions de vie apparemment déplorables n'affectent guère le degré de satisfaction, phénomène que ces auteurs attribuent à la résignation. De même, Michalos (1980) traite de la satisfaction vis-à-vis de la vie comme d'un processus cognitif impliquant la comparaison entre ce que la personne possède et ce qu'elle croit mériter, étant entendu que les buts qu'elle se fixe varient en fonction des ressources objectives dont elle dispose ainsi que des comparaisons sociales qui lui sont possibles.

L'existence de processus adaptatifs dans l'évaluation du bien-être pose d'abord la question de la détermination des limites d'une approche strictement subjective de la qualité de vie ou du bonheur (Diener, 1984). N'y a-t-il rien d'atroce en soi ou, au contraire, de merveilleusement bon, quelles que soient les préférences que développent les gens pour composer avec leur environnement? Pour une société qui ferait de la qualité de vie de ses membres une priorité, les jugements de bien-être ne peuvent suffire à établir des critères de justice sociale. La relativité de ces estimations laisse en effet le champ libre à tous les abus.

En plus de ce problème éthique, la relativité du jugement de bien-être masque les liens qui peuvent exister entre cet indicateur de qualité de vie et des mesures davantage objectives. L'absence de corrélation fréquemment mise en évidence entre les deux types d'indices (pour une revue, voir Diener & Suh, 1997) pourrait bien masquer l'existence d'une relation complexe entre l'environnement et l'individu : les processus psychologiques « digéreraient » les conditions extérieures de vie, les ressources de l'environnement, selon les règles du fonctionnement cognitif et psychosocial. La relation entre les conditions environnementales et le bien-être exprimé serait ainsi rendue opaque. Seule l'étude des déterminants du bien-être et des processus cognitifs et motivationnels par lesquels un individu établit ce jugement permettrait de mettre en exergue la structure relationnelle existant peut-être entre indicateurs objectifs et subjectifs de qualité de vie. Dans l'étude de ces processus, il semble important de tenir compte de la nature des comparaisons qu'effectuent les personnes pour évaluer la qualité de leur existence ou certains domaines de celle-ci. La comparaison peut en effet être intrapersonnelle par rapport aux buts qu'on s'est fixés, ou interpersonnelle, c'est-à-dire en rapport aux personnes de l'entourage social. Il faut aussi, adaptation oblige, évaluer la manière dont ces critères de comparaison évoluent dans le temps selon les buts effectivement atteints ou, au contraire, les aspirations auxquelles il a fallu renoncer. Et, enfin, dans les comparaisons internationales, un autre élément intervient, celui de la valeur culturelle assignée au bien-être personnel. Ainsi, Diener & Suh (1997) soulignent la corrélation entre bien-être et individualisme culturel et rappellent qu'une de leurs études (Suh, 1994, cité dans Diener & Suh, 1997) révèle que, contrairement aux étudiants nord-américains pour qui la question est évidente et récurrente, 10% des étudiants universitaires chinois ne se sont jamais demandé s'ils étaient heureux.

L'ensemble de ces éléments et processus font du bien-être subjectif un indicateur de qualité de vie complexe certes, mais aussi relatif et mouvant. Pris isolément, il est surtout une mesure de l'adaptation des individus à leurs situations et ne permet pas de conclure grand chose quant à leur qualité de vie. D'autres indicateurs tant objectifs que subjectifs devraient lui être adjoints pour fournir de la qualité de vie un instantané nuancé, en plusieurs dimensions irréductibles les unes aux autres, du moins directement. La définition de la qualité de vie que nous proposons répond à cette exigence. Sa caractéristique principale est précisément d'être multidimensionnelle en conjuguant les pans objectif et subjectif de la qualité de vie, sans les réduire l'un à l'autre.

c) Une définition multidimensionnelle de la qualité de vie

Le bien-être ne peut à lui seul résumer la qualité de vie. Il en est de même des indicateurs objectifs. Un modèle qui intégrerait les pans subjectif et objectif de la qualité de vie semble bien indispensable. La théorie des «capabilités» de l'économiste Sen (1985, 1986, 1992) permet ce type de développement. Sen articule en effet le concept de qualité de vie («the standard of living») à celui de fonctionnement. Les fonctionnements désignent les états et les actions des personnes, ce qu'elles sont et font grâce aux biens et services, grâce aux opportunités qui leur sont offertes dans leur environnement. Le fonctionnement met ainsi l'accent sur la personne (ce qu'elle fait et est), intègre ses systèmes de valeurs, ses avis, ses opinions, ses standards de références, plutôt que d'axer l'analyse sur les seuls biens ou les seuls indices objectifs de qualité de vie. Dans le même temps, le fonctionnement évite le piège du subjectivisme puisque le bien-être n'est qu'une dimension fonctionnelle parmi d'autres, un aspect de la qualité de vie conçue comme un concept descriptif de différentes dimensions, différents fonctionnements tant objectifs que subjectifs. Si se sentir bien et exprimer ce bien-être est essentiel, être bien nourri, être informé, participer à la vie sociale, avoir accès aux soins de santé, avoir un emploi, sont autant d'autres dimensions importantes que ne néglige pas davantage l'approche en termes de fonctionnements.

Par ailleurs, en plus de réconcilier les points de vue objectif et subjectif sur la qualité de vie, le concept de fonctionnement est fondamentalement interactioniste. Nous l'exploitons en ce sens (figure 1) pour définir la qualité de vie comme un ensemble de fonctionnements psychosociaux résultant de l'interaction entre les comportements de l'individu et les caractéristiques socioéconomiques de son environnement, ce dernier étant constitué de sphères d'existence structurellement différenciées : la sphère professionnelle, la famille, le secteur de la formation, les institutions judiciaires, les administrations publiques, les associations, etc. Chaque sphère est, sur le plan organisationnel, structurée d'une façon qui lui est propre, présente des caractéristiques et des règles spécifiques qui s'imposent à l'individu ou dont il peut bénéficier. Les comportements qu'un individu développe vis-à-vis d'une sphère particulière sont plus ou moins adaptés à cette sphère, modelés par elle, mais également susceptibles en retour d'en influencer la structure. Dans une sphère d'existence particulière, cette influence réciproque entre les comportements et les caractéristiques de la sphère définit une dimension de la qualité de vie. Dans le contexte de cette interactivité, prendre en considération plusieurs sphères, c'est envisager de façon explicite la multidimensionalité de la qualité de vie.

Cela dit, selon le niveau structurel envisagé, les fonctionnements psychosociaux qui émergent de l'interaction et constituent les dimensions de la qualité de vie peuvent ne pas être spécifiques à une sphère d'existence particulière. Ils peuvent aussi en traverser plusieurs, comme c'est le cas du bien-être subjectif. Celui-ci peut être envisagé dans des domaines particuliers de l'existence ou mesuré comme indice global de satisfaction vis-à-vis de la vie. D'autres fonctionnements, comme le fait d'exercer une activité professionnelle ou d'être couvert par un système de sécurité sociale, sont davantage spécifiques à des sphères particulières.

Dans ce cadre, mesurer la qualité de vie revient à évaluer les modalités et les niveaux de fonctionnement d'un individu dans et au travers plusieurs sphères d'existence. L'approche est interactioniste et multidimensionnelle. L'outil d'évaluation qui l'opérationalise est non seulement multidimensionnel mais aussi intégratif puisque, fondé sur le concept de fonctionnement, il accepte conjointement des indicateurs objectifs et des

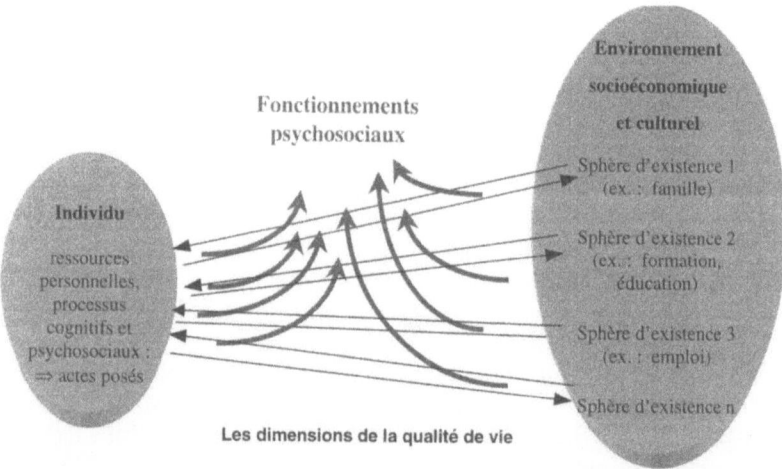

Figure 1 — Une définition multidimensionnelle et interactioniste de la qualité de vie.

indicateurs subjectifs. Les fonctionnements psychosociaux appréhendables peuvent en effet être des deux ordres et coexister au sein d'un même outil de mesure. Reste alors à montrer que cet instrument de mesure et la conception multidimensionnelle qui le fonde sont, par rapport aux indices unidimensionnels (objectifs ou subjectifs), plus pertinents et heuristiques pour exprimer la qualité de vie. Cette démonstration devra se faire tant au plan de la pertinence scientifique en soulignant l'irréductibilité des mesures prises à un seul facteur, qu'au plan de la pertinence sociale en ouvrant des pistes d'action sur des fonctionnements psychosociaux distincts et des pistes d'évaluation différenciée de ces différents fonctionnements.

3. OPÉRATIONALISATION : ÉTUDE DE LA QUALITÉ DE VIE DE JEUNES EN FORMATION

Nous menons actuellement une étude sur l'insertion sociale de jeunes engagés en entreprises de formation par le travail dans une région de Belgique particulièrement touchée par le chômage, le Hainaut (Lefèvre, 1997, 1999). L'analyse des données de cette recherche permet d'asseoir la définition multidimensionnelle de la qualité de vie, de montrer que cette conception est techniquement opérationalisable et plus informative qu'une approche en termes de bien-être seulement, de souligner que la qualité de vie est irréductible a un seul de ses facteurs, qu'il soit objectif ou subjectif. Cependant, les analyses rapportées ici ne suffisent pas à établir de façon ferme la primauté de l'approche multidimensionnelle. Elles sont descriptives et fournissent un instantané multidimensionnel de la qualité de la vie des stagiaires lors de leur entrée en EFT. Elles permettent aussi, dans les limites de la définition opérationnelle que nous avons assignée à la qualité de vie, de montrer que le bien-être (aussi privilégié soit-il dans la littérature) n'en résume pas toutes les facettes. Et enfin, elles autorisent une première approche des relations entre indicateurs objectifs et subjectifs de la qualité de vie. Mais elles ne suffisent pas puisque, pour juger de la puissance du modèle multidimensionnel, nous n'avons à ce stade aucune variable critérielle permettant de mettre en évidence une sensibilité à l'action que la mesure multidimensionnelle afficherait sans que le bien-être puisse à lui seul en rendre compte. L'étude étant longitudinale, lors du traitement des données de la seconde vague d'enquêtes[1], nous possèderons ces variables critérielles : le temps passé en EFT et la pédagogie qui y est développée dont on fera l'hypothèse qu'elle a des effets sur la qualité de vie multidimensionnelle, sans que ces effets puissent être exprimés par un simple jugement de bien-être.

a) Le dispositif de l'étude et le questionnaire de qualité de vie

La population cible est constituée de 339 jeunes précarisés, peu qualifiés, engagés dans un dispositif de formation par le travail. Pour décrire leur qualité de vie, trois domaines de fonctionnement psychosocial ont été sélectionnés, en concertation avec les professionnels de ce secteur de la formation. Ces trois domaines sont l'insertion économique et professionnelle, l'intégration sociale hors emploi, et le bien-être subjectif. L'hypothèse émise est que ces trois dimensions sont indépendantes entre elles et nécessaires pour comprendre la réalité d'existence des jeunes concernés et, partant, penser agir efficacement sur leur qualité de vie.

L'instrument de mesure est un questionnaire administré au cours d'entretiens individuels. C'est un questionnaire en trois modules distincts, chaque module correspondant à une des trois dimensions choisies. Dans l'esprit de la théorie des fonctionnements, cet outil rassemble des indicateurs objectifs et subjectifs de qualité de vie. En fait, deux des modules du questionnaire comportent les deux types d'indices, la mesure du bien-être subjectif faisant exception ; de par sa nature même, elle ne peut contenir que des échelles d'évaluation subjective.

La plupart des indices objectifs de qualité de vie sont construits à partir de questions fermées à choix multiples. Ainsi, dans le module d'intégration sociale hors emploi, le sujet évalue la fréquence avec laquelle il participe aux activités de son quartier sur une échelle présentant les échelons : jamais, rarement, à peu près une fois sur deux, souvent, toujours. Autre exemple, dans le module consacré à l'insertion économique et professionnelle, la question du revenu mensuel du ménage est opérationalisée sous la forme d'une échelle en 13 échelons allant de «moins de 8.000 BEF» à «plus de 70.000 BEF».

Les indices subjectifs sont de deux types. Certains renvoient à l'appréciation que fait la personne des situations qu'elles vit, à sa satisfaction par rapport à cela. D'autres correspondent davantage aux systèmes de valeurs de la personne interrogée, ce sont des indices d'importance subjective attribuée à tel ou tel comportement ou telle ou telle situation.

Quoi qu'il en soit de cette distinction que nous n'approfondirons pas ici, tous les indicateurs subjectifs utilisés par le questionnaire de qualité de vie font appel à des échelles continues d'autoévaluation, c'est-à-dire des droites de 10 cm sur lesquelles le sujet positionne son avis, par rapport aux deux extrémités qui représentent toujours des avis opposés. C'est le cas de toutes les échelles de bien-être et de satisfaction vis-à-vis de la vie que compte le module de bien-être. Par exemple, le sujet évalue des phrases comme « Mon avenir me paraît bon » ou « Jusqu'ici, pour l'essentiel, j'ai reçu de la vie ce que j'en attendais ». Il indique combien ces propositions correspondent à son vécu en plaçant, pour chacune, une croix où il veut sur une ligne de 10 cm dont les deux extrémités sont, à gauche, « Non, pas du tout », à droite, « Oui, tout à fait ».

Dans les deux modules d'intégration sociale hors emploi et d'insertion économique et professionnelle qui comportent les deux types d'indicateurs, une correspondance directe a, dans la mesure du possible, été établie entre les items subjectifs et les items objectifs du questionnaire. Par exemple, dans le module d'intégration sociale hors emploi, on trouve la question suivante, relative à un comportement objectivable : « Durant votre temps libre, pratiquez-vous souvent des activités en famille ? », question qu'on peut mettre en correspondance avec l'importance subjective accordée à ce comportement, dont la mesure est présente ailleurs dans le questionnaire sous la forme d'une proposition que le sujet évalue sur une échelle continue : « Passer mon temps libre en famille, c'est perdre mon temps ». Cette mise en correspondance est importante. Elle permet en effet de disposer de mesures symétriques dont l'analyse mettra en exergue soit les relations, en les révélant fortement corrélées, soit au contraire l'indépendance.

Tableau 1 — Les 10 variables subjectives issues du questionnaire de qualité de vie.

MODULES DU QUESTIONNAIRE	VARIABLES « SUBJECTIVES »
LE BIEN-ÊTRE ET LA SATISFACTION VIS-A-VIS DE LA VIE	Score individuel à l'Affectomètre 2
	Score individuel à l'échelle de satisfaction vis-à-vis de la vie
	Score individuel à l'échelle de satisfaction vis-à-vis de domaines particuliers de l'existence
L'INSERTION ECONOMIQUE ET PROFESSIONNELLE	Score individuel à l'indice d'appréciation subjective du revenu
	Score individuel à l'indice d'importance subjective de l'emploi
	4 scores sur les items concernant l'importance de l'école et des formations
L'INTEGRATION SOCIALE HORS EMPLOI	Scores à l'indice global d'importance subjective des relations sociales

Pour le propos qui nous accupe ici, toutes les données issues des entretiens avec les stagiaires n'ont pas été utilisées. Les tableaux 1 et 2 proposent la liste des variables qui ont été introduites dans les analyses ultérieures. Le tableau 1 présente les variables « subjectives » qui comportent 4 scores obtenus sur des items qui n'ont pu être agrégés en une échelle consistante, à savoir 4 questions concernant la perception qu'a le sujet de l'école et des formations, ainsi que 6 scores agrégés obtenus aux échelles de mesure suivantes : l'Affectomètre 2 (d'après Kamman & Flett, 1983), l'échelle de satisfaction vis-à-vis de la vie (d'après Diener *et al.*, 1985), une échelle de satisfaction vis-à-vis de domaines particuliers de l'existence, un indice d'appréciation subjective du revenu, un indice d'importance subjective de l'emploi, et un indice d'importance subjective des relations sociales.

Les variables dites objectives sont contenues dans le tableau 2 qui les présente par module du questionnaire mais aussi par rubrique au sein des modules. Dans le module consacré à l'insertion économique et professionnelle est prise en compte la rubrique revenu qui comporte deux variables : la fréquence d'un surplus financier en fin de mois, et le niveau de vie. Dans le module d'intégration sociale hors emploi ont été retenues des variables consacrées aux relations avec la famille nucléaire ou élargie, des variables relatives aux amis, à la vie associative, ainsi qu'aux activités de quartier et aux relations de voisinage.

b) Quelques résultats en faveur d'une approche multidimensionnelle de la qualité de vie

Nous rapportons ici quelques-unes des analyses menées sur les données issues de l'enquête auprès des stagiaires en début de stages EFT. Dans le but de montrer qu'une opérationalisation de la définition multidimensionnelle de la qualité de vie est possible et utile, nous nous attardons sur les résultats de l'analyse en composantes principales qui fournit un instantané, sur plusieurs facteurs, de la qualité de vie des stagiaires lors de leur entrée en formation. L'explication de cette structure multidimensionnelle sera l'occasion de souligner que, dans les limites de l'opérationalisation particulière que nous avons faite de la définition multidimensionnelle, le bien-être subjectif ne peut résumer ou traduire à lui seul les dimensions de la qualité de vie, pas plus que ne le ferait un autre indicateur unidimensionnel, tel le revenu.

Les résultats livrés ci-après comportent cependant une étape préliminaire, celle de la construction d'échelles de mesures consistantes.

Tableau 2 — Les 17 variables «objectives» issues du questionnaire de qualité de vie.

MODULES DU QUESTIONNAIRE	RUBRIQUES	VARIABLES « OBJECTIVES »
L'INSERTION ÉCONOMIQUE ET PROFESSIONNELLE	Revenu	Calcul du niveau de vie selon le niveau de revenu et le nombre d'adultes et d'enfants dans le ménage Fréquence d'un surplus financier en fin de mois
L'INTÉGRATION SOCIALE HORS EMPLOI	Famille	Temps libre passé en famille : échelle ordinale en 5 points Fréquence des activités ou sorties en famille : échelle ordinale en 6 points Fréquence des rencontres avec des membres de la famille élargie : échelle ordinale en 6 points Fréquence des réunions de famille : échelle ordinale en 6 points
	Amis	Temps libre passé avec des amis ou des copains : échelle ordinale en 5 points Fréquence des activités ou sorties entre amis : échelle ordinale en 6 points Fréquence des services rendus aux amis : échelle ordinale en 6 points Fréquence des services rendus par les amis : échelle ordinale en 6 points Fréquence des visites chez des amis ou fréquence des invitations à la maison : échelle ordinale en 6 points Fréquence des rencontres avec des amis à l'extérieur : échelle ordinale en 6 points
	Vie associative	Nombre d'associations dans lesquelles le sujet est inséré : un entier entre 1 et 4 Nombre d'heures par mois consacrées aux activités des associations qu'elle fréquente
	Voisinage et quartier	Fréquence des contacts avec les voisins : échelle ordinale en 6 points Fréquence des échanges de services entre voisins : échelle ordinale en 6 points Fréquence de participation aux activités de quartier : échelle ordinale en 5 points

1. La construction d'échelles de mesure consistantes

Le questionnaire de qualité de vie est constitué de plusieurs échelles et mesures se rapportant aux différentes dimensions qu'il évalue. Certaines échelles, comme les échelles de bien-être et de satisfaction vis-à-vis de la vie, sont des traductions françaises d'outils déjà validés dans leurs versions originales (Diener et al., 1985; Kamman & Flett, 1983). D'autres ont été construites de toutes pièces. Dans les deux cas, une validation s'impose. La question qui se pose est la suivante : l'indice mesure-t-il bien la dimension, le construit qu'il prétend mesurer ? Ou, à tout le moins, cette mesure renvoie-t-elle bien à un seul construit théorique ? Est-elle consistante ?

La méthode utilisée pour tester la consistance interne des échelles du questionnaire est celle de l'α (Cronbach, 1951) qui estime la corrélation de chaque item avec le total des autres. L'optique est la suivante : si un seul construit sous-jacent est mesuré par les items du questionnaire, quel pourcentage de variance sur ce facteur la conjonction des différents items explique-t-elle ? Par ce procédé, les items déviants peuvent être repérés et éliminés, ce qui présente le triple avantage d'apurer les échelles de mesure (d'en augmenter la consistance interne), d'en diminuer le coût d'administration, et de pouvoir calculer un score moyen, un seul indice pour chaque sujet, score qui est introduit dans les analyses ultérieures comme mesure unique du construit sous-jacent à l'échelle de mesure. L'α a été calculé pour les 7 échelles d'autoévaluation subjective (tableau 1) du questionnaire de qualité de vie. On considère généralement qu'une échelle est consistante si l'α correspondant est supérieur à 0.65 (Hatcher & Stepanski, 1997). L'échelle globale de satisfaction vis-à-vis de la vie affiche un α de 0.79 pour 4 des 5 items qu'elles comportait au départ tandis que l'échelle de satisfaction vis-à-vis de domaines particuliers de l'existence affiche un α égal à 0.78 pour les 16 items qu'elle comporte. La dernière mesure de bien-être subjectif est l'Affectomètre 2 qui présente un α de 0.91 pour 39 des 40 items initiaux. L'indice d'importance subjective de l'emploi et l'indice d'appréciation subjective du revenu fournissent des α respectivement de 0.67 et 0.70 pour la totalité de leurs items de départ. L'indice d'importance subjective des relations sociales donne un α de 0.79 pour 25 de ses 28 items. Seul l'indice d'importance subjective de l'école et de la formation ne franchit pas une valeur d'α permettant de calculer pour chaque sujet un score moyen sur l'échelle ($\alpha = 0.55$). Comme l'indique le tableau 1, les scores sur les items individuels sont introduits tels quels dans l'analyse en composantes principales.

2. La pertinence de l'approche multidimensionnelle

Le questionnaire de qualité de vie a été mis au point sur base d'une structure multidimensionnelle *a priori* qui compte trois dimensions : une première relative au bien-être, une autre concernant l'insertion économique et professionnelle, la dernière traitant de l'intégration sociale hors emploi. De plus, enraciné dans la théorie des fonctionnements, cet outil de mesure intègre des indicateurs objectifs et subjectifs de qualité de vie. L'analyse en composantes principales dont nous discutons ci-après les résultats a été effectuée dans un but descriptif : quelles dimensions émergent des données fournies par le questionnaire ? Quel instantané plurifactoriel obtient-on ? Comment s'organisent les indices objectifs et les indices subjectifs les uns par rapport aux autres sur la constellation d'axes fournis par l'analyse ?

Au total, 27 indices ou items isolés ont été sélectionnés, fabriqués ou validés, à partir du questionnaire de qualité de vie (tableaux 1 et 2). Ces variables, introduites dans l'analyse, sont, pour toutes les échelles validées, les scores moyens obtenus par chacune des personnes interrogées.

L'analyse en composantes principales résume les données, les réduit, sur base des corrélations qui existent dans les réponses des sujets, à quelques dimensions clés indépendantes. Si la structure factorielle produite est constituée d'axes dont aucun ne semble, de façon nettement plus significative que les autres, rendre compte de la variance des observations, nous conclurons à l'impossibilité de réduire les données à un seul facteur, de mesurer la qualité de vie par un seul indice qui prédirait tous les autres.

La structure factorielle globale fournie par l'analyse en composantes principales compte 9 facteurs qui ensemble rendent compte de 66,3 % de la variance des observations. La figure 2 et le tableau 3 présentent les pourcentage de variance expliquée par chacune des dimensions. Pour les besoins de l'exposé, ces facteurs ont été étiquetés. Cet étiquetage synthétise en un mot quels items et indices sont les plus corrélés avec chaque facteur. Les résultats nuancent fortement la structure que nous avions attribuée au questionnaire multidimensionnel de qualité de vie. Neuf facteurs émergent en effet scindant les trois modules proposés au départ en dimensions indépendantes plus fines (figure 2). C'est particulièrement le cas du module consacré à l'intégration sociale hors emploi, littéralement «éclaté» entre un axe relatif aux amis et copains, un autre saturé par l'investissement dans le secteur associatif, un troisième consacré à la famille nucléaire, un quatrième concernant les relations de voisinage, et un cinquième la famille élargie. Le module consacré à l'insertion écono-

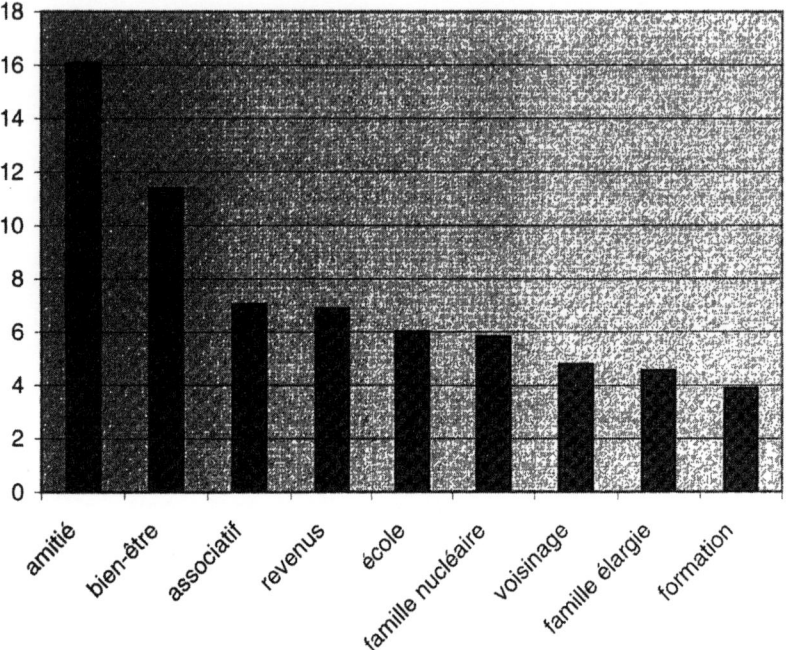

Figure 2 — Pourcentage de variance expliquée par les 9 facteurs mis en évidence par l'analyse en composantes principales à partir de 27 variables du questionnaire de qualité de vie.

mique et professionnelle subit lui aussi une subdivision en trois facteurs distincts : un sur lequel corrèlent essentiellement le niveau de vie et le surplus financier mensuel, un deuxième que saturent prioritairement les données relatives à la perception de l'école, et un dernier consacré aux items qui renvoient à la perception des formations complémentaires. Quant au module mesurant le bien-être et la satisfaction vis-à-vis de la vie, il reste intact et constitue le deuxième facteur sur lequel les trois mesures de bien-être affichent des corrélations supérieures à 0.80.

La figure 2 et le tableau 3 indiquent que tous les facteurs de la structure n'ont pas la même importance, la même puissance explicative vis-à-vis des différences observées entre les sujets de l'échantillon. Les deux premiers à eux seuls expliquent près de 30 % de la variance, la moitié du total de variance expliquée. Les facteurs suivants ont une valeur propre qui rapidement décroît, se rapproche de 1 et expliquent donc de moins en moins de variance. Ce critère d'une valeur propre supérieure à 1 détermine le nombre de composantes principales qui résument de façon optimale les données soumises à l'analyse. En effet, toute dimension extraite par l'analyse en composantes principales, dont la valeur propre est inférieure à 1, explique moins de variance que ne le ferait une seule des variables analysées. Une telle dimension ne résume évidemment rien du tout et elle n'est pas conservée.

Conformément à nos objectifs de départ, nous jetons un triple regard sur la structure factorielle extraite des données de la première vague d'enquêtes en EFT. D'abord, les techniques présentées ici montrent au plan opérationnel qu'il est possible d'exploiter la théorie des fonctionnements à des fins empiriques. Est en effet fourni ici un outil de mesure multidimensionnel qui intègre des indices objectifs et subjectifs de qualité de vie dont les analyses révèlent la structure. Cette dernière constitue une ligne de base multidimensionnelle, un vecteur de base auquel comparer les données obtenues lors d'une mesure ultérieure (par exemple, lors d'une seconde vague d'enquêtes). Ce type d'opérationalisation permet donc d'étudier l'évolution de la qualité de vie dans plusieurs sphères d'existence et sous plusieurs points de vue simultanés (objectif et subjectif).

Tableau 3 — Pourcentage de variance expliquée et valeur propre de chacun des 9 facteurs issus de l'analyse en composantes principales.

FACTEURS	POURCENTAGE DE VARIANCE EXPLIQUEE	VALEUR PROPRE
Facteur 1 «amitié»	16.1	4.34
Facteur 2 «bien-être»	11.4	3.07
Facteur 3 «associatif»	7	1.89
Facteur 4 «revenus»	6.8	1.85
Facteur 5 «école»	6	1.62
Facteur 6 «famille nucléaire»	5.8	1.57
Facteur 7 «voisinage»	4.8	1.29
Facteur 8 «famille élargie»	4.5	1.22
Facteur 9 «formation»	3.9	1.04

Ensuite, les résultats de l'analyse en composantes principales fournissent quelque argument plaidant en faveur d'une conception multidimensionnelle et irréductible de la qualité de vie. Les 9 facteurs retenus sont par construction indépendants. Ils représentent 9 dimensions clés de la qualité de vie telle qu'elle s'exprime dans les réponses que donnent des jeunes interrogés aux questions portant sur plusieurs sphères de leur existence, sur plusieurs domaines de fonctionnement psychosocial. Ce n'est qu'en considérant ces 9 dimensions ensemble qu'on est en mesure d'expliquer un pourcentage de variance des observations qui soit suffisant. Si la qualité de vie est bien ce que nous avons dit qu'elle était, c'est-à-dire un ensemble de fonctionnements psychosociaux objectifs et subjectifs résultant des interactions continuelles entre l'individu et différentes sphères de son environnement, il semble que le bien-être subjectif ne puisse à lui seul en rendre compte. La variance des observations n'étant rien d'autre qu'une manifestation des différences qui existent entre les sujets quant à leurs niveaux et modalités de qualité de vie, à lui seul le bien-être ne rend compte que de 11 % de ces différences. Certes, la découverte d'axes indépendants au sein d'un questionnaire intuitivement construit dans ce sens et constitué de modules clairement distincts peut paraître tautologique. Il n'en reste pas moins que si le jugement de bien-être était capable à lui seul de traduire, de résumer la qualité de vie dans différentes sphères d'existence, les corrélations que la mesure du bien-être entretiendrait avec les autres mesures objectives et subjectives de qualité de vie se traduiraient dans les indices de saturation de ces autres mesures avec l'axe du bien-être. A la limite même, seul l'axe du bien-être exprimerait les données.

Enfin, troisième regard, un constat similaire à celui qui vient d'être fait, plaidant pour une mesure multidimensionnelle de la qualité de vie, nous vient d'une analyse succincte des relations entre indicateurs objectifs et subjectifs du questionnaire. Rappelons que Sen (1985, 1986, 1992) propose le concept de fonctionnement dans l'idée que le jugement de bien-être subjectif ne peut à lui seul exprimer la qualité de vie et que, semblablement, les indicateurs objectifs de qualité de vie, extérieurs aux individus et étrangers à leurs systèmes de valeurs, ne peuvent la résumer davantage. Les indices de saturation de l'axe du bien-être informent en effet qu'aucun des indicateurs objectifs présents dans le questionnaire ne corrèle de façon significative avec ce facteur du bien-être. En particulier, le niveau de vie, calculé sur base du revenu des ménages, présente une corrélation de 0 avec ce facteur. Les deux types d'indicateurs (objectifs et subjectifs) ne semblent donc pas prédictibles les uns à partir des autres, et le phénomène «qualité de vie» n'apparaît pas réductible à une seule dimension.

CONCLUSION

Qu'il s'agisse d'étudier l'insertion ou d'évaluer la qualité de vie, les approches unidimensionnelles paraissent un peu courtes. Concernant l'insertion, le chômage structurel pousse à envisager d'autres formes de participation sociale que celle liée exclusivement à l'emploi (et particulièrement à l'emploi à temps plein et à durée indéterminée). C'est pourquoi nous proposons de traiter de l'insertion dans un sens plus large, en étudiant la qualité de vie. Mais dès l'abord de celle-ci, un problème similaire se pose : les approches unidimensionnelles restreignent la notion soit à ses composantes objectives, soit au bien-être subjectif. Les deux types d'indicateurs affichent d'importantes faiblesses, le dogmatisme pour les premiers, la relativité du jugement pour les seconds. Les deux démarches semblent du reste inconciliables, puisque les corrélations entre indicateurs objectifs et indicateurs subjectifs de qualité de vie sont généralement très faibles (Campbell, 1981 ; Diener & Suh, 1997).

Face à cela, notre approche de la qualité de vie, fondée sur la théorie des fonctionnements de Sen (1985, 1986, 1992), comprend trois apports principaux. D'abord, la conception est multidimensionnelle. Elle gagne en puissance descriptive par rapport aux modèles unidimensionnels. Elle permet de traiter la qualité de vie comme un phénomène complexe constitué de dimensions indépendantes non totalement prédictibles les unes à partir des autres, formant une constellation irréductible et significative pour les personnes ainsi que pour la description de leurs conditions de vie et de leur vécu. Ce faisant, cette approche fournit une réelle opérationalisation de la théorie sennienne.

Les résultats de l'analyse en composantes principales réalisée sur les données recueillies auprès des jeunes en entreprises de formation par le travail étayent la puissance descriptive de ce modèle, et en particulier le fait que le jugement de bien-être exprimé n'est pas suffisant pour rendre compte de la qualité de vie. Ainsi, la première dimension pertinente pour décrire la qualité de vie de notre population semble être le temps consacré à des amis, la deuxième est le bien-être personnel. Aucun indicateur unidimensionnel, comme le bien-être, le revenu, ou le fait d'avoir un travail, n'eut été capable de rendre compte de cette importance des relations sociales hors emploi, de cette dimension de la qualité de vie.

Cela dit, le plaidoyer pour le modèle multidimensionnel ne sera vraiment convaincant que lorsque nous disposerons d'une ou plusieurs variables critérielles révélant la sensibilité différentielle des dimensions de la qualité de vie à divers traitements, sensibilité que ne montrerait pas le jugement de bien-être. Établir la supériorité du modèle multidimensionnel sera donc un apport important des analyses faites sur une deuxième vague d'enquêtes ayant lieu au moment où le stagiaire termine sa formation dans l'entreprise. En effet, le temps passé en EFT jouera alors le rôle de variable critérielle et il sera possible de vérifier si sur certains des facteurs de qualité de vie mis en évidence au temps 1 de l'enquête (figure 2), les stagiaires en EFT affichent des niveaux différents sans que ces différences s'expriment dans leur jugement de bien-être.

Outre sa multidimensionnalité, la conception présentée dans ce chapitre présente une autre caractéristique. Elle permet l'intégration au sein d'un même outil de mesure d'indicateurs objectifs et subjectifs de qualité de vie. En fondant l'approche sur le concept de fonctionnement, c'est-à-dire sur tout ce qu'est et fait la personne des ressources objectives dont elle dispose (Sen, 1985, 1986, 1992), le modèle multidimensionnel échappe à l'opposition classique des indicateurs, à leurs faiblesses respectives, et permet d'étudier les relations qui existent entre eux. Ainsi avons-nous pu souligner, à la lecture de l'analyse en composantes principales, que le niveau de vie relatif au revenu n'entretient aucune corrélation avec l'axe que saturent les estimations de bien-être personnel. Ainsi confirmons-nous les études antérieures (pour une revue, voir Diener & Suh, 1997) selon lesquelles indicateurs objectifs et subjectifs de qualité de vie sont très peu corrélés les uns avec les autres.

Cela étant, nous avons également développé l'idée selon laquelle les faibles corrélations existant entre les mesures de bien-être et les indices plus objectifs de qualité de vie pourraient être imputables à la complexité du jugement de bien-être, qui masquerait les liens existant entre les caractéristiques matérielles de l'environnement et leur évaluation subjective. Parmi nos perspectives de recherche figure en première ligne une étude approfondie de ces relations complexes entre les deux types d'indices, entre l'individu et son environnement. L'approche multidimensionnelle de la qualité de vie se prête particulièrement bien à cet exercice qui constitue son troisième apport. En effet, tout fonctionnement serait le résultat d'interactions entre les caractéristiques de l'environnement socioéconomique et celles de l'individu. Cette façon de voir permet d'étudier quelles interactions sujet-environnement constituent les déterminants de sa qualité de vie, quels états d'équilibre entre caractéristiques objectives et processus psychologiques optimisent les modalités fonctionnelles constitutives de la qualité de vie et, parmi ces modalités, le bien-être subjectif. L'absence classique de lien entre mesures objectives et subjectives de qualité de vie, que reproduit l'étude exposée dans ce chapitre, pourrait bien s'avérer très superficielle à la lumière d'une étude approfondie des processus psychologiques qui médiatisent ou filtrent les effets de l'environnement sur le vécu des personnes interrogées. Seul, le bien-être subjectif ne dit pas grand chose de la qualité de vie. Isolés du vécu, les phénomènes environnementaux n'en disent pas davantage... C'est en regard l'un de l'autre qu'il faut traiter des «deux types de qualité de vie».

Terminons en soulignant que l'étude de l'insertion via l'approche multidimensionnelle de la qualité de vie est aussi un outil pour l'action ou, du moins, une grille d'analyse de celle-ci. Question de pertinence sociale au sens où nous l'avons souligné dans l'introduction. Car, en effet, la pénurie chronique d'emplois et surtout d'emplois peu qualifiés forcent les intervenants du secteur de la formation socioprofessionnelle à imaginer de nouvelles formes d'insertion, de nouveaux apports à la qualité de vie dans mais aussi à côté de l'emploi. La diversification de l'action pédagogique au-delà et en deçà de la formation strictement professionnelle est de plus en plus la règle. Un modèle multidimensionnel de la qualité de vie peut, dans ce contexte, fournir un cadre de référence à la diversité de l'action et constituer une grille d'analyse intéressante des objectifs à poursuivre ainsi que des pratiques à mettre en œuvre pour développer les points forts de la qualité de vie des bénéficiaires de la formation ou, au contraire, renforcer les modalités fonctionnelles qui, à l'entrée en formation, affichent un profil bas.

NOTE

[1] Ces études sont maintenant publiées (Lefèvre, 2000, 2001).

Chapitre 7
Activités, santé mentale et mobilité professionnelle

Ginette Herman et David van Ypersele

1. DU RÔLE DES ACTIVITÉS

Dans ce chapitre, l'insertion est analysée dans une perspective fonctionnelle. Elle n'est considérée comme effective que si certaines fonctions liées à la vie sociale sont remplies. Diverses études ont proposé des classifications destinées à en appréhender la diversité. Celle de Jahoda (1981), bien que soumise à diverses critiques, semble un outil conceptuel utile. A partir d'une analyse réalisée en référence au monde du travail, cet auteur a défini une série de fonctions manifestes et latentes. Ainsi, si le travail fournit avant tout un salaire ou un revenu (fonction manifeste), il remplit aussi, en dépit de conditions professionnelles parfois pénibles et éprouvantes, diverses fonctions latentes. Par exemple, il fournit un rythme temporel à la journée, à la semaine, à l'année. Une telle structure imposée, même si elle est souvent dépréciée par son aspect contraint et contrôleur, permet à l'individu de se repérer dans le passé, le présent et le futur. Elle concourt également à l'exercice d'activités régulières qui soutiennent l'utilisation quotidienne de compétences et de talents. De plus, le travail contribue à la participation à un but mettant en œuvre une interdépendance entre les individus et un effort commun; en ce sens, il favorise l'émergence d'un sentiment d'utilité sociale et procure un statut et une identité. En outre, il permet la construction d'un réseau social qui peut se structurer au-delà du noyau familial. Ces contacts sociaux offrent la possibilité de connaître d'autres champs de la réalité sociale, donnent accès à des expériences diversifiées et surtout permettent la mise en place d'un support social. Dans cette perspective, l'insertion est appréhendée au travers d'activités permettant la mise en œuvre de relations sociales de diverses natures. C'est sous cet angle qu'elle sera traitée dans ce chapitre.

La classification en termes de fonctions latentes et manifestes présente une portée générale pour qualifier les liens entre les individus et leur environnement social. En effet, elle n'opère pas de distinction *a priori* entre des facteurs qui sont spécifiques à un emploi donné et ceux qui caractérisent un contexte plus large impliquant des dimensions extérieures à la vie professionnelle. En fait, les fonctions latentes suggèrent que le travail intègre des aspects provenant de sphères de non-travail. Ainsi, certains déterminants de l'activité de travail trouveraient leur source dans d'autres domaines de vie. De fait, Samuel (1986) a montré que la désaffection au travail semble motivée par l'attirance et/ou la valeur accordée aux loisirs. *A contrario*, Gadbois *et al.* (1984) ont mis en évidence les effets du travail sur d'autres sphères d'activités. Dès lors, le travail a non seulement des effets sur l'activité hors travail, mais encore celle-ci constitue un ensemble de déterminants agissant sur la réalisation de l'activité de travail.

L'objet de ce chapitre consiste précisément à étudier ce qui se passe dans le cas où la vie professionnelle serait arrêtée. Deux approches antagonistes ont été formulées. La première (hypothèse de la «déprivation») découle de la perspective proposée par Jahoda (1981). Elle suppose que, quelle que soit la qualité des activités déployées par les chômeurs, ces activités ne peuvent satisfaire les fonctions que l'emploi remplit habituellement. En effet, étant donné le fait que nous vivons dans un contexte où l'emploi, source principale de revenus, est considéré comme le mode d'intégration principal et où l'éthique du travail surpasse les autres valeurs, le vide laissé par la privation d'emploi risque de rester béant. Dès lors, la qualité de vie globale de la personne pourrait en être affectée.

La deuxième approche suppose, au contraire, que des phénomènes de compensation se développent. Selon une théorie appelée «théorie de l'action personnelle» (Fryer, 1986), l'individu est un agent actif, capable d'agir sur son environnement, même lorsqu'il est plongé dans une situation de chômage. Dans la mesure où il est proactif[1] et s'engage dans des activités qui structurent son temps, il peut atteindre un niveau d'ajustement personnel élevé. Dans la même perspective, la théorie «vitaminée» de Warr (1987) suggère que certaines formes d'activités peuvent, à la manière de vitamines, enrichir la santé mentale et la santé physique. Ces formes incluent la possibilité de contrôler son environnement, d'exercer ses compétences, de nouer des contacts interpersonnels diversifiés, de générer soi-même des buts et de considérer que son milieu physique est sécurisant.

Deux courants de recherche ont abordé la question des effets des activités en situation de chômage. Le premier a étudié leur impact sur la mobilité professionnelle. Pour réaliser cette approche, une conception multidimensionnelle des activités a été prise en compte. Elle a entraîné la mise en évidence de différentes modalités d'activités (ou sous-systèmes). Par exemple, Marquie & Curie (1993) en proposent quatre. La première modalité regroupe les activités qui sont considérées comme une aide pour l'atteinte des objectifs en matière de vie familiale (i.e. élever les enfants); la deuxième réalise la même démarche en lien avec la vie professionnelle (i.e. se former à une nouvelle technique, rechercher un emploi); la troisième prend en compte les objectifs liés à la vie sociale (i.e. être membre d'une association) et la dernière intègre les dimensions relatives à la vie personnelle (i.e. se soigner, s'adonner à un hobby).

Roques (Roques, 1995; Roques, Cascino & Curie, 1990; Roques & Gelpe, 1994) suppose que les réactions des chômeurs sont liées à la réorganisation de l'ensemble de ces modalités, c'est-à-dire aux échanges entre les différents sous-systèmes d'activités. Ceci revient à considérer que les fonctions impliquées dans l'activité même de travail sont indissociables de celles impliquées dans les autres domaines de vie.

Dans l'une de ses études, Roques (1995) a comparé des hommes dont les vitesses de sortie du chômage se sont avérées différentes. Dans le cadre d'une analyse longitudinale, elle a constitué *a posteriori* trois groupes d'après le temps mis pour trouver un emploi. Le premier groupe comprend les personnes qui ont repris un emploi après une durée maximale de sept mois. Le deuxième rassemble celles qui se retrouvent sur le marché du travail dans la tranche de temps comprise entre 8 et 12 mois. Quant au dernier, il est constitué de personnes qui, après 19 mois, n'ont toujours pas trouvé d'emploi.

Les variables habituellement prises en compte ne suffisent pas pour expliquer ces différentes vitesses de sortie : ni les caractéristiques sociologiques (comme l'âge, la catégorie socioprofessionnelle, le statut professionnel du conjoint, la récurrence du chômage ou l'enracinement dans une région), ni des démarches destinées directement à trouver un emploi (comme l'envoi de curriculum vitae...) ne permettent de contraster les trois groupes. Par exemple, si on a pu constater que si les personnes qui trouvent un emploi après sept mois venaient de déployer de nombreux comportements de recherche active, ce n'est pas le cas pour celles qui en trouvent après douze mois. Par contre, on constate une nette augmentation d'une vie sociale organisée juste avant la sortie du chômage, quelle que soit la durée de ce dernier. Les activités sociales d'ordre privé (jardinage, bricolage) suivent la même courbe, quoique de manière moins nette. D'une manière générale, pour le groupe dont la vitesse de sortie du chômage est la plus rapide se manifeste une synergie entre le domaine professionnel et le domaine social organisé. Pour les personnes qui restent au chômage pendant douze mois, les trois domaines (professionnel, social et privé) sont intercorrélés. Enfin, pour les personnes qui sont sans emploi après une période de 19 mois, les dimensions sont indépendantes les unes des autres.

La vitesse de sortie de chômage serait donc le fruit du fonctionnement du système des activités dans son ensemble. Le fait de trouver un emploi ne dépend pas exclusivement du fonctionnement d'un sous-système particulier (que celui-ci relève du domaine professionnel ou d'un des domaines extra-professionnels) mais dérive de la capacité du sujet à organiser l'interdépendance entre les différentes sphères. Dès lors, il apparaît que des échanges entre différentes sphères se réalisent, qui peuvent ralentir ou faciliter le retour au travail.

Le deuxième courant de recherche a analysé le rôle des activités sur la santé mentale, lorsqu'on est privé d'emploi. La quasi-totalité des études réalisées arrive à la même conclusion : la quantité d'activités déployées par les personnes privées d'emploi est positivement corrélée avec des variables telles que l'ajustement psychologique et la satisfaction générale liée à la vie (Hepworth, 1980; Swinburne, 1981; Banks & Ullah, 1988; Underlid, 1996). De plus, le type d'activités semble jouer un rôle important : la santé mentale est d'autant meilleure que l'activité dans laquelle s'investit le chômeur est variée, structurée et porteuse de sens (Halford & Learner, 1984; Feather & Bond, 1983; Roberts et al., 1989). Seule la recherche de O'Brien et al. (1994), portant sur des jeunes âgés d'une vingtaine d'années, ne conduit pas aux même résultats. Comparant des chômeurs qui déploient des activités de qualité soit faible, soit élevée, ces auteurs ne relèvent aucune différence entre les deux groupes. Il est à noter que la mise en œuvre de la variable « activité » a ignoré des dimensions liées à l'identité ou aux buts qu'on se fixe.

L'ensemble des travaux qui viennent d'être présentés contribue au rejet de l'hypothèse de la « déprivation » (Jahoda, 1981) et, au contraire, apporte des éléments supportant la théorie de « l'action personnelle » (Fryer, 1986). Cependant, les résultats ont aussi mis en évidence le fait que les effets structurants des activités non professionnelles ne présentent aucun caractère d'automaticité et pourraient dépendre de l'effet modérateur d'autres variables. Parmi celles-ci, il semble que le sentiment d'appartenance à un groupe puisse jouer un rôle majeur du point de vue de l'ajustement psychologique des individus.

En effet, d'après la théorie de l'identité sociale (Tajfel, 1981), les individus ont besoin d'une identité personnelle et sociale positive. Comment y arriver si ce n'est en appartenant à des groupes (ou catégories) socialement valorisés ? Mais pour savoir si on appartient à de tels groupes, il importe de se comparer à d'autres. Pour les chômeurs, c'est là que le bât blesse. Ils risquent de réaliser une comparaison avec d'autres personnes ou avec d'autres groupes (i.e. l'ensemble des travailleurs) qui se résout à leur détriment. Dans ce cas, ils développeront une identité sociale et une estime de soi négatives.

Des résultats exposés ailleurs (Herman & van Ypersele, 1998 ; Herman, 1999) indiquent que les personnes sans emploi ne réfutent pas leur statut de chômeur. Au contraire, elles se vivent, en grande partie, comme appartenant à un tel groupe, avec lequel elles se reconnaissent une certaine proximité sociale et une communauté de vue (dimension cognitive). De plus, il apparaît clairement qu'elles n'apprécient pas cette situation (dimension affective), pas plus qu'elles ne voient d'intérêt à ce statut, ni qu'elles perçoivent des avantages en tant que tels (dimension évaluative). Dès lors, l'identité sociale que se forgent les personnes privées d'emploi est, sans conteste, jugée de manière négative. Cependant, si ces personnes s'investissent dans des activités sociales qui leur procurent une image positive d'elles-mêmes et/ou de leur groupe, l'identité négative de la catégorie chômeur pourrait se révéler sans effet notable sur la santé mentale.

Ce raisonnement implique que, pour évaluer les effets de l'insertion de personnes privées d'emploi, ce n'est pas tant le fait de développer des activités nombreuses qui importe mais le fait que celles-ci prennent place à l'intérieur de structures sociales susceptibles de fournir une identité sociale positive. Dès lors, on pourra s'attendre à ce qu'une série d'indicateurs relatifs à la santé mentale, voire à la mobilité professionnelle, s'en trouvent améliorés. Concrètement, on peut formuler l'hypothèse selon laquelle plus les chômeurs sont impliqués dans des groupes valorisés par eux-mêmes ou par leur entourage, moins ils seront dépressifs ou apathiques et plus ils seront actifs, notamment dans des démarches de recherche d'emploi.

2. CONTEXTE DE LA RECHERCHE

a) Participants à l'étude

Plus de 300 personnes privées d'emploi (habitant deux localités du Hainaut fortement touchées par la crise économique) ont participé à la recherche[2]. Elles ont accepté de répondre à un questionnaire articulant les différents aspects exposés précédemment. Ce chiffre équivaut au cinquième des chômeurs vivant dans les deux localités circonscrites pour l'étude. L'échantillon constitué est largement le reflet de l'ensemble de la population des demandeurs d'emploi inoccupés dans la mesure où les variables «durée de chômage» et «sexe» correspondent à leur répartition dans les populations-mère. En ce qui concerne l'âge, la proportion des jeunes excède de quelque 10 % celle établie pour l'ensemble des chômeurs des deux entités envisagées. Cette surreprésentation des jeunes est liée au plan d'échantillonnage et se répercute sur des variables concomitantes. Il s'ensuit, de par la présence de ces nombreux jeunes, que la proportion de personnes étrangères est sous-représentée de quelque 15 % et que le niveau d'instruction se voit déplacé à la hausse dans la même proportion.

b) Plan d'échantillonnage

Afin d'investiguer le rôle des activités, quatre formes parmi celles-ci ont été élaborées *a priori*. Elles impliquent des relations sociales de nature différente et ont été construites à partir d'un double critère : d'une part, le budget-temps qui est consacré hebdomadairement à ces activités et, d'autre part, l'importance que la personne y accorde. La première forme (A) regroupe les activités organisées telles qu'on les connaît dans la vie associative et porte sur des matières culturelles (par exemple, la fanfare locale), sportive (club de football ou de danse) ou sociale (comité syndical, association de parents d'élèves). La deuxième (B) se rapporte aux activités qui sont liées directement ou indirectement à la vie professionnelle ; il s'agit de formation professionnelle, de «travail au noir» ou de travail partiel et précaire réalisé exclusivement sous un statut de chômeur. La troisième forme (C) rassemble les activités sociales privées telles que la vie familiale, les relations amicales, les contacts de voisinage. Enfin, la dernière (D) se caractérise par un faible niveau d'investissement relationnel dans quelque domaine que ce soit; elle est effective lorsque les trois autres formes d'activités sociales sont quasi-inexistantes[3]. Les deux premières formes regroupent des activités menées dans des cadres relativement structurés où le sentiment d'appartenance à un groupe peut aisément prendre place tandis que la troisième ne comprend que les occupations qui s'exercent dans les limites des relations privées. Quant à la dernière forme, il s'agit plutôt d'activité sociale réduite, voire de quasi-isolement.

Une répartition équivalente des personnes entre ces quatre formes avait été prévue. Toutefois, *a posteriori*, c'est un principe d'exclusivité mutuelle qui a été privilégié. Dès lors, les formes ont été constituées de manière telle que, dans la mesure du possible, les individus puissent clairement être répartis dans l'une ou l'autre. Cette procédure entraîna la nécessité d'opérer un choix lorsqu'un individu se trouvait à cheval sur plusieurs formes. A peu près 20 % des personnes se trouvèrent dans ce cas. Voici les critères qui ont été appliqués :

– lorsqu'une personne pratique des activités liées à la vie professionnelle (forme B) mais qu'elle développe aussi une vie sociale privée remplie (forme C), c'est la forme B qui est privilégiée ;

– lorsqu'une personne s'investit dans une association (forme A) mais qu'elle mène simultanément une vie sociale privée de manière active (forme C), c'est la forme A qui est sélectionnée ;

– lorsqu'il y a cumul entre les formes A et B, priorité est donnée à l'activité qui témoigne de l'investissement supérieur.

Le résultat de la répartition dans les quatre formes figure dans le tableau 1.

Tableau 1 — Répartition (pourcentage et fréquence) de l'échantillon en fonction des formes d'activités.

Formes d'activités	Pourcentage	Fréquence
A. Activités associatives	20,9 %	(64)
B. Activités liées à la vie professionnelle	18,3 %	(56)
C. Activités sociales privées	31,7 %	(97)
D. Réseau social réduit	29,1 %	(89)

Il est à noter que cette répartition ne correspond pas à celle qu'on trouve au sein de la population globale des chômeurs. Ceci n'a rien d'étonnant puisque nous souhaitions disposer, non pas d'un échantillon représentatif de personnes mais bien d'un échantillon des différentes formes d'activités pratiquées par les chômeurs. En procédant de cette manière, on dispose donc de différentes formes d'insertion qui prennent place dans la vie de personnes privées d'emploi.

3. SANTÉ MENTALE ET MOBILITÉ PROFESSIONNELLE

Il avait été suggéré qu'une activité sociale prenant place dans une structure susceptible de fournir un sentiment d'appartenance positif est liée à certains aspects relatifs à la santé mentale et à la mobilité professionnelle. En particulier, on avait supposé que plus les chômeurs seraient impliqués dans des groupes valorisés par eux-mêmes ou par leur entourage, meilleure serait leur santé mentale et plus consistantes et déterminées seraient leurs attitudes vis-à-vis du travail.

a) Santé mentale

Pour examiner les liens qui se tissent entre le type d'activités et la santé mentale, deux phénomènes ont été pris en considération. Le premier concerne la dépression, le second l'apathie.

1. Dépression

C'est au travers d'un questionnaire de la dépression, étalonné en Belgique francophone (Grégoire & de Leval, 1994) que les analyses ont été réalisées. D'une manière générale, les résultats indiquent que, conformément à d'autres études (i.e. Verhaegen *et al.*, 1994), les chômeurs sont plus dépressifs que les travailleurs. Cependant, lorsqu'on fait intervenir le type d'activités dans lesquelles les chômeurs sont impliqués, on constate que les personnes faisant partie des formes A, B ou C présentent un niveau de dépression équivalent à celui d'une population tout venant alors que celles qui sont inactives socialement (forme D) sont significativement plus déprimées que les autres (tableau 2).

Tableau 2 — Scores de dépression en fonction des formes d'activités (min. = 0 ; max. = 34). Seules les valeurs annotées d'une lettre minuscule différente sont significativement différentes les unes des autres.

Formes d'activités	Dépression
A. Activités associatives	3,8 (a)
B. Activités liées à la vie professionnelle	4,5 (a)
C. Activités sociales privées	4,6 (a)
D. Réseau social réduit	7,8 (b)

De plus, ces dernières atteignent des scores qui les classent dans ce qu'on appelle sur le plan clinique une dépression avérée quoique mineure. Par ailleurs, même si la signification n'atteint pas un niveau suffisant, on constate une tendance qui privilégie les investissements dans des activités associatives (forme A) par rapport à ceux des formes B et C.

Mais quels éléments propres aux activités pourraient se révéler centraux du point de vue de la santé mentale ? L'enquête montre que plus les chômeurs considèrent que l'activité qu'ils pratiquent au sein d'un groupe est valorisée par eux-mêmes et surtout par leur entourage, moins ils sont dépressifs. Ceci confirme le rôle que joue la reconnaissance des appartenances sociales dans le cadre du chômage.

2. Apathie

Le type d'activités développé par les chômeurs est-il lié à l'apathie ? Ce concept a été approché, d'une manière inverse, au travers d'une échelle de «Locus of Control institutionnel» (LOC) qui évalue le sentiment de pouvoir agir sur son environnement (Vala, 1993). Il tend aussi à apprécier le pouvoir théorique d'action que se reconnaissent les individus à l'égard d'organismes publics de proximité (tels que la commune, le centre public d'aide social...) ou plus éloignés (tels que le gouvernement régional ou fédéral).

Les résultats présentent la même allure que ceux qu'on a obtenus pour la dépression. C'est entre la forme qui maximalise les activités associatives et celle où l'isolement est le plus fort que les différences sont statistiquement marquées (tableau 3) : les membres de la forme A se reconnaissent donc un pouvoir d'action sur leur environnement bien supérieur à celui des membres de la forme D. Les autres formes ne se distinguent pas statistiquement entre elles bien que la tendance soit similaire à celle que l'on a observée plus haut.

Tableau 3 — «Locus of control institutionnel» en fonction des formes d'activités (plus la valeur est élevée, moins les individus sont apathiques; seules les valeurs annotées d'une lettre minuscule différente sont significativement différentes les unes des autres).

Formes d'activités	LOC
A. Activités associatives	15,0 (a)
B. Activités liées à la vie professionnelle	14,3 (a)
C. Activités sociales privées	13,8 (a)
D. Réseau social réduit	13,4 (b)

b) Mobilité professionnelle

Le type d'activités dans lesquelles les chômeurs sont impliqués est-il associé à des perspectives de (ré)insertion professionnelle? Celles-ci ont été approchées de trois manières différentes. La première porte sur l'importance attribuée au travail; la deuxième concerne la perception que développe un chômeur à propos de ses chances de trouver un emploi et la dernière inventorie ses différentes démarches relatives à l'insertion professionnelle.

1. Importance accordée à la valeur «travail»

L'importance que prend la vie professionnelle dans les représentations des chômeurs a été évaluée au travers d'une échelle validée de Rawley & Feather (1987). Tous les résultats convergent vers l'idée que le travail est et reste une valeur éminemment centrale de la vie de ces personnes. Tellement centrale que les réponses atteignent, en moyenne, des niveaux proches du maximum. Par ailleurs, lorsqu'on met en rapport le type d'activités et l'importance attribuée à la «valeur travail», une seule différence fait jour : les personnes impliquées dans des activités liées à la vie professionnelle (en particulier, les formations) manifestent un intérêt supérieur au travail que ceux qui évoluent dans un univers caractérisé avant tout par des activités sociales non structurées (contacts privés). Les autres types d'activités ne fournissent pas de différences. Ceci est peut-être dû à un effet «plafond» de la variable.

2. Perméabilité des frontières

Si le travail constitue une valeur centrale, relève-t-il pour autant de l'ordre du possible, de l'accessible? Les chômeurs estiment-ils pouvoir quitter, sans trop grande peine, le statut de sans emploi pour rejoindre celui de travailleur (autrement dit, la «perméabilité des frontières»)? De plus, cette perception est-elle favorisée par certains types d'activités? Si, à court ou à moyen terme, les gens sont assez sceptiques quant à leurs chances d'obtenir un emploi, le type d'insertion va moduler ce résultat. De fait, alors que l'accès à l'emploi semble éloigné pour les personnes isolées, il est beaucoup plus aisé pour les groupes s'impliquant dans des activités structurées, que celles-ci relèvent de la vie associative ou d'occupations liées à la vie professionnelle (tableau 4).

Tableau 4 — Perméabilité des frontières (min. = 2; max. = 10) en fonction des formes d'activités (seules les valeurs annotées d'une lettre minuscule différente sont significativement différentes les unes des autres).

Formes d'activités	Perméabilité des frontières
A. Activités associatives	7,1 (a)
B. Activités liées à la vie professionnelle	6,4 (ab)
C. Activités sociales privées	6,0 (bc)
D. Réseau social réduit	5,3 (c)

3. Démarches de recherche d'emploi

De tels résultats vont-ils se traduire dans des conduites effectives ? En d'autres termes, on devrait s'attendre à ce que les personnes qui sont impliquées dans des activités organisées (groupes A et B) annoncent effectuer davantage de démarches de recherche d'emploi que les autres groupes. On a ainsi comptabilisé les tentatives dites faciles (i.e. je dis à mes connaissances que je cherche de l'emploi ; je consulte les offres d'emploi) et les tentatives dites difficiles (i.e. je me présente directement aux employeurs ; je me suis inscrit(e) dans une agence d'intérim). Les résultats présentent la même allure que ceux relatifs à la perméabilité des frontières (tableau 5). Les démarches de recherche d'emploi sont plus diversifiées pour les personnes impliquées dans une activité associative que pour celles qui vivent au sein d'un réseau social réduit.

Tableau 5 — Recherche d'emploi (nombre de démarches différentes) en fonction des formes d'activités (seules les valeurs annotées d'une lettre minuscule différente sont significativement différentes les unes des autres).

Formes d'activités	Recherche d'emploi
A. Activités associatives	3,8 (a)
B. Activités liées à la vie professionnelle	3,7 (ab)
C. Activités sociales privées	3,1 (bc)
D. Réseau social réduit	2,8 (c)

c) Place des caractéristiques sociales et individuelles

L'ensemble de résultats relatifs à la santé mentale et à la mobilité professionnelle tend vers la construction d'une image cohérente. Les chômeurs impliqués dans des activités prenant place dans un cadre relativement organisé présentent davantage d'indices positifs que ceux qui vivent en isolement social et, dans une moindre mesure, que ceux qui évoluent dans la seule sphère des relations sociales primaires (famille, amis, voisins).

Cependant, on peut se demander dans quelle mesure certaines médiateurs ne sont pas prépondérants par rapport aux dimensions relatives à la santé mentale ou à la mobilité professionnelle. Autrement dit, certaines caractéristiques sociales et individuelles des personnes privées d'emploi ne suffiraient-elles à expliquer l'entièreté des résultats obtenus ? En particulier, nous nous sommes penchés sur les variables suivantes : le sexe, le nombre d'enfants, l'âge, le niveau d'instruction, le niveau de revenu et la durée du chômage. Il est à noter que les résultats détaillés, en ce compris les niveaux de signification, ont été publiés ailleurs (Herman & van Ypersele, 1998). Ils indiquent que chacune de ces caractéristiques interviennent sur la santé mentale ou la mobilité professionnelle, avec néanmoins des pondérations variables.

Dès lors, nous sommes en présence de deux ensembles de variables qui expliquent conjointement la santé mentale et la mobilité professionnelle : d'une part, certaines caractéristiques sociales et individuelles et, d'autre part, la forme de l'insertion. Jouent-elles de manière équivalente ou bien les unes prennent-elles le pas les autres ?

Cette question a été systématiquement traitée et, à aucun moment, ni la santé mentale, ni la mobilité professionnelle ne pouvaient se résumer à l'effet de caractéristiques sociodémographiques telles que le niveau d'instruction, le sexe, le nombre d'enfants, le niveau de revenu ou la durée du chômage lorsque l'on analysait les différents types d'activités des chômeurs. De plus, aucune des interactions ne fut significative. Dès lors, sans qu'on puisse en inférer, à partir de ces résultats, des conclusions quant à la nature de la relation s'instituant entre les différents types de variables, on peut toutefois affirmer que l'un n'est pas réductible à l'autre et que tous deux sont en lien étroit avec la santé mentale ou la mobilité professionnelle. La figure 1 propose une représentation schématique de l'ensemble des résultats recueillis.

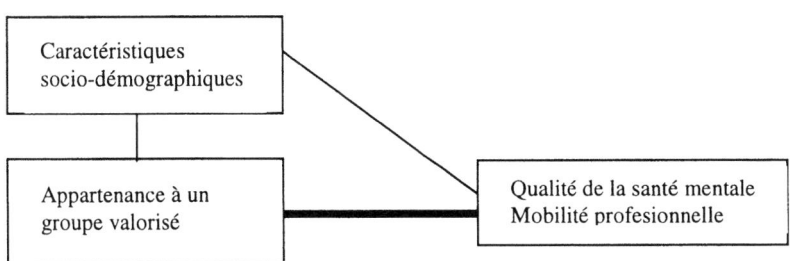

Figure 1 — Représentation schématique des résultats obtenus (l'épaisseur de la ligne indique la force de la liaison entre les variables).

CONCLUSION

Les formes d'activités sociales que connaît un chômeur sont-elles liées à des dimensions telles que sa santé mentale ou sa mobilité professionnelle ? En particulier, les personnes qui évoluent dans des groupes organisés, susceptibles de leur fournir une identité sociale en retirent-elles plus de bénéfices sur le plan personnel et social que celles qui ne connaissent qu'une insertion de type informel, voire qui vivent de manière isolée ? Voici les questions auxquelles le présent chapitre se devait de répondre.

Tant les conclusions auxquelles la revue de la littérature a conduit que les résultats qui sont issus de la recherche présentée ici vont dans le sens des hypothèses proposées. Bien que toutes les différences observées dans ce dernier cas ne soient pas systématiquement significatives, les diverses formes de l'insertion qui avaient été conçues *a priori* semblent correspondre à une certaine logique, voire à une hiérarchie se présentant de manière relativement linéaire. Tout se passe comme s'il y avait des formes plus avantageuses et d'autres moins favorables.

Ainsi, les formes qui en appellent à une vie sociale organisée coïncident avec un niveau de santé mentale, un sentiment de contrôle sur son environnement, une volonté de mobilité professionnelle supérieurs à ceux qui prévalent dans des situations qui sont caractérisées par un isolement ou qui, bien que dans des proportions plus faibles, se limitent à la sphère privée informelle. Ces résultats indiquent aussi qu'il n'est nullement nécessaire de fréquenter un lieu de formation professionnelle pour multiplier les démarches de recherche d'emploi ou pour développer des représentations qui accordent une valeur centrale au travail et pronostiquent un accès à l'emploi dans un futur proche; la vie associative peut remplir ce rôle puisqu'elle aboutit aux même effets.

Toutefois, une question émerge. Ces résultats ne sont-ils pas biaisés par l'effet de caractéristiques sociales et individuelles des chômeurs telles que le sexe, le nombre d'enfants, l'âge, le niveau d'instruction, le niveau de revenu et la durée du chômage? La prise en compte de ces variables dans les analyses statistiques n'a en rien modifié ces observations. Le rôle joué par l'appartenance à un groupe valorisé dans la prédiction de la qualité de la santé mentale et de la mobilité professionnelle est plus puissant que la place qu'occupent les caractéristiques sociales et individuelles.

Dès lors, globalement, deux univers semblent se dégager de l'ensemble des résultats. Le premier serait constitué des activités impliquant des groupes plus ou moins organisés; le second rassemblerait les activités propres à la sphère privée, ménageant surtout peu de contacts sociaux. Il est tentant, devant la cohérence de l'image qui se dégage des résultats, de conclure en affirmant que les activités qui se réalisent au sein de groupes organisés améliorent la santé mentale des chômeurs et facilitent à terme leur insertion professionnelle. Toutefois, ni l'étude dont il vient d'être rendu compte, ni les autres recherches citées dans ce document ne permettent d'affirmer l'existence d'un lien causal. En effet, les relations étant de nature uniquement corrélative, on peut, par exemple, imaginer une causalité inverse suggérant le fait que ce sont les personnes sereines et dynamiques qui fréquentent le plus les lieux organisés et celles qui sont déprimées et passives qui limitent leurs relations sociales à une portion congrue. Néanmoins, une série d'études, réalisées dans le cadre de la théorie de l'identité sociale, accréditent largement l'idée d'une relation causale, stipulant qu'appartenir à un groupe fournissant une identité sociale positive améliore la santé mentale (Bat-Chava, 1994) et favorise une mobilité individuelle (Jackson *et al.*, 1996). En particulier, faire partie d'un groupe présenté comme positif entraîne un sentiment de compétence mieux établi et une estime de soi plus positive que lorsque l'on appartient à un groupe négatif ou neutre.

Les conclusions auxquelles ce chapitre conduit peuvent être mises en rapport avec les politiques de lutte contre le chômage. En Belgique, la réglementation stipule que pour percevoir des indemnités, les chômeurs se doivent, avant tout, de déployer des démarches actives en matière de recherche d'emploi et de rester entièrement disponible sur le marché de l'emploi.

Or, dans une situation économique où, dans certaines régions, le nombre d'emplois disponibles, en tout cas pour les personnes peu qualifiées, est insuffisant, on peut se demander s'il n'est pas pertinent de faciliter un investissement au sein d'associations quelle qu'en soit leur nature. En effet, l'étude qui vient d'être exposée a mis en évidence le fait qu'un tel investissement est associé à plusieurs aspects positifs. Quels sont-ils ?

En premier lieu, on a vu que les chômeurs qui se sont investis dans une association ont une santé mentale de meilleure qualité que les autres et trouvent plus de sens à leur existence. Nous pourrions suggérer que ceci se réalise grâce au fait que, de par leur appartenance à un groupe socialement valorisé, leur estime de soi s'accroît.

En deuxième lieu, de par les contacts sociaux qu'elle permet, la vie associative maintient un lien avec le monde du travail et rend concrètes ses normes et ses exigences. De plus, c'est au sein d'associations que les chômeurs ont le plus souvent l'occasion de côtoyer des personnes au travail et donc de développer des relations susceptibles de fournir, même indirectement, des occasions d'emploi. C'est aussi grâce à de tels liens que, tant sur le plan symbolique que concret, la société ne se trouve pas coupée en deux et les rapports entre les travailleurs avec et sans emploi ne sont pas étanches.

Par ailleurs, l'activité au sein d'une association permet probablement d'utiliser et de maintenir une série d'aptitudes acquises antérieurement. Par exemple, elle impose un rythme, elle exige des capacités d'organisation, elle mobilise des habilités, toutes compétences partiellement similaires à celles qui sont exigées par la vie professionnelle. Enfin, l'engagement au sein d'une association permet à la personne privée d'emploi de faire l'expérience d'être acteur au sein de son environnement social.

Par conséquent, l'investissement dans la sphère associative permet de réduire les coûts qualitatifs et quantitatifs de la dégradation sociale. Le bilan est largement positif. De plus, on peut supposer que ce type d'insertion au sein du monde associatif agit sur le court et sur le long terme. A court terme, la personne s'implique dans un projet et développe un sentiment de réalisation d'elle-même. A long terme, elle reste mobilisée et en activité, elle a l'occasion de maintenir ses acquis et développe une vision plus positive du monde. Tout ceci est susceptible de favoriser un retour plus aisé vers l'emploi si la situation économique venait à s'améliorer.

Dans la législation belge actuelle en matière de chômage, certaines réglementations autorisent déjà le chômeur, moyennant certaines conditions, à effectuer une activité bénévole et gratuite pour le compte d'un tiers (un particulier, un service public, un organisme d'intérêt public) tout en conservant ses indemnités. Si certaines de ces conditions sont de nature purement administrative (comme le fait de disposer d'une déclaration préalable et écrite au Bureau du chômage et de l'accord de son directeur), d'autres limitent réellement l'usage d'un tel droit. En effet, d'après cette réglementation, la disponibilité du chômeur sur le marché de l'emploi ne peut être sensiblement diminuée. Ceci se traduit d'ailleurs dans les faits puisqu'on ne relève qu'un nombre très faible de chômeurs impliqués dans des activités associatives. A partir d'une banque de données basée sur un échantillon représentatif des individus habitant en Belgique[4], Burnay (1999) a extrait les personnes s'investissant dans des activités structurées. Elle a comparé les chômeurs de plus de 40 ans aux travailleurs du même âge et a constaté que, dans tous les cas de figure envisagés (associations culturelles, sportives, humanitaires, sociales, récréatives, paroissiales, écologiques...), les chômeurs sont systématiquement moins présents que les travailleurs : les chiffres passent quasiment du simple au double. Ces résultats se maintiennent lorsqu'on prend en compte la participation au seul travail bénévole : le taux d'accroissement des travailleurs par rapport aux chômeurs avoisine 50 %.

Ne faudrait-il pas, dès lors, rendre plus aisément accessibles, voire légales, certaines formes alternatives de l'insertion ? Diverses pistes sont actuellement en cours d'élaboration. Par exemple, Boisonnat (1995) a conçu un projet permettant à chacun d'accéder à un ensemble varié d'activités, marchandes et non marchandes, collectives et privées, productives et non productives, de formation et de loisir... Ce projet prendrait la forme d'un contrat d'activité impliquant «... des droits et des obligations pour chacun des contractants. Il aurait un horizon temporel assez long (de l'ordre de cinq ans) couvrant des périodes de travail productif en entreprises, de travail en formation et de congés d'utilité sociale (par exemple familiale). Pendant ces différentes périodes, les garanties sociales seraient conservées à l'actif, bien que son mode de rémunération puisse varier sensiblement. Le contrat serait conclu entre l'actif et un collectif comportant un réseau d'entreprises librement constitué et d'autres acteurs publics ou privés (chambres de commerce, collectivités locales, écoles, associations diverses)» (p. 30). Bouchat & Defeyt (1999) développent une idée sensiblement similaire mais intégrant davantage des activités culturelles, sociales, personnelles. De plus, ils soulignent qu'une telle démarche ne peut être obligatoire mais qu'elle doit être décidée librement et accessible à chacun. Dans le cas inverse, elle constituerait, pour les chômeurs, un piège culturel et une source de stigmatisation supplémentaire susceptible d'entraîner des effets pervers.

Malgré la pénurie d'emploi (Jaminon & Herman, 1998), il existe donc, pour les personnes privées d'emploi, de réelles possibilités d'insertion pour peu que l'on confère à ce terme une signification multidimensionnelle et qu'on ne la réserve pas à une portion marginalisée de la population. Bien sûr, ces propositions nécessitent de plus amples analyses afin de rendre possible leur mise en application, en particulier sur le plan financier. Mais, dans ce projet, c'est toute la société qui est impliquée, pas seulement les personnes en rupture d'emploi et les dispositifs d'insertion socioprofessionnelle qui gravitent autour d'elles. Aussi, ce qu'il importe de développer, ce sont des mécanismes de collaboration et de solidarité entre actifs et non actifs au bout desquels on pourrait voir fleurir des activités et des emplois, résultats d'un partage du temps de travail entre tous.

NOTES

[1] La proactivité caractérise les conduites qui impliquent des prises d'initiatives plutôt que des réactions passives face à des changements imposés par l'environnement.
[2] Afin de garantir, au-delà d'un intérêt conceptuel, une réelle pertinence sociale, un partenariat avec un organisme travaillant sur le terrain de l'insertion socioprofessionnelle a été mis en place. Il s'agit de la MIREC (Mission Régionale pour l'Insertion et l'Emploi à Charleroi) qui a contribué, en particulier, à la mise en œuvre des objectifs de l'étude, à la critique des conclusions et à l'exploitation des résultats sur le terrain.
[3] C'est le cas lorsque l'investissement total dans les formes d'activités sociales A, B ou C est inférieur à une durée hebdomadaire de trois heures.
[4] Panel Study on Belgian Households (PSBH) : «Programme d'impulsion de recherche en sciences sociales» du Ministère belge de la Politique Scientifique, Université de Liège, données de l'année 1992.

Chapitre 8
Le sentiment d'efficacité personnelle, une composante de l'insertion ?

Donatienne Desmette

Des recherches récentes soulignent l'importance de l'image de soi dans l'apprentissage, et ce particulièrement chez les adultes. Les dispositifs de formation et d'insertion sociale et professionnelle d'adultes sans emploi constituent à cet égard autant de situations où s'impose avec force la nécessité d'inclure, dans les pratiques formatives, les dimensions d'identité personnelle et sociale. En effet, tant les praticiens que les chercheurs s'accordent pour assimiler le chômage à une révision à la baisse de l'image de soi. Or, dans certains contextes, une identité sociale et personnelle négative peut induire des mécanismes dysfonctionnels majeurs qui vont entraver le processus d'apprentissage.

Les lignes qui suivent s'articulent autour des résultats d'une étude menée avec des adultes en formation, la plupart étant chômeurs de longue durée. Notre analyse privilégie, parmi les différentes dimensions possibles de l'identité personnelle, celle du sentiment d'efficacité personnelle, et ce afin de mettre à l'épreuve l'hypothèse selon laquelle le déficit de confiance accusé par certains chômeurs peut, partiellement au moins, être explicatif de l'échec relatif du processus d'insertion dans lequel ils se sont engagés.

1. L'INDIVIDU AU CENTRE DE LA FORMATION

Le chômage est un phénomène sélectif : accède en effet au travail l'individu qui offre les qualités requises, notamment en terme de qualification. Inversement, pour celui qui est dépourvu des caractéristiques désirables, le risque est grand de se retrouver exclu du marché du travail. Dès lors, pour réduire les risques d'un chômage de longue durée, les personnes privées d'emploi sont incitées à suivre des formations sociales et professionnelles afin d'acquérir ou de réactualiser certaines compétences à faire valoir. Cette démarche peut, certes, se révéler fructueuse pour certains, en termes d'accès à l'emploi. Elle pose néanmoins question à un niveau plus global. En effet, la formation socioprofessionnelle elle-même participe, dans une certaine mesure, au processus de sélection : à l'entrée, le chômeur est orienté dans le Parcours d'Insertion[1] en fonction de son degré d'employabilité, et à la sortie, les bénéfices, sur le plan de l'accès à l'emploi, ne sont pas assurés pour tous, seul un nombre restreint d'individus tirant effectivement un bénéfice direct de la formation (*cf.* Vanderlinden, 1999).

Cette relative inefficacité des formations, en terme d'insertion professionnelle, a de multiples implications, que ce soit sur le plan économique, politique ou social; nous nous contenterons d'en aborder deux. Tout d'abord, on peut mettre en avant les conséquences, pour les chômeurs en formation, de la non-réponse à leurs aspirations; on sait en effet que pour une grande majorité de ceux-ci, la formation a un intérêt dans la seule mesure où elle constitue une transition vers l'emploi (*cf.* l'article de Jaminon & van Ypersele dans ce même ouvrage; Stankiewicz, Foudi & Trelcat, 1993). Dès lors, il convient non seulement de susciter et de maintenir l'investissement de la personne dans une formation qui n'atteint pas forcément les objectifs visés mais également d'éviter les effets négatifs, notamment en termes de santé mentale, liés à l'échec que constitue le retour au chômage.

La deuxième critique que l'on peut adresser à une conception unidimensionnelle de la formation, qui se positionnerait donc uniquement par rapport à l'emploi, est qu'elle ne prend pas en compte la complexité du processus d'insertion. Celui-ci implique en réalité de nombreuses sphères, professionnelles bien sûr, mais également sociales et privées; une évaluation réaliste de l'utilité des formations se doit donc d'être multicritère. Stankiewicz (1995), parmi d'autres, plaide pour cette approche, en proposant d'ajouter aux critères objectifs directement reliés à l'employabilité de la personne (comme l'augmentation de sa qualification), des critères subjectifs. Il souligne à ce titre l'importance de la «redynamisation» du chômeur, à savoir la stimulation des comportements et attitudes visant l'insertion professionnelle (*cf.* également Stankiewicz *et al.*, 1993). La piste ainsi dégagée est intéressante mais doit toutefois être considérée avec prudence. En effet, outre le fait que l'on peut mettre en cause l'idée d'un chômeur apathique qui deviendrait dynamique grâce à la formation, on peut opposer trois objections à l'inclusion de la «redynamisation» dans les critères d'efficacité des formations.

En premier lieu, l'analyse proposée consiste en une évaluation multidimensionnelle non pas des bénéfices de la formation pour le stagiaire mais bien de l'employabilité de celui-ci, l'évaluation des acquis s'élargissant, outre la mesure des savoirs et savoirs-faire, à la dimension du savoir-être. Le critère d'évaluation de l'utilité des formations, en terme d'insertion, reste quant à lui inchangé et concerne toujours exclusivement l'accès à l'emploi.

Ensuite, on peut mettre en cause le concept même de redynamisation. En effet, faisant référence aux comportements et attitudes des individus, ce concept renvoie à la notion de compétences transversales. Or, on est loin d'être arrivé à un consensus sur ce que recouvre le concept de compétence (*cf.* Jolis, 1997), et encore moins de compétences transversales (e.g. Rey, 1996), ces dernières renvoyant à un ensemble d'aptitudes globales, essentiellement de nature sociale et relationnelle, qui favoriseraient la mise en œuvre des compétences de type formel et procédural (Boileau, 1999). On comprendra dès lors que l'évaluation de telles compétences, globales et non techniques, est difficile et sujette à caution (quels critères, quels outils de mesure?).

La troisième critique concerne l'agent de l'évaluation. Dans le cas des formations, celui qui évalue est le formateur, selon les critères du dispositif; il s'agit donc d'une évaluation externe, qui échappe au stagiaire. Or, la compétence peut être définie comme le produit intégré de deux mécanismes en interaction, qui sont, d'une part, le processus d'assimilation de la réalité externe et, d'autre part, le processus de construction de la connaissance sur soi (Boeckaerts, 1991). Le sujet est donc partie prenante de la compétence et ne pas l'inclure dans le processus évaluatif reviendrait à réduire la compétence à un simple ajustement à l'environnement. C'est comme si, pour évaluer la capacité d'une personne à accomplir une tâche donnée, on tenait compte uniquement des caractéristiques de la tâche. Or, on sait que les variables identitaires, et particulièrement les croyances d'autoefficacité, jouent un rôle central dans les capacités d'adaptation et d'action de la personne (Baltes & Baltes, 1986; Bandura, 1995; Jerusalem & Mittage, 1995).

C'est précisément la question du rôle des variables identitaires que nous nous proposons de développer ici ; plus précisément, nous allons nous intéresser à une composante de l'identité personnelle, à savoir le sentiment d'efficacité personnelle.

2. LE SENTIMENT D'EFFICACITÉ PERSONNELLE : UN VECTEUR POTENTIEL DE DÉVELOPPEMENT

D'un point de vue théorique, les croyances d'autoefficacité ou sentiment d'efficacité personnelle, du terme «Self-Efficacy» (Bandura, 1977), sont le produit d'un processus autoévaluatif portant sur les compétences personnelles, dans un contexte précis. Il s'agit d'un jugement effectué *a priori* sur «ce que l'on croit pouvoir faire avec les capacités que l'on a», et non de la mesure des aptitudes elles-mêmes (Bandura, 1986; Saks, 1995).

Nombreuses sont les recherches qui s'accordent pour souligner les effets néfastes de la perte d'emploi et du chômage sur la santé mentale et/ou l'estime de soi des individus qui subissent ces situations (Jahoda, 1982; Kessler, Turner & House, 1989; Shamir, 1986; Warr, 1987; Warr & Jackson, 1985). Certains travaux, plus récents, font état de résultats similaires pour le sentiment d'efficacité personnelle (Caplan, Vinokur, Price & van Ryn, 1989; Eden & Aviram, 1992, 1993). Cette altération du sentiment d'efficacité personnelle des chômeurs n'est pas sans incidence sur leurs possibilités d'insertion. En effet, les croyances d'inefficacité induisent des comportements d'évitement des situations perçues comme menaçantes et susceptibles de conduire à l'échec (Seeman, Rodin & Albert, 1993). Dès lors, les occasions de progrès se réduisent, le sentiment d'incompétence se renforce et, *in fine*, les chômeurs chroniques perdent tout espoir dans leur capacité à (re)trouver un travail (Eden & Aviram, 1993).

Dans le cadre de nos recherches, le sentiment d'efficacité personnelle s'est imposé comme mesure des représentations de soi des chômeurs, en lieu et place de la variable d'estime de soi (Rosenberg, 1969), plus largement répandue. En effet, en raison de son caractère d'évaluation factuelle, strictement dirigée vers un domaine de compétence ou une tâche en particulier, le sentiment d'efficacité personnelle semblait être un meilleur indicateur dispositionnel et un meilleur prédicteur du comportement que l'estime de soi (Bandura, 1986; Marsh, 1990; Rosenberg, Schooler, Schoenbach & Rosenberg, 1995; *cf.* Gist & Mitchell, 1992).

C'est ainsi que de nombreux travaux, menés dans le domaine de la santé et des stratégies de prévention des pathologies, ont montré de manière convaincante qu'un sentiment d'efficacité personnelle positif favorise la participation active et durable aux traitements médicaux (Bandura, 1995; de Vries, Dijkstra & Kuhlman, 1988). Des résultats similaires ont, ces dernières années, également été obtenus dans le champ de la formation et du travail, différentes recherches ayant établi que les individus qui se situent positivement sur l'échelle d'autoefficacité perçue sont à la fois plus assidus dans la fréquentation d'un module de formation professionnelle (Caplan *et al.*, 1989; Vinokur *et al.*, 1991) et plus actifs sur le plan de la recherche d'un emploi (Eden & Aviram, 1993), ce sentiment d'efficacité personnelle supérieur étant par ailleurs un bon prédicteur du succès de la démarche (van Ryn & Vinokur, 1992).

3. UNE ANALYSE SUR LE TERRAIN

Dans le cadre de recherches menées en partenariat avec des dispositifs de formation et d'accompagnement des chômeurs, comprendre tant les forces et les faiblesses perçues par les individus que l'impact de celles-ci sur leur processus d'insertion nous semblait offrir une piste de réflexion et d'action intéressante. Nous avons dès lors développé un axe de recherche visant essentiellement à apporter des éléments de compréhension quant au rôle du sentiment d'efficacité personnelle dans le processus d'insertion sociale et professionnelle.

Ces recherches ont été menées en partenariat avec des organismes de formation et d'insertion. Le recueil des données s'est effectué par questionnaire, de manière longitudinale : il concerne, au total[2], 211 participants pour la première phase (début de formation), 146 participants en deuxième phase (fin de formation) et 120 participants pour la troisième phase (9 mois après la formation).

En ce qui concerne la mesure du sentiment d'efficacité personnelle, le mode d'évaluation est simple : les participants devaient situer leur degré de capacité perçue sur une échelle à 10 degrés, et ce pour une série de compétences socialement et professionnellement pertinentes, à savoir : l'emploi, dans ses dimensions d'accès et de réalisation du travail, l'affirmation de soi, l'aisance sociale et l'apprentissage en formation. Ces catégories ont été construites sur base des objectifs poursuivis par les différents dispositifs de formation; elles requièrent de ce fait une évaluation de compétences relativement globale, pertinente dans les différents contextes possibles. Les évaluations sont ensuite traduites en scores, de manière à ce qu'un jugement proche de cent révèle un sentiment d'efficacité personnelle affirmé, un score proche de zéro révélant quant à lui un sentiment d'inefficacité personnelle.

a) Un sentiment d'efficacité personnelle multidimensionnel

Peut-on identifier, chez les chômeurs qui entrent en formation, des jugements d'autoefficacité différenciés, relatifs à des compétences distinctes et reflétant éventuellement des forces et des faiblesses ciblées ?

Pour répondre à cette question, nous avons effectué une analyse en composantes principales[3] sur les données récoltées en début de formation auprès de 170 participants (*cf.* Jaminon & Desmette, 1999). Par ce moyen, nous avons mis au jour la coexistence de différentes dimensions dans l'autoefficacité perçue. Ces dimensions rassemblent, respectivement et hiérarchiquement, les items relatifs (1) aux capacités perçues à accéder à l'emploi, (2) aux aspects de développement personnel et d'apprentissage, (3) aux compétences professionnelles et sociales, et enfin (4) à l'aisance dans la participation sociale.

La figure 1 présente les niveaux moyens d'autoefficacité perçue pour chacune de ces dimensions.

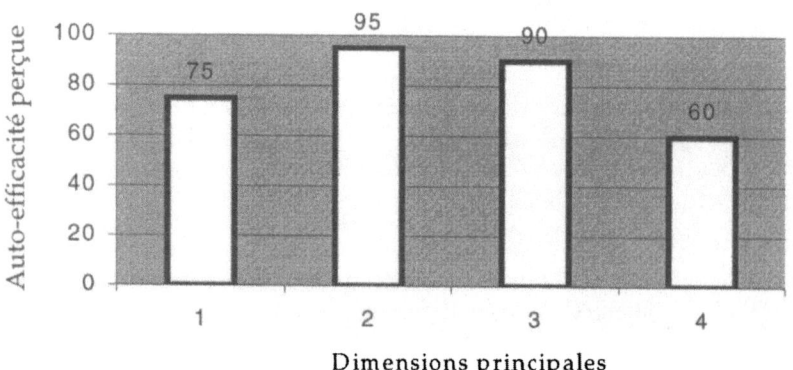

1= accès à l'emploi
2= développement personnel et apprentissage
3= capacités instrumentales et sociales
4= participation sociale

Figure 1 — Un sentiment d'efficacité personnelle multidimensionnel.

Au vu des niveaux moyens d'autoefficacité perçue, on ne peut pas conclure que, à l'entrée en formation, les chômeurs souffrent d'un sentiment d'inefficacité marqué dans la mesure où les jugements moyens d'efficacité personnelle sont positifs (supérieurs à 60%). On peut toutefois nuancer ce propos en arguant tout d'abord que ces scores sont probablement révélateurs du «biais positif» bien connu des psychologues sociaux, biais sans doute renforcé ici non seulement par la désirabilité sociale induite par le contexte mais également par le caractère relativement général des capacités à évaluer (e.g. Dunning, Meyerowitz & Holzberg, 1989). Ensuite, on peut identifier des forces et des faiblesses dans ce tableau globalement positif. En effet, si les compétences professionnelles (facteur 3) et les aspects de développement personnel (facteur 2) se situent clairement parmi les premières, les capacités qui ont trait à l'accès à l'emploi (facteur 1) et à la participation sociale (facteur 4) se caractérisent, elles, par un sentiment d'efficacité moins marqué, qui peut sans doute être interprété comme un sentiment d'inefficacité personnelle relatif, étant donné la tendance générale.

Par ailleurs, on notera que le chômage peut affecter le sentiment d'efficacité personnelle des individus, mais de manière ciblée et limitée : l'effet du chômage ne concerne que les personnes qui ont travaillé avant de se retrouver au chômage et ne touche que les capacités de participation sociale[4]. En d'autres termes, pour les personnes qui se trouvent en situation de privation relative par rapport à l'emploi, un chômage prolongé s'accompagne d'une réduction du sentiment d'efficacité personnelle sur les aspects de citoyenneté.

Cela étant, en quoi la mise au jour de jugements d'efficacité personnelle variables est-elle une donnée utile dans la mesure des effets de la formation? Pour répondre à cette question, nous allons dans un premier temps voir dans quelle mesure le sentiment d'efficacité personnelle est un construct dynamique qui peut évoluer au cours de la formation; dans un deuxième temps, nous verrons si le sentiment d'efficacité personnelle peut être considéré comme un facteur d'insertion.

b) L'évolution du sentiment d'efficacité personnelle au cours de la formation

Les représentations que les chômeurs ont de leur propre efficacité évoluent-elles au cours de la formation? Plus particulièrement, observe-t-on un renforcement du sentiment d'efficacité personnelle sur les dimensions les plus faibles?

En ce qui concerne nos données, nous constatons tout d'abord que les modifications sont localisées; en effet, seules deux dimensions évoluent significativement dans le temps, à savoir celles relatives à l'accès à l'emploi[5] et au développement personnel[6]. Par ailleurs, ces modifications ne correspondent pas à un renforcement du sentiment d'efficacité personnelle mais bien à son affaiblissement : comme on peut le voir dans le deuxième graphique, le sentiment d'efficacité personnelle s'est en effet fragilisé sur ces dimensions, le score moyen étant légèrement mais significativement plus faible en fin de formation qu'au début.

Les représentations des capacités instrumentales et de participation sociales ne se sont quant à elles pas modifiées de manière significative (dimensions 3 et 4, $p > .10$)[7].

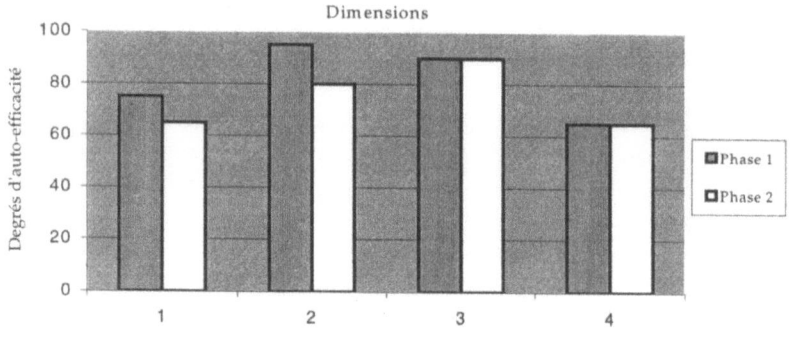

1=accès à l'emploi
2=développement personnel et apprentissage
3=capacités instrumentales et sociales
4=participation sociale

Figure 2 — Evolution des dimensions du sentiment d'efficacité personnel.

Il semble donc que, contrairement à nos hypothèses, la formation n'ait pas contribué à renforcer le sentiment d'efficacité personnelle des chômeurs, même sur les dimensions les plus faibles. Au contraire, de manière surprenante, on observe une fragilisation de certaines perceptions de capacité.

Pour autant, faut-il en conclure que le sentiment d'efficacité personnelle des chômeurs ne s'est en aucun cas renforcé? Pour répondre à cette question, nous avons développé une approche différenciée non plus des dimensions du sentiment d'efficacité personnelle, mais des individus eux-mêmes. En effet, on peut s'attendre à ce que, selon leur profil initial, les personnes n'évoluent pas de la même manière (Eden & Aviram, 1993; Saks, 1995). Dans cette perspective, nous avons distingué les évolutions selon que la personne appartenait à un sous-groupe caractérisé comme « pessimiste » (niveau faible d'autoefficacité perçue), « optimiste » (niveau élevé d'autoefficacité perçue), ou « modéré » (niveau moyen d'autoefficacité perçue).

Pour chacune des dimensions dégagées, l'interaction entre le niveau d'autoefficacité perçue et le moment d'évaluation est significative ($p < .01$ dans tous les cas): les trois sous-groupes, qui étaient significativement distincts en début de formation, ne le sont plus en fin de formation ($p > .10$), et ce à la suite de l'ajustement des niveaux extrêmes sur la moyenne. En d'autres termes, les pessimistes ont renforcé leur sentiment d'efficacité personnelle, au contraire des optimistes qui l'ont revu à la baisse, le groupe intermédiaire étant stable (*cf.* figure 3). On remarque également, dans cette optique, que le changement le plus marqué est le fait des personnes optimistes; la diminution du sentiment d'efficacité personnelle apparaît donc plus forte que le renforcement, ce qui laisse supposer la présence d'un biais de « sur-optimisme » en début de formation.

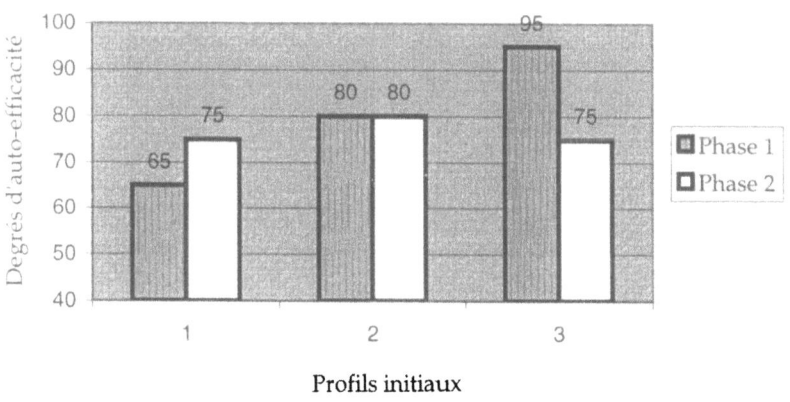

1= auto-efficacité perçue faible (les " pessimistes ")
2= auto-efficacité perçue modérée (les " réalistes ")
3= auto-efficacité perçue faible (les " optimistes ")

Figure 3 — Evolution différenciée du sentiment d'efficacité personnelle.

De l'ajustement des profils extrêmes sur le niveau intermédiaire, on ne peut toutefois pas conclure à l'absence de différences interindividuelles, en particulier pour le groupe initialement le plus faible. Quelles sont les raisons de cette disparité?

Une réponse possible renvoie aux pratiques en vigueur dans les dispositifs de formation, qui auraient induit des différences marquées entre les individus, à leur sortie du dispositif. Dans la ligne d'une conception d'un parcours d'insertion hiérarchisé dont les différentes étapes sont prises en charge par des dispositifs distincts (*cf.* Jaminon & Herman, 1998), on peut en effet supposer que les individus qui suivent une formation visant la qualification professionnelle, et qui ont donc l'emploi comme objectif immédiat, auront un sentiment d'efficacité personnelle professionnel supérieur à celui des chômeurs engagés dans un processus de pré-qualification, pour lesquels l'emploi n'est pas censé être un objectif à court terme.

Dans cette perspective, nous avons comparé[8] le sentiment d'efficacité personnelle d'individus sortant soit d'un dispositif de qualification, soit d'un dispositif de socialisation, et ce pour chacun des quatre facteurs principaux. Il ressort de cette analyse que la mission du dispositif (qualification professionnelle *versus* socialisation) n'entraîne pas de différences significatives sur le plan du sentiment d'efficacité personnelle mesuré en fin de formation. Par contre, le type de pédagogie utilisé pour atteindre les objectifs visés exerce un effet significatif sur le sentiment d'efficacité personnelle final. En effet, les individus qui ont suivi une filière d'immersion professionnelle (formation par le travail) ont, pour les capacités professionnelles et de participation sociale, un sentiment d'efficacité personnelle supérieur à celui des individus sortant d'une formation «en centre» ($p < .05$ dans les deux cas). Ces différences n'existant pas à l'entrée en formation, on peut dès lors supposer un effet spécifique des formations elles-mêmes. On peut mettre en avant, pour expliquer l'effet particulier des dispositifs d'immersion professionnelle, l'apprentissage par expérience directe, qui est un déterminant majeur d'un sentiment d'efficacité personnelle fort (Bandura, 1986).

Sur les plan des facteurs influençant le sentiment d'efficacité personnelle, nos données soulignent également l'importance du support social, confortant par là d'autres analyses (Caplan, Vinokur, Price & van Ryn, 1989; Eden & Aviram, 1993; Lang, Featherman & Nesselroade, 1997). Il apparaît en effet que plus le stagiaire s'est senti soutenu dans sa démarche par les formateurs mais également par ses pairs, plus fort se révèle son sentiment d'efficacité personnelle à l'issue de la formation.

L'importance du support social ne se limite toutefois pas au cadre strict du dispositif mais concerne également les comportements de soutien trouvés dans l'entourage, c'est-à-dire la famille proche et éloignée ainsi que le réseau amical. Les personnes isolées évaluent, en effet, à leur entrée en formation, leur autoefficacité plus négativement, sur le plan professionnel, que les personnes vivant au sein d'une famille, quelle que soit la forme de celle-ci (couple avec enfants, jeune habitant chez ses parents, etc.). En fin de formation, ce lien significatif entre situation familiale et sentiment d'efficacité personnelle s'est annulé.

On peut donc penser que, contrecarrant les effets socialement déstructurant du chômage, un bénéfice de la formation est de permettre à certains chômeurs, plus fragiles sur le plan social, de reconstruire un réseau relationnel pertinent au sein du dispositif de formation. A l'appui de cette hypothèse, on peut également mettre en avant le fait que souffrir d'une carence dans l'autoefficacité sociale incite la personne à rester en formation (seulement 10,5 % d'abandons en cours de route), tandis que les personnes qui présentent un sentiment d'efficacité personnelle supérieur sur ce plan sortent précocement de la formation (36,7 % d'abandons, $X^2 = 12.24$, $p = .002$).

Cela étant, le fait de posséder un sentiment d'efficacité personnelle renforcé, au sortir de la formation, peut-il être considéré comme un bénéfice important? En d'autres termes, le fait de sortir de la formation avec un sentiment d'efficacité personnelle positif (au minimum modéré) est-il un atout sur le plan de l'accès à l'emploi?

c) Le sentiment d'efficacité personnelle, une composante de l'insertion?

Pour tenter de répondre à la question du rôle du sentiment d'efficacité personnelle dans l'insertion, nous analyserons la trajectoire du chômeur selon son degré d'autoefficacité perçue en fin de formation. Les différences inter-individuelles ne sont en effet pas gommées à l'issue de la formation et nous avons de ce fait constitué trois nouveaux sous-groupes sur base, cette fois, du sentiment d'efficacité personnelle en fin de formation (faible, intermédiaire, fort). Nous avons ensuite comparé les trajectoires socioprofessionnelles de ces sous-groupes.

Nous observons de cette manière que les stagiaires qui sont sortis de la formation avec un sentiment d'inefficacité vis-à-vis de la sphère de l'emploi (accès à l'emploi et compétences professionnelles) sont en grande majorité (80 %) retournés au chômage six mois après leur sortie de formation. Pour les niveaux d'autoefficacité modérés ou forts, on observe un taux d'insertion nettement supérieur, 58% des participants poursuivant le processus d'insertion socioprofessionnelle, les autres (42%) étant quant à eux retournés à la situation antérieure de chômage.

Au vu de ces résultats, il semble que l'on puisse faire l'hypothèse que, plus qu'un «moteur d'insertion», le sentiment d'efficacité personnelle exerce une fonction de «frein à l'insertion» lorsqu'il prend une valeur négative. On peut en effet penser qu'un sentiment d'inefficacité génère une série de mécanismes autohandicapants (de l'anxiété, des doutes sur soi, une baisse de la motivation, etc.), qui vont entraver l'individu dans sa démarche d'insertion. Dès lors, évitant les situations potentiellement menaçantes et susceptibles de conduire à l'échec, telle une situation d'embauche, le chômeur voit également se restreindre les occasions de progrès et de succès; son sentiment d'incompétence se renforce, et il perd tout espoir dans sa capacité à (re)trouver un travail.

CONCLUSION

Dans cet article, nous avons proposé une ouverture de l'évaluation des bénéfices de la formation sociale et professionnelle à des indices renvoyant aux représentations de soi, en défendant l'idée qu'un sentiment d'efficacité personnelle positif est un pré-requis à la mobilisation de l'individu dans son processus d'insertion. L'étude que nous avons menée sur le terrain apporte des arguments en faveur de l'idée selon laquelle les autoévaluations de compétence devraient faire partie des pratiques de formation étant donné que, d'une part, celles-ci constituent une variable importante dans l'insertion de la personne, et que, d'autre part, les formations peuvent avoir un impact positif sur le sentiment d'efficacité personnelle des apprenants.

Quels points forts de l'étude retenir? Tout d'abord, en ce qui concerne la pertinence de la variable d'autoefficacité elle-même, nos données confortent les arguments émis à la suite de Bandura (1977), selon lesquels le sentiment d'efficacité personnelle correspond à un jugement différencié, susceptible d'expliquer en partie les comportements et les attitudes des individus (e.g. Rosenberg *et al.*, 1995; Schunck, 1995). Nous avons mis en évidence l'existence de quatre dimensions d'efficacité perçue, chacune renvoyant de manière consistante à un ensemble de compétences homogènes. Au sein de cette structure, la dimension professionnelle est prépondérante, l'accent étant fortement mis sur l'accès au marché du travail (premier facteur). Dans le même temps, on notera que les perceptions d'efficacité personnelle relatives à cette dimension sont relativement faibles, comparativement, par exemple, aux aspects de développement personnel.

Ce bilan initial étant fait, qu'en est-il de l'évolution des différentes dimensions du sentiment d'efficacité personnelle en cours de formation ? On relèvera tout d'abord que la différenciation des dimensions du sentiment d'efficacité personnelle a permis de mettre au jour des évolutions qui seraient passées inaperçues lors d'une analyse globale, tous items confondus. C'est ainsi que l'on observe que la perception des capacités d'accès au travail s'est significativement détériorée en fin de formation, accentuant par là le relatif sentiment d'inefficacité personnelle déjà observé en début de formation. On peut invoquer à cet égard un « effet rebond » : après avoir renforcé les aspirations des chômeurs, par le biais d'une ouverture à des qualifications nouvelles, la formation socioprofessionnelle pourrait en effet conduire à une certaine désillusion, les attentes en termes d'emploi n'étant pas rencontrées à court terme.

La nécessité de différencier non seulement les dimensions mais également les individus, selon leur niveau d'autoefficacité perçue à l'entrée en formation, s'est ensuite imposée avec force. En effet, nous avons observé des évolutions sensiblement différentes, selon les profils initiaux : les « pessimistes » (sentiment d'efficacité personnelle faible) ont renforcé leur sentiment d'efficacité personnelle, au contraire des « optimistes » (sentiment d'efficacité personnelle élevé) qui l'ont revu à la baisse, le groupe intermédiaire étant stable. Il est à noter, sur ce point, que le changement le plus marqué est le fait des personnes optimistes ; en d'autres termes, la diminution du sentiment d'efficacité personnelle apparaît plus forte que son renforcement, ce qui laisse supposer la présence d'un biais de « sur-optimisme » en début de formation. L'ajustement des niveaux les plus élevés du sentiment d'efficacité personnelle sur la moyenne est un résultat nouveau, qui contredit la stabilité des niveaux supérieurs observée par Eden & Aviram (1993) et Saks (1995). Ces auteurs, qui ont scindé la population initiale selon la médiane en deux sous-groupes et non en trois, ont toutefois pu passer à côté de phénomènes spécifiques aux individus les plus extrêmes.

Enfin, qu'en est-il du lien entre sentiment d'efficacité personnelle et insertion ? Soulignons tout d'abord que cette étude n'apporte que des éléments de réponse partiels, dans la mesure où seul le versant professionnel est considéré. Or, nous l'avons dit, l'insertion est un processus complexe, qui touche des sphères autres que professionnelles, comme la vie sociale, familiale et personnelle de l'individu. Cette restriction étant posée, il apparaît que, sur le plan de l'insertion socioprofessionnelle, un sentiment d'inefficacité personnelle peut constituer un handicap. En effet, les individus qui se sentent, en fin de formation, peu capables de s'insérer professionnellement sont massivement retournés au chômage six mois après leur sortie de formation, au contraire des personnes dont le sentiment d'efficacité personnelle est plus affirmé qui, elles, sont plus enclines à poursuivre le processus d'insertion. Ces données s'inscrivent dans la ligne de Ackerman, Kanfer & Goff (1995), qui avaient également souligné l'effet incapacitant des perceptions de soi négatives sur la réalisation d'une tâche complexe.

Pour conclure ce chapitre, il nous semble utile de revenir sur deux points. Le premier concerne le renforcement des niveaux d'autoefficacité les plus faibles. On peut en effet se demander, dans une perspective de développements appliqués, quelles stratégies développer pour optimaliser le renforcement. Notre recherche propose, sur ce plan, quelques pistes de réflexion. Par exemple, le fait que l'apprentissage sur le terrain (les dispositifs d'immersion professionnelle) favorise la construction d'un sentiment d'efficacité personnelle plus fort pourrait inciter les formateurs à accorder une place privilégiée aux stages ou aux autres formules qui mettent le chômeur en contact direct avec le monde du travail. Il est possible, en effet, que, outre les aspects liés à la mise en pratique directe des acquis, le statut de travailleur lui-même (même temporaire ou stagiaire), en raison de sa valorisation sociale, ait également contribué à l'effet positif des dispositifs d'immersion professionnelle.

Nos données soulignent également l'importance du support social reçu tant au sein de la formation, de la part des formateurs mais également des pairs, qu'au dehors de celle-ci, au sein du cercle familial ou amical. Dans cette perspective, développer les stratégies d'accompagnement psychologique et social des chômeurs pourrait se révéler utile. Il ne s'agit pour autant pas de les amener à gonfler artificiellement leur sentiment d'efficacité personnelle : en effet, une condition du maintien d'un sentiment d'efficacité personnelle positif est non seulement la maîtrise des aptitudes concernées, mais également l'opportunité de mettre à l'épreuve les acquis et de vivre des expériences de réussite. En d'autres termes, il s'agit de dépasser le cadre temporel de la formation socioprofessionnelle elle-même et de poser la question des modalités de la vie adulte, dans ses aspects de bien-être à moyen et à long terme.

Le deuxième point sur lequel nous souhaitons revenir renvoie, quant à lui, au rôle du sentiment d'efficacité personnelle dans l'insertion. La prudence s'impose en effet quant aux conclusions à tirer des résultats observés, étant donné que des facteurs non contrôlés, tant sur le plan personnel que contextuel, ont pu intervenir dans la relation observée entre sentiment d'efficacité personnelle et insertion. Il est dès lors important de récolter d'autres données afin de conforter l'ébauche d'analyse ici présentée et de comprendre plus finement les trajectoires des individus engagés dans un processus d'insertion sociale et professionnelle. Sur le plan plus strictement scientifique, les travaux à venir devront notamment s'attacher à identifier les mécanismes par lesquels le sentiment d'efficacité personnelle exerce son influence sur les attitudes et les comportements des individus.

Les recherches de Kanfer & Ackerman (1989; Ackerman, Kanfer & Goff, 1995) sont à cet égard particulièrement intéressantes, par leur approche complexe des facteurs motivationnels et cognitifs. Ces auteurs défendent en effet l'hypothèse que le sentiment d'efficacité personnelle module l'efficacité du traitement cognitif, en agissant tant sur la proportion de capacité utile (la quantité de ressources qui est utilisée de manière effective dans l'accomplissement de la tâche) que sur la régulation des processus de traitement. Par exemple, un niveau élevé d'autoefficacité perçue serait associé à un traitement cognitif «centré sur la tâche», qui bénéficie du maximum des ressources disponibles, tandis qu'une autoefficacité perçue faible serait associée à une efficience cognitive moindre, dans la mesure où une quantité non négligeable des ressources cognitives est dirigée vers les états émotionnels parasites (anxiété, stress, etc.), ces états suscitant des pensées interférentes négatives («Je n'en suis pas capable, cela ne va pas aller, que vont penser les autres?») qui «surchargent» les opérations de traitement. En d'autres termes, dans ce dernier cas, la personne accomplit une «tâche secondaire cachée», centrée sur ses affects, et sa performance s'en trouve altérée (Ackerman, Kanfer & Goff, 1995; Kuhl & Koch, 1984).

Par ailleurs, nous n'avons pas traité de l'identité sociale des chômeurs. Or, on sait que l'identité personnelle de l'individu dépend étroitement de son identité sociale, un facteur de construction du sentiment d'efficacité personnelle étant la comparaison avec les membres de son propre groupe. Les interactions entre l'identité sociale des chômeurs et la composante de l'identité personnelle que sont les représentations de compétence devraient dès lors être intégrées dans l'analyse.

En définitive, ce serait par le jeu de mécanismes similaires, relatifs à la gestion des ressources cognitives et affectives, que le sentiment d'efficacité personnelle exercerait une influence sur les capacités de développement de la personne. Il nous semble que là, dans l'analyse des mécanismes afférents, réside un potentiel explicatif important, susceptible de jeter les bases d'une modélisation complexe et cohérente du sentiment d'efficacité personnelle.

NOTES

[1] Le parcours d'insertion est un dispositif instauré en 1997, notamment par la Région wallonne, qui conçoit l'insertion professionnelle comme l'aboutissement d'un processus progressif, le chômeur, selon son niveau de qualification, pouvant passer par différentes étapes complémentaires et hiérarchisées avant d'accéder à l'emploi.
[2] Ce chiffre totalise les participants de deux recherches (Desmette & Herman, 1998; Jaminon & Desmette, 1999).
[3] Analyse factorielle en composante principale, rotation orthogonale.
[4] Corrélation bivariée «durée du chômage/sentiment d'efficacité personnelle, facteur 4» : $r = -.340$, $p < .001$.
[5] Anova mesures répétées (t1, t2), dimension 1 : $F_{(1,110)} = 13.76$, $p < .001$.
[6] Anova mesures répétées (t1, t2), dimension 2 : $F_{(1,110)} = 15.55$, $p < .001$.
[7] L'analyse de l'évolution du sentiment d'efficacité personnelle au cours de la formation concerne 112 participants, et non 170, ce qui explique la différence de moyenne observée sur le quatrième facteur.
[8] Par le moyen d'analyses de variance univariées.

QUATRIÈME PARTIE

INSERTION ET ACTION PUBLIQUE

Aujourd'hui, l'insertion constitue un champ d'action privilégié. Les expressions «lutte contre l'exclusion», «resocialisation», «activation de chômeurs» ou encore «programme de réinsertion professionnelle» font partie du langage courant des pouvoirs publics et d'autres acteurs de la vie publique (associations, syndicats de travailleurs, etc.). La question se pose dès lors de savoir comment et à partir de quels critères orienter les politiques relatives à l'insertion.

Pour comprendre les enjeux des politiques d'insertion, Georges Liénard montre dans un premier chapitre que la construction sociale des groupes et des personnes désignés comme à insérer s'inscrit dans un processus de déstabilisation de la sécurité d'existence de long terme de quasi l'ensemble du salariat et surtout des personnes peu qualifiées, des immigrés, des femmes, des jeunes et des personnes situées dans des secteurs économiques en déclin. En particulier, il relève l'ambivalence des politiques d'insertion puisque celles-ci peuvent être un levier pour une intégration effective, tout comme une nouvelle forme de contrôle social et de mise à l'écart pour celles et ceux auxquels notre société ne procure plus de reconnaissance.

A partir de cette mise en perspective, Georges Liénard propose quelques orientations centrales pour le débat public et institutionnel : définir clairement la hiérarchie des responsabilités entre chacun des acteurs concernés afin que la faute ne soit pas mise à la charge des personnes à insérer; amélioration de la relation entre emploi et insertion, via notamment une politique prévisionnelle de formation; une diversification maîtrisée et statutaire des formes reconnues de l'insertion et un renforcement des liens de coopération entre les acteurs concernés.

L'expérience des politiques d'insertion menée en Wallonie illustre cependant la difficulté des pouvoirs publics à adopter une ligne de conduite claire et adaptée au champ des activités d'insertion.

Une telle constatation ressort de l'analyse de l'efficience des politiques de subventionnement destiné aux Entreprises de Formation par le Travail (EFT). Les EFT regroupent un ensemble d'initiatives développées au sein du secteur associatif en vue de lutter contre les effets sociaux négatifs du chômage. Elles visent à agir sur l'insertion socioprofessionnelle de publics en difficulté, demandeurs de concret, en leur offrant une formation professionnelle basée sur une mise en situation réelle de travail. Comme le montre Caroline Gaussin au chapitre dix, l'octroi de subsides publics aux Entreprises de Formation par le Travail ne répond pas à des critères impartiaux et définis de manière précise. Le message envoyé aux EFT sur les objectifs de formation est dès lors ambigu. Quelles sont les attentes des pouvoirs publics lorsque l'on sait, par exemple, que le montant des subsides octroyés n'est que peu influencé par les facteurs structurels.

Par ailleurs, lorsque des lignes directrices sont données par les pouvoirs publics, elle ne correspondent pas nécessairement aux attentes des bénéficiaires des politiques d'insertion, à savoir celles des personnes à insérer. Or, le décalage entre les représentations des concepteurs et des bénéficiaires peut se solder par un échec relatif des programmes mis en place. C'est ce qui ressort de l'analyse du «Parcours d'insertion» présentée au chapitre onze par Christine Jaminon et David van Ypersele. Le «Parcours d'insertion», développé en Région wallonne à partir de 1997, est un programme de formation en étape où les compétences sociales sont conçues comme un élément de base et sur lesquels pourront se développer les compétences professionnelles. Il est conçu dans une logique de séquentialité puisqu'il prévoit le passage par quatre étapes : socialisation et restructuration, remise à niveau; préqualification et orientation des demandeurs d'emploi, formation qualifiante, transition vers l'emploi. Mais dans les faits, l'analyse des parcours d'insertion révèle l'absence de passage d'une étape à l'autre. Les bénéficiaires des mesures n'ont pas une vision séquentielle de leur insertion professionnelle puisqu'ils espèrent trouver un emploi directement après la formation. Ce qui ne se produit malheureusement pas dans la majorité des cas.

Enfin, il importe de reconnaître que l'insertion ne se résume pas aux initiatives et politiques publiques d'insertion professionnelle. Au sein de certaines activités, le danger existe en effet que les logiques d'insertion professionnelle s'imposent au détriment d'autres formes d'insertion. Tel est le cas des services de proximité mis en avant par Bruno Gilain, Bertrand Jadoul, Marthe Nyssens et Francesca Petrella au chapitre douze, où les politiques publiques soutenant le développement de ce champ d'activité sont aujourd'hui largement inscrites dans un objectif d'insertion professionnelle de personnes peu qualifiées. Pourtant, de tels services sont source d'une insertion multidimensionnelle; tant par rapport à la diversité des parties prenantes (les travailleurs, les usagers et leur entourage, voire les bénévoles) que par rapport à la pluralité des formes d'insertion (professionnelle, sociale et citoyenne). Aussi, les auteurs proposent-ils une série de pistes quant aux politiques publiques susceptibles de favoriser des modes d'organisation adaptés à cette vision multidimensionnelle de l'insertion : au niveau du subventionnement des services, distinction entre l'objectif de réponse aux besoins des usagers et celui d'insertion des travailleurs moins qualifiés ; soutien aux initiatives locales ; transformation des postes liés à des politiques actives en des emplois salariés classiques, lorsqu'ils s'inscrivent dans des services dont l'utilité sociale est reconnue.

Chapitre 9
L'ambivalence des politiques d'insertion

Georges Liénard

Les enjeux des politiques d'insertion apparaissent plus clairement lorsqu'on les situe dans la perspective contextuelle et historique des régimes de croissance économique et de formation du salariat. La nature de celui-ci s'est profondément transformée lors du passage d'un régime de croissance «fordiste» à un régime de croissance «patrimonial financier». La transformation du mode de production des inégalités a mis en mouvement un processus central de déstabilisation de sécurité d'existence de long terme de quasi l'ensemble du salariat et surtout des personnes non qualifiées, des immigrés, des femmes, des jeunes et des personnes situées dans les secteurs et les régions en déclin. Ainsi a gonflé le nombre de personnes dites «à insérer» et se sont multipliées les catégories des groupes désignés comme «à risque» ainsi que les politiques dites d'insertion.

Lorsqu'on situe les politiques d'insertion parmi les politiques du marché du travail et les politiques sociales, on voit mieux pourquoi elles peuvent être qualifiées comme «ambivalentes». En effet, d'une part, elles peuvent être des leviers positifs pour une intégration effective et pour freiner, voire modifier, l'actuelle déstabilisation et déstructuration du salariat. Mais, de l'autre, elles peuvent constituer une nouvelle forme de contrôle et de mise à l'écart social pour celles et ceux auxquels notre société ne procure plus de reconnaissance sociale et/ou professionnelle.

1. DÉSTRUCTURATION DU SALARIAT ET ÉMERGENCE DES GROUPES À INSÉRER

a) Régime de croissance fordiste et construction de la sécurité d'existence du salariat

En Belgique (et plus largement en Europe occidentale), la montée en puissance du régime de croissance fordiste s'est accompagnée de longues luttes sociales qui ont élargi et homogénéisé les diverses couches du salariat. Elle s'est réalisée dans l'espace d'états nationaux dont la dimension était pertinente sur le plan économique et politique à cause de la correspondance entre les pouvoirs des deux espaces. Se sont ainsi construites progressivement les commissions paritaires et les conventions collectives dans les secteurs professionnels et interprofessionnels. Depuis 1920 et puis de manière croissante entre 1944 et 1975-1980, ces conventions ont élaboré l'élévation du niveau de vie des salariés, la qualité du statut professionnel, l'accès à des biens collectifs ou quasi collectifs jugés indispensables (éducation, paix, sécurité des biens et des personnes) et la sécurité sociale obligatoire. Celle-ci est, en fait, une propriété collective sociale avec droit de tirage individualisé (modulé en fonction des charges de famille) qui est essentielle et primordiale pour celles et ceux qui n'ont pas de patrimoine accumulé et qui sont des salariés (et dans une moindre mesure des indépendants) modestes ou moyens. Elle peut avoir une utilité secondaire pour ceux qui ont un patrimoine privé significatif. Cette propriété sociale collective a augmenté en fonction des accords employeurs-syndicats-gouvernement sur le partage des fruits de la croissance économique.

C'est pourquoi, parallèlement aux lieux paritaires de négociation et de décision en matière sociale, se sont structurés et se sont mis en place des organes de concertation et de négociation sur l'organisation de l'économie. La montée en puissance de cette unification hiérarchisée du salariat, couplée à la croissance économique, s'est prolongée par le renforcement du rôle incitatif de l'Etat et par de nombreux accords interprofessionnels entre employeurs et syndicats. Ces accords ont constitué, entre 1960 et 1975, une programmation sociale généralisée se caractérisant par une volonté d'étendre les acquis des secteurs forts à tous les travailleurs des secteurs faibles. Cette programmation sociale a concerné, par ailleurs, les principaux domaines de la sécurité d'existence de long terme (allocations familiales, allocations de chômage, accidents de travail, maladie, invalidité, pensions, salaire mensuel garanti, durée et montant des préavis, vacances annuelles, réduction du temps de travail, assistance sociale). Entre les groupes composant le salariat entre 1950 et 1975-1980 ont existé de puissants liens de regroupement intégrateur et une différenciation liée à des tensions salariales contenues dans certaines limites, puisque les avantages extralégaux sont restés maintenus dans une gamme assez restreinte comparativement à l'étendue de la gamme actuelle (Coenen, 1993; Arcq, Chatelain, Reman *et al.*, 1994; Verly, 1999).

b) Régime de croissance patrimonial et transformation du salariat

Cependant, à partir de 1975-1980, l'écartèlement entre la dimension et les règles de fonctionnement de l'ordre économique et de l'ordre social et politique augmente nettement. Cet écartèlement non maîtrisé permet à l'ordre économique de devenir progressivement le principe ordonnateur des autres ordres, réorganisant ceux-ci et les subordonnant de plus en plus à son influence. Cela annonce la montée en puissance du capital financier et la transition vers le régime de croissance patrimonial.

1. Le régime de croissance patrimonial

La globalisation et l'exigence de rentabilité financière sont le moteur d'un processus de différenciation qui renverse l'ordre ancien des choses dans trois directions. D'abord, l'Etat-nation devient un agent de la compétitivité des entreprises dans un espace marchand mondialisé. Il a de plus en plus de difficultés à maintenir la cohérence relativement solidaire de l'espace social et tend à devenir un agent de la dérégulation sociale par la mise en conformité du social avec le «nouvel» ordre économique financier.

Ensuite s'opère une financiarisation du régime de croissance par l'augmentation de la part des actifs financiers dans le revenu des ménages. Ainsi, en Belgique, selon C. Valenduc, les revenus primaires salariaux augmentent de 50% à 69% du revenu national entre 1953 et 1980, pour redescendre à 59% en 1998, tandis que les revenus primaires de la propriété des particuliers baissent de 14,5% en 1953 à 13% en 1980, pour remonter à 21% en 1998. «Les autres faits majeurs dans l'évolution des revenus de la propriété sont la baisse tendancielle de l'immobilier jusqu'au début des années 80 — il faut attendre la seconde moitié de cette décennie pour que sa part dans le revenu national s'inscrive structurellement en hausse — et l'envol de la part des dividendes dans le revenu national, après 30 ans de cycle autour d'un trend relativement plat» (Valenduc, 2000). En outre, le taux d'imposition implicite sur les revenus du travail passe de 37 % en 1980 à 43 % en 1997, alors que, sur les revenus du capital, ce taux passe sur la même période de 44 % à 32 % (MFET[1], 1999, p. 170), ces revenus étant «gérés au sein de portefeuilles collectifs de valeurs mobilières par des investisseurs institutionnels qui exigent, en tant qu'actionnaires actifs, des taux de rentabilité à deux chiffres» (Cobbaut[2], 2000).

Du côté des entreprises se manifeste une politique de «re-engeneering» et de «downsizing» visant à diminuer l'emploi et à changer les conditions de l'emploi afin d'augmenter la compétitivité et le taux de rentabilité (Fabre, 1997). On observe également la remise en cause d'accords interprofessionnels augmentant les transferts sociaux et la préférence patronale et parfois politique pour une différenciation plus forte, voire une individualisation, des pratiques de rémunération directe ou différée et un élargissement de l'éventail des types de rémunération et des avantages (stock options, intéressement, salaire flexible en fonction des performances).

2. La restructuration des configurations salariales

L'émergence et la montée en puissance du régime de croissance patrimonial restructurent le salariat selon deux processus distincts mais simultanés et reliés (Cobbaut, 2000; Mongin 1998; Boyer, 2000; Aglietta, 1998; Capron, 2000a). D'une part, un processus d'hétérogénéisation inégalitaire du salariat distribue celui-ci en une structure segmentée en sous-ensembles distincts et interdépendants. D'autre part, un processus de déstabilisation du salariat tend à supprimer le contrat d'emploi à durée indéterminée en tant que norme de référence juste et légitime et à limiter les conventions collectives de régulation au profit du laisser-faire du marché. Ce laisser-faire pourrait se formaliser en une «nouvelle constitution libérale» définie comme le lieu où «le pouvoir et l'autorité des acteurs privés ne peuvent s'exprimer pleinement que lorsque la définition des règles économiques est séparée du politique (c'est-à-dire des règles démocratiques). L'enjeu actuel tient donc à la façon dont ce nouveau constitutionnalisme cherche à conférer des droits privilégiés de citoyenneté et de représentation politique aux acteurs économiques privés, de telle sorte que les politiques publiques soient orientées pour satisfaire les besoins des investisseurs devenus la source principale de souveraineté» (Gill, 1999).

Les processus d'hétérogénéisation et de déstabilisation du salariat, que nous venons de décrire, façonnent la structuration des configurations[3] salariales et des liens qui les relient.

«La première configuration comporte des salariés dits stables et polyvalents. Elle concerne pour l'essentiel les industries de processus (comme les chaînes de montage automobile de seconde génération à base de machines à commande numérique et de robots) ou (bien que sous des modalités différentes) certains secteurs encore relativement protégés. L'entreprise a donc intérêt à stabiliser ces travailleurs, en n'excluant pas, bien au contraire, des réductions d'emploi en réaction à des innovations techniques, à des variations d'intensité de la concurrence ou encore à une exigence de rentabilité croissante. Il s'agira donc de fidéliser ces travailleurs sans aller jusqu'à leur garantir une stabilité d'emploi : cet objectif sera atteint grâce à une politique de salaires relativement élevés et comportant un incitant à la productivité, par une partie variable du salaire prenant généralement la forme d'un intéressement aux résultats de l'entreprise (avec, par exemple des plans d'épargne-entreprise comme en France)».

«La deuxième configuration inclut les salariés relevant du modèle professionnel. Elle concerne les métiers porteurs de l'innovation et du dynamisme de l'entreprise, en particulier dans les secteurs de haute technologie (chercheurs, «développeurs», créatifs du marketing, «managers» de grand talent). Contrairement aux précédents, ces salariés détiennent des savoirs et des savoir-faire qui ne sont pas «firm specific» et qui ne constituent donc nullement — et même tout au contraire — des obstacles à leur mobilité. Ces salariés sont attentifs à se positionner pour utiliser au maximum les opportunités de marché. Pour les retenir et les inciter à conduire la firme dans l'intérêt des actionnaires plutôt que de chercher à se ménager des avantages personnels, il faut non seulement leur offrir un haut niveau de revenu, mais le faire dans une formule qui aligne leur intérêt sur celui des actionnaires. Cet objectif est atteint par des formules de participation différée au capital de l'entreprise, dont les fameux «stock option plans» (plans d'options d'achat d'actions à des prix d'exercice qui peuvent permettre de substantielles plus-values)».

«Le troisième type de statut concerne les salariés dont les compétences sont banalisées et donc aisément transférables et dont le statut est essentiellement caractérisé par ce qu'on peut appeler la flexibilité de marché. C'est le domaine par excellence de l'emploi précaire, de l'emploi à temps partiel et horaires "flexibles" ravageurs de vie familiale (comme dans la grande distribution), de l'externalisation, éventuellement délocalisée, de certaines fonctions à la sous-traitance, de la sous-traitance à de "faux indépendants" (faux parce que dépendants d'un seul donneur d'ordres) externalisés de force avec le licenciement "sec" comme seule alternative. Le régime salarial de ces travailleurs, siège d'une intense activité de laminage des coûts de production, tend résolument vers "SMIG plus epsilon", éventuellement assorti de quelques miettes d'intéressement, avant tout destinées à réduire la visibilité de la triangulation» (Cobbaut, 2000).

Aux franges du salariat et liée à la transformation du mode de production des inégalités structurelles se constitue une quatrième configuration. Il s'agit peut-être d'une éventuelle réserve mais aujourd'hui plutôt d'un surplus de main d'œuvre largement précarisée et atomisée. Constituée par la succession et l'imbrication des aspects les plus discriminants des deux régimes de croissance, cette quatrième configuration trouve sa genèse dans le processus central de déstabilisation des caractéristiques du salariat lié au fordisme. Les personnes et groupes composant, durablement ou épisodiquement, cette configuration aux marges sont, pour une grande partie des autres salariés, une préfiguration menaçante d'un déclin social redouté mais possible. Cette configuration forme, avec une partie de la troisième configuration, l'objet-sujet essentiel des processus et des politiques d'insertion.

c) **Transformation du mode de production des inégalités et processus d'insécurisation du salariat**

Pour saisir plus complètement le processus d'insécurisation de l'existence du «salariat» qui est à l'œuvre, il est également nécessaire de l'articuler à la transformation des caractéristiques structurelles des inégalités.

Dans le cadre des Etats-nations et des droits conquis par les syndicats, une société hiérarchique de production de type fordiste structurée par des inégalités hiérarchisées s'était établie (Capron, 2000b). Cette société était cependant, en période de croissance globale avec répartition sociale, pourvue d'un puissant facteur d'intégration et d'insertion grâce à une mobilité individuelle et collective. Couplée aux conventions (élévation générale du niveau de vie, avancement à l'ancienneté, régulation des licenciements) et au développement des institutions et organisations de la sécurité sociale de l'existence, la société fordiste procurait un rapport plus certain et sécurisant à l'avenir, favorisait et soutenait un ethos de croyance au progrès pour soi et les autres. Cette croyance dans la diffusion d'un progrès social était confortée notamment par le fait que les droits conquis par les travailleurs situés dans le haut de la hiérarchie salariale ou dans le secteur le plus fort se répercutaient fréquemment au bénéfice des plus faibles au travers des conventions collectives professionnelles ou interprofessionnelles qui prenaient en compte un certain degré de solidarité[4].

Sauf modification significative des rapports de force, nous allons vers une société d'opportunité de marché où le tempo est donné par les firmes transnationales et la mobilité accélérée du capital. Dans cette société, la référence devient la capacité à saisir des opportunités de marché, et ce dans le cadre de l'internationalisation et de l'imposition d'une flexibilité aux effets négatifs pour les travailleurs. Dans le cadre de l'idéologie (politique) libérale de l'égalité (supposée) de tous face aux opportunités[5], la capacité (à saisir celles-ci) est supposée équivalente pour tous. Celui qui ne les saisit pas est rendu alors personnellement responsable de ce qui lui advient socialement. Selon la logique de la société patrimoniale, les inégalités ne sont plus hiérarchiquement définies et prévisibles, mais deviennent des inégalités basées sur une dynamique de l'appariement sélectif. L'appariement sélectif est le résultat d'une dynamique où les meilleurs de tous niveaux se regroupent selon leur domaine d'excellence ou de qualité et développent des avantages et des privilèges qui leur seront propres et qui ne se répercuteront plus «en dégradé» sur ceux qui se situent hors des meilleurs référentiels (Fitoussi & Rosanvallon, 1996; Cohen, 1997).

De plus, ce processus est accompagné d'une flexibilité structurelle et d'une obsolescence rapide des qualifications sociales et techniques. L'ensemble du processus déstabilise aussi, selon des modalités diverses, une partie significative du salariat, des petits indépendants et des travailleurs de la «main gauche de l'Etat»[6] connaissant aujourd'hui une trajectoire socialement descendante, alors que l'accès à ces professions constituait, pendant l'époque fordiste, un lieu de mobilité ascendante. Mais les effets les plus pénalisants de ce processus touchent les personnes et groupes en situation précaire intermittente ou quasi permanente pour lesquels se développent les politiques d'insertion et d'activation des allocations sociales (qui, à côté d'autres mesures, contribuent aussi à accroître les conditions mises à l'octroi et au maintien des allocations).

Ce phénomène conduit également à une intensification des inégalités au sein du salariat. Le plus haut concurrence le moyen, le moyen l'inférieur, et ainsi de suite. Cette concurrence se retrouve aussi, certes de façon différente, dans le secteur du chômage, de l'assistance et de l'aide sociale. Pensons aux relations entre les «insiders» de l'assurance-chômage (chômeurs indemnisés qui peuvent améliorer leurs revenus par des prestations complémentaires limitées ou certaines catégories de prépensionnés) et les « outsiders » qui peuvent être, pour un certain temps, hors sécurité sociale tels que, par exemple, les jeunes peu qualifiés et à l'allocation minimale de chômage, les femmes peu qualifiées obligées de ne travailler qu'au foyer « domestique » et les personnes ayant opté, volontairement ou par obligation, pour un travail à temps partiel moyennant une rémunération basse mais nécessaire pour « qu'elles puissent joindre les deux bouts » (Cantillon & Thirion, 1998, p. 320; Cantillon, De Lathouwer *et al.*, 1999).

Dans le même temps, comme le fait remarquer R. Sennett, « une tout autre structure de caractère » apparaît chez ceux qui exercent le pouvoir au sein de ce régime patrimonial (Sennett, 2000, 81-85). Cette structure de caractère, qui devient valeur de référence puisque portée et promue par les « nouveaux gagneurs », comporte les caractéristiques suivantes : (a) se positionner dans un réseau de possibilités et ne pas se lier sur une tâche particulière; (b) être un concurrent impitoyable; (c) travailler sur plusieurs fronts en même temps et se complaire dans la fragmentation car on sait comment l'utiliser à son profit; (d) se détacher des attaches du passé; bref, adhérer et construire « la morale, l'éthos » du gagneur qui disqualifie ceux qui ne sont pas de ce camp (Boltanski & Chiapello, 1999).

2. PROCESSUS DE DÉSTABILISATION ET CRÉATION DE « PRÉCAIRES ASSISTÉS »

a) Vulnérabilité et précarité : dimension économique et sociale du processus

Le processus de déstabilisation des stables, de précarisation et d'exclusion fissure la construction de la société salariale en tant que sécurité d'existence de longue durée basée sur un « patrimoine » socioéconomique collectif avec des droits de tirage individuels et « familiaux » (Castel, 1995 et 1999; Paugam, 2000; Reman & Molitor, 2000). En effet, entre les quatre configurations décrites ci-dessus existent des mouvements de « populations ». Sur un plan synchronique, les flux et parcours de personnes entre les diverses configurations dépendent à la fois de l'état et de la structure du marché du travail, des politiques économiques et sociales ainsi que des caractéristiques sociales et culturelles des intéressés. Sur un plan diachronique, les trajectoires des personnes dépendent des mêmes éléments et de leur modification interactive dans la durée, ce qui provoque décalage d'ajustement et contradiction conjoncturelle voire structurelle entre le marché du travail, les politiques socioéconomiques, les demandes des entreprises et les caractéristiques des personnes. Cependant, dans une société marquée par les inégalités d'opportunité de marché, le poids des conditions de départ et la capacité différenciée des individus de faire face aux opportunités négatives et à l'appariement sélectif les isolent davantage que dans la société hiérarchique fordiste vu la plus forte imprévisibilité des inégalités d'opportunité. C'est pourquoi, entre les situations d'exclusion ou d'intégration sur le marché du travail, il existe une multitude de situations intermédiaires dont la plupart sont signes de précarité ou de vulnérabilité. Le chômage de longue durée et l'exclusion (dans une ou plusieurs de ses dimensions) constituent davantage l'aboutissement ou l'étape ultime d'un processus de relégation qu'une situation de rupture radicale par rapport à la situation de ceux qui sont en situation d'emploi précaire.

Citons quelques éléments essentiels illustrant ce processus de déstabilisation et de creusement des inégalités conduisant à la précarité, à la non-insertion et à l'exclusion.

Epinglons d'abord les multiples demandes explicitement politiques de l'OCDE dans ses rapports sur la Belgique et sur certains pays européens et portant sur les domaines suivants :

a) abandonner (notamment pour les jeunes) le salaire minimum interprofessionnel garanti et surtout les salaires minima des barèmes des commissions paritaires ;

b) abandonner divers systèmes d'indexation «automatique» des salaires et des allocations sociales ;

c) réduire la durée maximale de versement des allocations de chômage et augmenter le nombre de personnes suspendues ou exclues des allocations de chômage ;

d) réviser profondément la législation sur les préavis afin de raccourcir les préavis des employés et de généraliser le système des préavis courts des ouvriers à l'ensemble de l'économie (OCDE, 1997a ; OCDE, 1997b) ;

e) entreprendre, sur base des éléments cités, une réforme structurelle du marché du travail car «le chômage en Europe est dans une large mesure de nature structurelle et il est dû à des facteurs institutionnels et réglementaires» (Ministère Fédéral de l'Emploi et du Travail, 1999, 173-196).

D'autres constatations manifestent également l'existence d'un processus de fragilisation et de déstructuration du rapport salarial lié au principe du contrat à durée indéterminée. Ainsi, dans de nombreux pays d'Europe occidentale (dont la Belgique) :

a) le nombre et le statut des personnes en situation de non-emploi et de chômage se modifient significativement ;

b) le nombre de personnes dépendant uniquement ou principalement de l'aide sociale ou des droits des revenus de l'assistance sociale (dont notamment le transfert de personnes ayant des allocations de chômage insuffisantes, de personnes suspendues ou exclues du chômage ou se trouvant en fin de droits pour le chômage) s'amplifie fortement (Andries, 1996 ; Lesiw, 1998) ;

c) le nombre des ménages surendettés (dont de nombreux chômeurs et travailleurs peu qualifiés) et subissant des saisies sur salaire (y compris pour des dépenses essentielles telles que loyer, santé, énergie) est en constante progression (Observatoire du crédit et de l'endettement, 1999) ;

d) le taux de pauvreté augmente également significativement et il faut noter que, sans les transferts des revenus de sécurité sociale mais en maintenant le transfert des allocations familiales, le taux de pauvreté passerait, en Wallonie, approximativement de 5 % à 40 % de la population (Région Wallonne et Fondation Roi Baudouin, 1995, p. 10, 30, 40 ; Atkinson, Glaude, Freyssinet & Seibel, 1998 ; Eurostat, 1997 ; Morel, 1998).

Sur le plan des flux et des trajectoires entre les diverses configurations, notamment entre les configurations dénommées « de flexibilité de marché » et « aux marges du salariat », quelques points significatifs illustrent ce processus de vulnérabilité et de précarisation croissantes. Ainsi, en Belgique, le taux de chômage des peu qualifiés représente en 1997 près de quatre fois celui des plus qualifiés. De plus, depuis 1980, et particulièrement pour les peu qualifiés, le risque d'enlisement dans le chômage de longue durée est particulièrement élevé, puisqu'on peut caractériser la relation entre les taux d'entrée et les taux de sortie du chômage par la notion de « rotation à exposition forte négative », c'est-à-dire la combinaison d'un taux d'entrée élevé dans le chômage avec un taux de sortie faible du chômage de courte durée (Audiart, 2000 ; Eurostat, EFT, 1983 et suivantes ; Dejimbe, 1996 ; Fondeur, Lefresne *et al.*, 1999). Le poids des conditions (bonnes ou mauvaises) de qualité de l'insertion ou de la non-insertion professionnelle de départ (dans les mois qui suivent immédiatement la sortie de l'école) influence les caractéristiques initiales de la trajectoire faisant se succéder emploi ou non-emploi à statuts très variables. Cela se marque particulièrement pour les jeunes et les femmes peu qualifiés notamment parce que le nombre de postes destinés aux peu qualifiés et la concurrence sur ces postes orientent rapidement les peu qualifiés vers une trajectoire négative définie par la disqualification et le chômage de longue durée (Gavray, 1996, 1999 ; Guillaume, 1999).

Ces divers éléments montrent bien que les questions essentielles concernant les dimensions économique et sociale du processus de fragilisation d'une grande partie du salariat se structurent autour des points suivants :

a) l'augmentation du nombre et du degré de vulnérabilité des personnes peu qualifiées et des personnes qui se déqualifient ou se trouvent — bien que qualifiées — dans des secteurs en déclin ou des secteurs ayant des exigences hypercompétitives ;

b) les conséquences d'un manque structurel d'emplois corrects, si du moins le choix effectué demeure d'éviter le développement des «working poor» ;

c) l'ampleur faible ou forte de la distance existant entre, d'une part, la qualification de départ et les rythmes d'évolution de la qualification technique et sociale des personnes concernées et, d'autre part, les exigences incluses dans la définition et l'évolution des emplois à pourvoir dans le cas d'une relance ou d'une réduction du temps de travail créatrice d'emplois.

C'est en tenant compte de ces divers facteurs contextuels qu'il faut situer et analyser les politiques et les processus d'insertion.

b) Précarisation et stigmatisation : dimension symbolique et idéologique du processus

Que ces «nouvelles» inégalités structurelles soient économiques ou sociales, qu'elles se juxtaposent ou se cumulent pour segmenter la population des personnes qui n'ont que leur travail ou la sécurité sociale pour vivre comme chômeurs, précaires, pauvres «à réinsérer», ces «nouvelles» inégalités s'accompagnent d'un processus de suspicion et de culpabilisation symbolique et idéologique.

1. Le poids du soupçon

Comme le montrent Sayad & Laacher (Sayad & Laacher, 1998, 166-185), la notion d'insertion prend son sens central dans un champ de sémantique sociale lié aux relations entre au moins deux mondes dont l'un, dominant, possède la référence légitime, et l'autre, dominé, aspire à cette référence. Dans la situation coloniale, Sayad & Laacher articulent ainsi le monde colonisé à intégrer et le monde colonisateur de référence. Dans le monde actuel, ils articulent soit le monde des immigrés et la société d'accueil, soit le monde des insérés et celui des personnes devant s'insérer. Ils établissent ainsi la filiation entre les notions d'immigration (de l'extérieur ou de l'intérieur), d'exclusion, d'intégration, d'insertion et d'assimilation, toutes situations dans lesquelles celui qui n'acquiert pas le «bien» de référence est considéré comme «suspect», alors même que ce bien de référence est chichement distribué et qu'il faut faire la preuve qu'on en est digne, qu'on le mérite, qu'on n'est pas en faute de ne pas l'avoir obtenu. Tout se passe donc comme si la thématique transversale du «suspect» (comme celle du «dangereux») qui, au XIXe et ensuite au début du XXe siècle, s'est focalisée sur l'ouvrier[7], l'immigré et l'étranger, se métamorphosait aujourd'hui en stigmatisation du chômeur.

Cependant, l'actuelle mise en soupçon des chômeurs[8] s'opère en fonction de nouvelles logiques de gestion sociale caractérisées par l'ambivalence de procédures nouvelles et euphémisées de contrôle individualisé qui visent à obtenir la preuve du mérite personnel de celui qui est soupçonné[9]. En conséquence, le chômeur devenu «suspect» doit fournir, à répétition, les preuves de sa conduite méritoire par une présence active dans des processus d'insertion, présence d'une durée indéterminée car liée à l'obtention d'un emploi dont le statut et la durée peuvent être très variables (Coffield, 1993).

2. Dette sociale et crédits sociaux, droits et devoirs, pouvoirs et contre-pouvoirs

Face à la pérennité du problème de l'exclusion au travers des sociétés occidentales, on peut repérer dans l'histoire la diversité des réponses et se poser la question de la logique de leur évolution (Ewald, 1989).

A l'aube des sociétés industrielles, «les libéraux distinguaient deux types d'obligations sociales : un ensemble d'obligations juridiquement sanctionnantes, liées à l'échange d'équivalents et épousant la forme du contrat; un ensemble d'obligations morales pour gérer les relations d'inégalité du supérieur à l'égard de l'inférieur, du riche à l'égard du pauvre. Selon cette philosophie, le pauvre ne peut avoir de droit aux secours qu'on lui donne, parce qu'il ne peut rien offrir en échange (...) Au fond de cette philosophie libérale, il y a cette idée que le pauvre est responsable de son état et que la pauvreté est une faute (...) Ainsi, la relation de bienfaisance, toujours volontaire, a-t-elle une visée pédagogique :

la transformation de la conduite du marginal pour en faire un sujet responsable et prévoyant, sa moralisation» (Ewald, 1989).

A la fin du XIXe siècle, un nouveau régime d'obligations apparaît. «Les obligations sociales proviennent de la disparition du principe de la distinction entre obligations morales et légales, et ces obligations sociales peuvent toutes faire l'objet d'une sanction légale. (...) La pauvreté, la misère, l'exclusion ne relèvent plus d'une faute personnelle mais elles expriment des risques» (Ewald, 1989). Par l'imposition de la notion de risques, les longues luttes sociales définiront et établiront la notion des droits face aux risques. Mais il demeurera longtemps et il demeure encore aujourd'hui une différence de principe entre le droit d'assurance, dont la seule condition est de reposer sur le travail effectué par le travailleur, le droit d'assistance, non basé sur le travail antérieur effectué mais lié à d'autres conditions et le droit lié uniquement à la qualité de citoyen d'un Etat.

Malgré le développement des droits, l'articulation entre l'obligation sociale liée au risque et l'obligation sociale liée à la responsabilité individuelle reste ambivalente. Elle instaure une tension entre deux pôles : celui du risque et celui de la faute; celui du droit attribué et celui des conditions à fournir pour être reconnu comme ayant droit au maintien de ce droit; le pôle du droit inconditionnel et le pôle du droit conditionné (Réa, 1997, p. 39-54). Mais, dans le cas de l'insertion, notion polysémique (Bonniel & Lahire, 1994), le paradoxe est que le droit de celui qui doit s'insérer est lié à la conquête d'un bien — à savoir l'emploi — devenu actuellement un bien rare dont les critères d'appropriation et de répartition sont profondément inégaux. En conséquence, la société exige que les personnes fassent la preuve de leur volonté d'insertion, en conquérant un bien dont cette société sait, dès la formulation de son exigence, qu'il existe en quantité insuffisante, du moins selon des conditions décentes (si l'on admet qu'il est juste de refuser le développement de la catégorie des «working poor»). Bref, la charge de la preuve se renverse au détriment du chômeur. Dans une société d'opportunité de marché et d'appariement sélectif, le chômeur risque donc toujours de devenir coupable de manquer d'initiative et de sens des opportunités offertes par l'égalité formelle des chances. Cette égalité est «formelle» et non pas effective car elle n'est pas liée à une politique stricte de lutte contre les inégalités, élément essentiel que le libéralisme social tend à oublier pour reporter unilatéralement la responsabilité de la situation vers la personne elle-même.

C'est pourquoi la question ambiguë et périlleuse du droit inconditionnel ou conditionnel aux allocations de chômage doit être définie et gérée selon des critères de justice sociale et de responsabilité (Genard, 1999) afin que les conditions éventuellement posées à l'octroi et au maintien du droit ne soient pas orientées unilatéralement au détriment des personnes à insérer. La place et le pouvoir des sans-emploi (et plus largement de tous les «sans» voix) dans le syndicat, les mouvements associatifs et les partis politiques sont à renforcer pour que la définition du contenu de la conditionnalité des droits soit l'objet d'un enjeu politique explicite ne se limitant pas aux techniciens du social (Palsterman, 1996; Filleule, 1993; De Lathouwer, 1996).

3. La stigmatisation des chômeurs par le prêt-à-penser dominant

Le vocabulaire lancé et utilisé par les réseaux du pouvoir dominant structure ainsi un prêt-à-penser (Alaluf, 2000) qui, repris sans recul et distance critique, risque, d'une part, de s'imposer comme guide proactif de la perception des personnes concernées et, d'autre part, d'inspirer le jugement que l'on porte sur elles et donc l'imagination des mesures à prendre. Ainsi, par exemple, le terme «activation» peut, grâce à sa polysémie, s'appliquer aisément aux allocations mais aussi aux allocataires sociaux concernés qui sont ainsi désignés comme auteurs responsables de leur passivité. Et ce d'autant plus qu'en désignant les politiques d'indemnisation comme des politiques «passives», la pensée commune dominante les désigne de façon péjorative et négative. Un tel prêt-à-penser incite à ne pas poser la question de «l'activation» des politiques d'emploi par un renforcement des politiques publiques et de moins prendre en considération les mesures alternatives pour une «activation» positive des allocations.

Ces affirmations de la pensée commune proviennent souvent des lieux de fabrication et de diffusion du «prêt-à-penser» que sont des organismes tels que l'OCDE, la Commission Européenne et le FMI, où se trouvent de nombreux technocrates acquis au néo-libéralisme conquérant. Elles s'appuient sur — mais en même temps détournent de — son objectif un des schémas de pensée les plus prégnants de la vie en société, à savoir l'équation définissant une équivalence d'exigence entre les droits et les devoirs réciproques de la société et des individus, niveau d'exigence qui peut cependant varier en fonction de certains éléments. Mais cette exigence de réciprocité entre droits et devoirs est imposée avec volonté et contrôle stricts aux groupes qui subissent souvent des inégalités significatives. Une telle utilisation contribue à stigmatiser les chômeurs et les précaires. Par contre, cette relation de réciprocité définit souvent de manière trop vague, et avec peu voire aucun contrôle effectif, les obligations de groupes nettement plus favorisés.

Sur le plan de la vie politique, sociale et citoyenne, une application plus juste[10] de cette exigence de réciprocité entre droits et devoirs nécessite de renforcer le droit et le pouvoir des sans-emplois dans les multiples relations de subordination qu'ils doivent affronter. Ces relations de subordination sont partiellement présentes dans la mise en place progressive de procédures contractuelles et conditionnées du maintien des allocations sociales, procédures dans lesquelles on passe vite de l'incitation à l'invitation pressante et ensuite à l'exigence tacite ou explicite.

3. LES POLITIQUES D'INSERTION : ENJEU AMBIVALENT

a) Les politiques d'insertion parmi les politiques du marché du travail et les politiques sociales

On peut caractériser la politique de l'emploi et de lutte contre le chômage par les grands axes suivants (Reman & Molitor, 2000) :

a) une politique de garantie des ressources à travers la sécurité sociale, l'assistance et l'aide sociales, ce qui permet, en Belgique notamment, de stabiliser le taux de pauvreté à un niveau relativement bas comparativement aux autres pays de l'Union Européenne, de l'OCDE et surtout des Etats-Unis ;

b) une politique de diminution de cotisations sociales dites patronales visant deux effets : le premier, destiné à baisser globalement les taux des cotisations, a pour objectif de freiner la substitution capital/travail et de favoriser la création d'emplois ; le second, en renforçant et en ciblant la baisse des taux sur les bas salaires, vise à stimuler l'attrait de l'emploi à salaire minimum ou bas par rapport aux allocations de chômage en rendant possible ou obligatoire une augmentation des salaires minima et bas soit directement par l'Etat, soit en répercutant sur le salaire net du travailleur la diminution des cotisations sociales dites patronales ;

c) une politique de flexibilité des horaires (journaliers, hebdomadaires, mensuels et annuels) et des types de contrat pour répondre aux exigences des entreprises ;

d) une politique qui vise à développer une zone intermédiaire entre l'inactivité et le chômage, zone où, d'un côté, se retrouvent les pré-pensionnés et les chômeurs âgés et, de l'autre, se développent, grâce à une politique de subventionnement et aux programmes de résorption du chômage, les dispositifs d'insertion et d'activation ainsi que le champ de l'insertion (Réa, 1991 et 1997 ; Vanheerswynghels, 1998) ; cette politique tente d'articuler une dynamique d'augmentation de la demande de travail et une dynamique d'offre de travail grâce à l'augmentation de la qualification de la main d'œuvre, que ce soit par la formation ou l'expérience d'immersion professionnelle (stage, mise à l'emploi avec activation des allocations, etc.) (Bodart, 1999 et 2000).

Chacun de ces quatre axes fait l'objet de débats complexes alimentés par des considérations et propositions qui visent à donner à ces mesures des orientations «progressistes» ou «conservatrices».

Si on se centre plus particulièrement sur les politiques d'insertion effectivement réalisées, un ensemble d'études, dont celles du CERISIS-UCL, établissent diverses typologies. Je reprends à M. Autès (Autès, 1999, 152-218) la typologie qu'il établit pour les dispositifs d'insertion par l'économique. Il distingue six modèles : ceux (a) de la réinsertion sociale (qui correspond dans les parcours d'insertion aux étapes dites de resocialisation et de préqualification), (b) du sas vers l'emploi normal (qui correspond à l'étape de formation qualifiante dans le parcours d'insertion), (c) du second marché du travail (à contraintes moindres que le marché normal du travail) pour personnes peu qualifiées, (d) d'une main d'œuvre flexible pour les entreprises «normales» ou «à finalité sociale» qui prennent des personnes en insertion, (e) de la création d'entreprises d'économie sociale ou d'entreprises individuelles, (f) du troc et des réseaux d'échanges. Même si ces modèles proviennent d'une observation des dispositifs d'insertion par l'économique, ils sont satisfaisants pour une première typologie du champ de l'insertion et surtout suggèrent l'hypothèse de l'ambivalence structurelle des fonctions et des orientations de ce champ et des acteurs qui y agissent.

b) L'ambivalence structurelle des actions et des politiques d'insertion

1. Définition de l'ambivalence structurelle

Etant donné le nombre limité d'emplois offerts par rapport au chiffre des demandeurs d'emploi, le fait que les politiques d'insertion se déroulent dans un champ social traversé par des forces sociales et politiques poursuivant des buts partiellement différents constitue un facteur de transformation possible (dont l'issue positive est incertaine puisque l'hypothèse d'un renforcement des inégalités de précarisation demeure actuellement prédominante).

En conséquence, on peut faire l'hypothèse que les divers acteurs du champ de l'insertion et le champ de l'insertion lui-même sont actuellement dans une position d'ambivalence structurelle concernant l'orientation et les effets qu'aura leur action sociale et politique, susceptible d'agir comme levier. La notion d'ambivalence permet de tenir compte de la double face de l'insertion appréhendée, d'une part, comme une gestion acceptée mais contrôlée socialement des conséquences du processus de précarisation, de non-insertion et d'exclusion et, d'autre part, comme une dénonciation des injustices économiques, sociales et culturelles du marché de l'emploi et du non-emploi couplée à une démarche plus ou moins collective en vue d'actions efficaces et justes pour un débouché positif et compensatoire (discrimination dite positive).

Robert Castel analyse cette position d'ambivalence de la façon suivante : « Le champ des acteurs et des politiques de l'insertion est sur une ligne de crête, ténue et pourtant stratégique car, alors que la dégradation des positions fondées sur un travail stable risque de provoquer un séisme social, peut-on espérer qu'une production de normes et de pratiques nouvelles (à partir de l'insertion sociale et/ou professionnelle) prendra une consistance suffisante pour sauver les naufragés de la société salariale... ? S'il y a une réponse..., elle se forgera, elle commence déjà à se forger à travers ces pratiques. Celles-ci se présentent dès lors comme des laboratoires où accouche — dans la douleur — la possibilité d'élaborer certaines alternatives au travail capables de fonder une reconnaissance sociale » (Castel, 1995, 1998 ; Maroy & Fusulier, 1998).

Appréhendée du point de vue des précaires, « la ligne de crête » comporte ainsi deux versants : un versant positif et un versant négatif. Le versant positif s'appuie sur l'exigence suivante : la création d'emplois convenables est une condition essentielle et structurante afin que les politiques d'insertion ne versent pas vers une logique exclusive de contrôle et d'encadrement social des personnes et des groupes « mis à l'écart » susceptibles de devenir des « à insérer permanents ». Si cette condition est rencontrée au moins partiellement, il est utile d'apporter un élément supplémentaire à la réflexion et à l'action. En effet, dans le cadre d'un manque structurel d'emplois adéquats (pour les employeurs et pour les personnes concernées), ne faut-il pas oser examiner, comme le font Sayad & Laacher, que « si l'insertion par le travail (tel que défini aujourd'hui) est la condition essentielle pour l'insertion globale dans l'ordre social, elle n'est pas unique ; elle n'est pas la seule à prendre en considération même si elle détermine (encore aujourd'hui) toutes les formes d'insertion » (Sayad & Laacher, 1998 ; Rosanvallon[11], 1995).

Le versant négatif de la « ligne de crête » (sur laquelle se situent les politiques d'insertion) se définit selon une logique décrite par une étude portant sur une comparaison européenne du marché du travail pour les jeunes. «Le phénomène constaté de polarisation convergente des jeunes sur des secteurs créateurs d'emploi et sur des nouvelles normes en extension dans le secteur de l'emploi permet de légitimer une hypothèse de diffusion, via l'insertion professionnelle, de nouvelles relations d'emploi. (...) Il s'agit donc d'un remodelage des trajectoires en grande partie fondées sur des statuts nouveaux, conférant souvent une position instable et fragmentée» (Fondeur & Lefresne, 1999 et 2000, 2-3).

On peut donc conclure que l'enjeu central des actions menées à partir des dispositifs d'insertion et de mise à l'emploi est triple :

a) conduire à des emplois décents et convenables au regard des droits sociaux et économiques ;

b) ne pas déstabiliser des formes sécurisantes d'emploi et ne pas être un laboratoire de la flexibilité négative ;

c) favoriser complémentairement, et selon un statut social et assimilé, sous certaines conditions, à une activité professionnelle, la promotion d'autres formes d'activités porteuses de reconnaissance sociale (Jaminon & Herman, 1998).

Cependant, au stade actuel, le poids relatif et l'issue de ces actions demeurent incertains et ambivalents vis-à-vis des logiques dominantes. Les dispositifs pourraient aussi, comme ils le font déjà partiellement, renforcer la dérégulation, conduire à des emplois non convenables et consolider la faute «personnelle» de celles et ceux qui, après avoir fréquenté des dispositifs d'insertion, n'obtiennent cependant pas un emploi.

2. Apport du versant positif de l'ambivalence des politiques d'insertion

Après avoir analysé les causes et les effets injustes du processus de déstabilisation et de précarisation[12], et après avoir formulé l'hypothèse de l'ambivalence structurelle des fonctions des dispositifs et du champ de l'insertion, il est utile de repérer les modifications positives du contexte dues à l'existence du champ de l'insertion. En effet, de nombreux acteurs du champ de l'insertion inscrivent explicitement leurs actions dans un axe visant à imposer des limites nettes à l'extension et à la domination de la logique sociale spécifique au marché du capitalisme actuel, à savoir celle d'une société de rivalité (Leroy, 1996).

Ces divers éléments positifs ne suppriment évidemment pas l'ambivalence actuelle de la fonction sociale du champ de l'insertion mais indiquent que les actions et les politiques accomplies sur le versant «positif» de la «ligne de crête» dont parle Robert Castel peuvent produire un compromis qui peut, sous certaines conditions, accroître les chances et les opportunités d'avenir positif pour les groupes subissant de réelles inégalités.

Relevons donc quelques points d'appui positifs permettant d'agir à contre-courant sur le processus global de déstabilisation profonde de la société salariale se traduisant par l'invalidation de personnes aptes au travail et non plus seulement inaptes (Castel, 1998).

Le premier point d'appui est l'accroissement des moyens culturels et des moyens de reconnaissance sociale pour les groupes et les personnes en situation structurelle d'inégalités. Les acquis culturels liés à leur participation réussie à des processus de formation et la confiance qui leur est faite peuvent leur procurer une force culturelle et symbolique qui leur permet de progresser dans la reprise en mains de leur destin social. Ces acquis culturels complémentaires peuvent également se renforcer lorsque ces personnes, sous certaines conditions, se construisent en tant que groupe actif, voire mobilisé, et commencent à agir, dans la durée, en alliance avec d'autres comme composante d'un mouvement social capable d'actions et de représentations de leurs demandes sociales (Filleule, 1993; Hirschman, 1995; Demazière, 1996).

Le deuxième point d'appui est l'idéologie et l'éthique professionnelle et sociale d'une partie significative des professionnels concernés, c'est-à-dire de toutes celles et de tous ceux qui sont amenés soit à former, soit à contrôler, soit à agir avec les personnes sans emploi, les stagiaires, etc. Leur idéologie et leur éthique déterminent partiellement la position et le poids qu'aura le champ de l'insertion dans l'orientation des politiques. Elles influencent aussi le choix des points mis à l'ordre du jour de l'agenda politique de la société.

Le troisième point d'appui porte sur les coalitions et les alliances entre les acteurs, notamment pour la définition de l'ordre du jour de l'agenda politique de la société. Ce rapport de force dépend entre autres : (a) du type d'alliance entre les professionnels du secteur et les responsables politiques sociaux ainsi que les technocrates définissant les politiques étatiques ou européennes; (b) du type et du contenu des alliances et des oppositions entre les acteurs du champ de l'insertion, les mouvements sociaux, les interlocuteurs sociaux et économiques et les forces politiques.

Le quatrième point d'appui est l'action d'autres acteurs sociaux tels ceux de l'économie sociale et d'une partie de l'enseignement qui tentent de contribuer à la construction de relations sociales basées sur la coopération et la confiance à long terme. L'action de ces acteurs vise à imposer des limites institutionnelles au marché centré sur la dimension de rivalité.

Ainsi, une partie significative des acteurs du champ de l'insertion, mais aussi de l'économie sociale et de l'enseignement, arrive à participer à la définition du choix des questions prioritaires mises à l'ordre du jour de la société, enjeux prioritaires dont l'éventuelle évolution positive n'est pas garantie, ni perdue à l'avance. Dans cette véritable course «sociale» contre la montre imposée par les acteurs dominants du marché, le poids du champ de l'insertion, de l'économie sociale et de l'enseignement n'est sans doute pas le déterminant premier, mais son rôle est essentiel dans une logique des «points de levier et points d'appui», dans le refus du tout ou rien, dans le refus de la résignation, dans l'indication et la construction d'une direction soucieuse de justice sociale et de droit à l'emploi.

4. POINTS DE REPÈRE DES ACTIONS D'INSERTION VERS UNE SOCIÉTÉ «PLUS JUSTE»

Après avoir analysé les facteurs principaux provoquant la déstabilisation des stables et l'accroissement du nombre de personnes «à insérer», après avoir resitué les politiques d'insertion dans les politiques sociales et d'emploi et après avoir exploré l'ambivalence structurelle des politiques d'insertion, il est pertinent d'examiner les critères de jugement[13] qui permettent d'orienter les politiques d'insertion vers une diminution des inégalités économiques, sociales et culturelles ainsi que vers un maintien et une rénovation de la sécurité d'existence des diverses catégories du salariat.

a) Premier repère : hiérarchie des responsabilités de chacun des acteurs

Dans l'évaluation des politiques et dispositifs d'insertion, le critère principal (pris le plus souvent en considération par les autorités) est le taux de mise à l'emploi des personnes ayant fréquenté les dispositifs[14]. Si on n'identifie pas clairement la hiérarchie des niveaux de responsabilité concernant les questions d'emploi lorsqu'on évalue les dispositifs d'insertion, le risque est important de culpabiliser principalement le dernier maillon de la chaîne et de faire peser sur les acteurs finaux (opérateurs de formation et personnes au chômage; établissements scolaires, enseignants, élèves ; entrepreneurs de l'économie sociale) des exigences et responsabilités de réussite qui ne dépendent pas d'eux, du moins en premier lieu. Sans entrer dans une analyse de l'interdépendance de tous les facteurs nécessaires au processus de la création d'emplois et de mise à l'emploi, la définition de la hiérarchie des niveaux de responsabilité des divers acteurs doit tenir compte, par exemple, de l'importance dans la dynamique de la création et de mise à l'emploi, des politiques économiques et sociales européennes, fédérales et régionales[15] ainsi que de celle des employeurs qui devraient mieux équilibrer recherche de rentabilité et développement d'emplois et devraient développer une organisation qualifiante du travail plutôt que d'augmenter encore la segmentation du marché du travail en recherchant notamment des surqualifications à l'embauche ou en éliminant, à niveau de qualification équivalente voire supérieure, les personnes d'origine immigrée ou les travailleurs « âgés ».

Par ailleurs, la définition de la hiérarchie des responsabilités entre tous les acteurs sociaux, économiques et politiques n'a pas pour rôle de déresponsabiliser les acteurs qui travaillent sur le terrain, ni de les soustraire *a priori* de toute évaluation[16]. Il s'agit, en fait, de mieux définir la fonction et la responsabilité effectives de chacun dans un système où chaque acteur est interdépendant. Cette interdépendance implique notamment que (a) en amont des dispositifs d'insertion, l'enseignement s'engage dans des actions contre la culture de l'échec ; (b) les employeurs publics et privés en relation avec les associations des travailleurs et des opérateurs de formation s'organisent pour repérer à temps certains goulots futurs d'étranglement en termes d'emplois demandant telle ou telle formation et qualification ; (c) malgré les difficultés de prévision et les divergences de rythme entre l'évolution des postes d'emploi et l'acquisition des qualifications, les interlocuteurs sociaux et les gouvernements financent, en permanence, des études longitudinales afin d'expliciter le mieux possible les caractéristiques essentielles que devraient avoir, à un horizon de 5 à 8 ans, les compétences techniques, sociales et culturelles demandées par les divers secteurs d'activité ; (d) les entreprises et les organisations considèrent la formation comme un investissement et permettent le développement de la formation continue et de la formation en alternance.

Vu le poids du passé et malgré la conjoncture favorable actuelle dont les effets sur l'emploi sont très variables selon les régions, partir du manque significatif d'emplois est un des éléments essentiels pour établir des priorités d'action, définir le type d'évaluation et dresser la liste des demandes pertinentes à l'égard du champ de l'insertion. En prenant comme exemple de région en crise la région wallonne, nous examinerons trois éléments afin, dans un premier temps, de mieux préciser les responsabilités propres des politiques et processus d'insertion et afin, dans un second temps, de mieux cerner la pertinence actuelle d'une conception multidimensionnelle de l'insertion (Conter, Hecq & Plasman, 1998).

1. Eléments de clarification des responsabilités

Comparons d'abord la structure de la répartition de l'emploi et des postes vacants entre les trois régions et le royaume.

Tableau 1 — Répartition de l'emploi total et des postes vacants selon les régions (année 1997) (Simoens, Denys & Denolf, 1998).

REGIONS	EMPLOI TOTAL	POSTES VACANTS SUR ANNEE 1997		
		Postes en remplacement	Postes nouveaux	Total
Bruxelles	17,43 %	21,33 %	21,30 %	21,32 %
Wallonie	**25,96 %**	**18,13 %**	**21,53 %**	**19,89 %**
Flandre	56,61 %	60,54 %	57,17 %	58,79 %
Royaume	100,00 %	100,00 %	100,00 %	100,00 %
Royaume (ch. abs.)	3.195.509	158.270	170.313	328.583

On peut d'abord constater (Tableau 1, lecture en colonne) que la Wallonie n'atteint pas, en termes de postes en remplacement ou de postes nouvellement créés, la proportion qu'elle a dans la répartition de l'emploi total. Dans les deux cas, Bruxelles dépasse sa proportion dans l'emploi total, ce qui désigne son rôle bénéfique (vu les travailleurs navetteurs) dans le domaine de l'emploi pour les deux autres régions.

Dans le même temps (cf. Tableau 2, lecture en ligne), la proportion des postes difficiles à pourvoir (définis comme postes restés vacants pendant au moins 3 mois et plus) se situe, pour le Royaume, à 10 %. Il faut souligner que la Wallonie a une moins bonne performance que les autres régions dans la rencontre des postes difficiles à pourvoir. Cela est un des indicateurs des difficultés liées au nombre relativement plus élevé des personnes ayant un bas niveau de qualification, aux types de formation et aux stages qu'il est utile de développer ainsi qu'aux conditions de travail qu'il est nécessaire d'améliorer pour certains de ces postes.

Tableau 2 — Répartition régionale des postes vacants selon les postes difficiles et non difficiles à pourvoir (année 1997) (Simoens, Denys & Denolf, 1998).

REGIONS	POSTES DIFFICILES A POURVOIR	POSTES NON DIFFICILES A POURVOIR	TOTAL DES POSTES VACANTS (1997)	
			En %	En ch. abs.
Bruxelles	9,90 %	90,10 %	100,00 %	70.041
Wallonie	**13,60 %**	86,40 %	100,00 %	65.366
Flandre	8,20 %	91,80 %	100,00 %	193.176
Royaume	9,64 %	90,36 %	100,00 %	328.583

On constate donc que la Wallonie a plus de difficultés que les autres régions à pourvoir certains emplois, ce qui confirme l'utilité d'un effort qualitatif, non seulement dans les dispositifs d'insertion ou de qualification, mais également en formation initiale et continue. Cependant, par rapport à la question du manque significatif d'emplois, il faut retenir que, sur l'année 1997, en Wallonie, 8.890 postes de travail, soit 13,6 % des demandes de travail par les entreprises, n'ont pas été pourvus dans les trois mois. Ces 8.890 postes de travail difficiles à pourvoir (auxquels on peut ajouter une partie des 6.934 postes de travail difficiles à pourvoir provenant des entreprises bruxelloises) doivent être comparés au nombre de 197.500 wallons sans emploi (mais à la recherche d'un emploi). Parmi ceux-ci, la catégorie des personnes entre 20 et 34 ans compte 112.200 wallons, soit 57 % des personnes sans emploi (mais à la recherche d'un emploi). Il ne faut certes pas sous-estimer le problème posé par le nombre (limité) des emplois difficiles à pourvoir, puisqu'il est, en Wallonie notamment, un des indicateurs de la dimension structurelle de l'emploi (décalage entre les emplois disponibles et le degré de qualification des chômeurs, décalage qui risque de s'accroître dans une période de croissance s'il n'y a pas une politique intensive de formation menée par tous les acteurs, y compris les employeurs). Ce problème résulte de la relation entre au moins deux faces. Première face : le volume global de l'emploi à créer est très significatif vu la forte distorsion entre, d'un côté, le nombre (actuellement limité) d'emplois disponibles difficiles à pourvoir et, de l'autre côté, le nombre total de chômeurs et le chiffre global du «sous-emploi» (Ministère des Affaires économiques, 1997). Deuxième face : il existe une relative mais réelle inadéquation entre, d'un côté, les caractéristiques des emplois disponibles difficiles à pourvoir et des emplois en création et, de l'autre côté, les caractéristiques des personnes au chômage. Cette inadéquation relève significativement de la responsabilité des politiques de formation des entreprises, de l'enseignement et des opérateurs d'insertion; or la politique visant le volume de l'emploi relève peu de la responsabilité des opérateurs de l'insertion, de la formation et de l'enseignement, mais essentiellement de la responsabilité «sociétale» des employeurs et des pouvoirs publics régionaux, fédéraux et européens.

2. Fonctions dites critiques d'ouvrier et d'employé dans l'évaluation des «responsabilités»

Une enquête supplémentaire effectuée auprès des consultants en agence d'intérim (CEFORA-UPEDI, 2000)[17] montre qu'en Wallonie, pour les 21 fonctions «critiques» (pour lesquelles les emplois sont difficiles à pourvoir) d'ouvrier, les causes essentielles sont, dans 65 % des cas, une inadéquation qualitative des candidats par rapport aux exigences posées. Parmi ces causes qualitatives, 28 % relèvent d'une expérience insuffisante ou inadéquate et 20 % renvoient à un niveau insuffisant de formation. Les causes quantitatives (nombre insuffisant de candidats) représentent 30 % des cas. Enfin, parmi les causes motivant l'existence de ces fonctions pour lesquelles il manque de candidats, si les conditions de travail ne représentent, en moyenne, que 4 % des cas (pour toutes les fonctions), cette moyenne renvoie à une grande variation puisque les conditions de travail représentent 23 % des cas pour les emplois de cuisiniers et de traiteurs et 16 % pour les emplois de boulangers. Notons en outre que les consultants signalent davantage de besoins de formation pour les candidats wallons que pour les candidats flamands et bruxellois. Pour les employés, 23 fonctions sont effectivement dites «critiques» en Wallonie. En cause, des problèmes quantitatifs dans 24 % des cas, des problèmes qualitatifs dans 74 % des cas, dont 35 % pour la connaissance des langues et 27 % pour l'expérience insuffisante ou inadéquate, notamment dans le domaine informatique. De nouveau, les consultants signalent davantage de besoins de formation en Wallonie qu'en Flandre.

Ainsi, comme on le constate, ces postes difficiles à pourvoir concernent un nombre limité de postes et un segment particulier des politiques d'insertion et de formation, celui où la demande des entreprises est connue. Il est indispensable d'y répondre, mais cela ne couvre qu'une très faible partie de la population concernée. De plus, les chômeurs demandeurs d'emploi ne représentent eux-mêmes qu'une partie de la réserve de la main d'œuvre qui, elle, dès aujourd'hui, est concernée à des titres divers par les dispositifs d'insertion.

3. Réserve ou surplus de main d'œuvre

Les rapports entre les politiques d'emploi, de qualification initiale et d'insertion ne se limitent pas à la question des emplois difficiles à pourvoir, ni à celle des emplois de remplacement, ni même à la question de l'élévation et de l'adaptation continue des qualifications, mais aussi au stock et au flux des chômeurs de longue durée, aux travailleurs précaires et aux personnes qui se sont découragées de rechercher de l'emploi ou qui sont en attente «dormante». Prendre en considération toutes ces catégories conduit à désigner la question de la création d'emplois comme essentielle et à confirmer que les politiques d'insertion ne sont pas les premières responsables de l'emploi. Concrétisons cette approche en la concentrant sur le Hainaut, concerné par les politiques de création d'emplois et d'insertion au travers de l'Objectif 1 Hainaut et du Phasing out de l'Objectif 1. Si on prend comme référence non plus uniquement le nombre de chômeurs repris dans les statistiques administratives et considérés comme disponibles sur le marché du travail, mais la réserve de main d'œuvre et qu'on considère comme un objectif normal d'atteindre le moyenne du taux d'emploi de l'Union Européenne (Europe des Douze), l'ampleur du problème et la nécessité de l'activation prioritaire des politiques de création d'emplois apparaissent pleinement. En conséquence, la responsabilité limitée mais réelle des politiques d'insertion ainsi que la nécessaire diversification et pluridimensionnalité des politiques d'insertion seront alors situées avec beaucoup plus de pertinence. Ainsi, le document déposé par le gouvernement wallon pour le Phasing out établit le diagnostic suivant concernant le Hainaut (pour une population totale de 1.278.791 habitants) :

a) «le nombre d'emplois à créer pour que le niveau d'emploi par rapport à la population (taux d'emploi réel) soit identique à la moyenne européenne, toutes choses étant égales par ailleurs quant au taux de chômage européen, a été estimé en 1996 à 94.530 unités, et s'est réduit d'environ 17.000 unités depuis 1993»;

b) «le déficit structurel du marché du travail par rapport à la moyenne européenne a été estimé à 157.125 unités en 1996»;

c) «vu l'inaccessibilité de cet objectif de plein emploi... (il est nécessaire d'avoir) une estimation plus réaliste, quoique non réalisable à moyen terme dans le cas hennuyer. Cette alternative porte sur le calcul de l'emploi à créer pour repositionner la province dans la moyenne européenne. Compte tenu de l'ampleur des mouvements de navette et du niveau de productivité, l'emploi à créer est de 73.000 unités»;

d) «la réserve de main-d'œuvre[18] comporte, au 30 juin 1999, 172.058 personnes en province de Hainaut, soit 44,2 % de la réserve de main d'œuvre wallonne. En Hainaut, les demandeurs d'emploi inoccupés en constituent 60 %» (Ministère de la Région Wallonne, 1999).

4. Objectifs prioritaires de la coordination entre les acteurs

Rappeler l'importance stratégique du manque actuel d'emplois et donc de la politique de création d'emplois ne suffit évidemment pas. Il importe, vu la complexité des relations entre emploi, niveau de formation, développement socioéconomique et politiques d'insertion, de poursuivre simultanément plusieurs objectifs prioritaires.

Il est indispensable de rechercher à court et moyen terme toutes les possibilités permettant de mieux articuler formation et emploi (Vanheerswynghels, 1998). Néanmoins, les missions de la formation ne doivent pas se définir unilatéralement en fonction d'une relation univoque avec l'emploi tel qu'on le connaît ou qu'on peut le prévoir. Se limiter à cela, c'est donner à croire que les prévisions d'emploi (volume et qualification) sont des lois «naturelles» et que la relation à l'emploi épuise toutes les fonctions de la formation dans une société qui veut approfondir la démocratie. En fait, l'ajustement entre l'emploi et la formation est une relation partiellement «introuvable» (Tanguy, 1986), car la formation doit remplir des rôles polyvalents et tel emploi ne correspond pas obligatoirement à telle formation.

En outre, il est nécessaire de rechercher tous les moyens justes et efficaces de création et de redistribution de l'emploi (croissance qualitative et quantitative). Cela implique évidemment une politique prévisionnelle de formation dont les politiques d'insertion, d'enseignement, de formation soient partie prenante, afin que ceux et celles qui étaient insuffisamment qualifiés deviennent aptes à saisir les possibilités offertes par une conjoncture et une politique créatrice d'emplois et aptes à obtenir les emplois à pourvoir à cause du remplacement des partants (flux de rotation).

Enfin, l'ampleur du manque d'emplois et le volume du chômage obligent aussi à examiner la prise en considération de la pluridimensionnalité des effets et des critères d'évaluation des politiques et dispositifs d'insertion. En effet, même si l'emploi est le facteur essentiel d'obtention d'un revenu et d'une considération sociale, il est important d'examiner si les dispositifs d'insertion n'ouvrent pas d'autres chemins de reconnaissance sociale qui peuvent, notamment en période marquée par un manque structurel d'emplois, permettre le développement de stratégies actives par les personnes privées d'emploi.

b) Deuxième repère : relations entre emploi, insertion et reconnaissance sociale

Etant donné l'actuel manque[19] structurel d'emplois et notamment d'emplois «dignes» (selon des critères de justice sociale et économique), il est au moins de même importance stratégique d'appréhender les effets multidimensionnels des actions réalisées et, notamment, la nécessité de la construction d'une reconnaissance sociale qui prenne en considération l'insertion dans les diverses sphères de la vie en société[20]. L'importance d'une conception multidimensionnelle de l'insertion s'appuie sur plusieurs raisons.

Première raison : s'il est indispensable d'évaluer les effets des processus d'insertion par rapport à la mise effective à l'emploi[21], il ne faut cependant pas perdre de vue que l'insertion professionnelle (différée ou non) peut aussi résulter des effets des dispositifs de formation dans d'autres sphères de la vie. Ainsi, les acquis dans ces sphères d'activités peuvent induire, par transfert, des effets dynamiques dans la sphère professionnelle. En outre, même si tel dispositif de formation ne se conclut pas à court terme par une insertion professionnelle, il peut avoir augmenté les capacités des personnes concernées par rapport à la gestion de la relation aux institutions (comme l'école des enfants), développé les demandes culturelles des personnes et donc avoir un double effet : fonder une meilleure reconnaissance de soi dans d'autres activités et développer des capacités transférables dans la gestion de soi pour continuer, malgré les difficultés, la recherche active d'emploi.

Seconde raison : l'application et l'utilisation d'un seul critère d'évaluation de l'insertion, à savoir la finalité professionnelle, a une double conséquence. D'abord de rendre encore plus difficile la reconnaissance sociale et économique d'autres formes d'insertion que celle attribuée par les professions et métiers reconnus. Ensuite, de ne pas mettre en lumière les effets de l'insertion par la participation à des actions collectives, par la prise de responsabilités dans des réseaux associatifs, le développement de soi dans des activités artistiques ou sportives (Herman & Van Ypersele, 1998 ; Pourtois & Chaumont, 2000). Or, comme le fait remarquer M. Walzer, imposer de droit et de fait un seul critère d'évaluation pour définir l'insertion légitime conduit à établir un monopole sur l'insertion par l'emploi au moment même où l'emploi comme «bien social et économique de qualité» est devenu rare, voire même inaccessible à certains dans les conditions conjoncturelles et structurelles actuelles (Walzer, 1997). Moyennant le respect de plusieurs conditions sociales et économiques, deux orientations doivent être explorées. Première direction : élargir la reconnaissance sociale et économique de diverses formes d'insertion. Deuxième direction : développer le contrat de pluriactivité, notamment en reconnaissant à certaines activités individuelles une fonction d'utilité sociale collective donnant droit à un statut équivalent à une activité professionnelle (Supiot, 1999; Bouchat & Defeyt, 1999; Commissariat général du Plan, 1995).

Troisième raison : la nécessité sociale et éthique de la prise en compte d'une conception multidimensionnelle de l'insertion découle du fait que la digne mise en valeur d'autres sources de reconnaissance sociale que l'insertion professionnelle est un moyen efficace pour faire face à la déception, voire à la souffrance, symboliques et sociales de celles et ceux qui, ayant accompli des efforts significatifs d'insertion, avaient espéré l'emploi, s'étaient mobilisés pour cette unique raison mais se retrouvent face à un échec dans leur recherche d'emploi.

Ces arguments pour une conception multidimensionnelle de l'insertion et une valorisation de divers types d'insertion ne doivent pas s'entendre comme un repli résigné, comme une acceptation déguisée face au manque d'emplois ou comme la non-reconnaissance de l'effet structurant du travail et de l'emploi dans notre société. Au contraire, ils doivent se comprendre comme encadrés par une double exigence indispensable. D'abord, le manque d'emplois doit être combattu par une politique active de création et de répartition d'emplois. Ensuite, il ne faut jamais oublier que ce qui manque dans notre société, ce n'est pas le travail mais l'emploi doté de conditions dignes. Il s'agit donc de transformer du travail dit non solvable en emplois convenables, notamment par une plus grande socialisation, une répartition et une utilisation socialement plus utiles des richesses produites.

c) Troisième repère : rapports sociaux à somme positive

Afin de progresser sur les questions d'insertion «pluridimensionnelle» ainsi que sur une politique active de création et de répartition des emplois, les acteurs économiques, politiques, sociaux et culturels des diverses régions de Belgique et de l'Union Européenne devraient davantage se référer dans leurs pratiques à la perspective tracée par Robert Boyer lorsqu'il essaye de définir le nouvel équilibre que l'Europe doit atteindre si elle veut dépasser par le haut (c'est-à-dire en utilisant les critères de justice sociale et de dignité pour définir l'efficacité économique) les contradictions et impasses du système socioéconomique existant.

Robert Boyer pose la question de savoir «comment favoriser la coopération dans les sociétés conflictuelles ?». Il montre que, pour mettre en œuvre les «nouveaux principes productifs» qui stimulent une stratégie du développement global, régional et local, les acteurs doivent produire une culture de gestion des conflits conduisant à des compromis et à des pratiques qui induisent la création d'un plus haut degré de confiance et de coopération. Cette façon de faire doit concerner non seulement les institutions sociales mais aussi les institutions et organisations économiques (R. Boyer refuse par là une définition et une pratique économicistes).

La production des rapports de confiance vigilante et de coopération, qui intègrent les conflits pour en tirer des leçons et les dépasser, constitue en effet un facteur central de la production des identités personnelles et collectives et de la reconnaissance des institutions qui permettent la conclusion d'accords confiants aux effets cumulatifs durables. Or, la confiance comme la coopération, qui deviennent, selon Robert Boyer, les pierres angulaires du nouveau système productif, «sont largement immatérielles, difficiles à construire, mais si faciles à détruire». Elles nécessitent donc un investissement constant, une capacité d'innovation qui conjugue — selon les règles d'un jeu à somme positive — l'économique et le social (Boyer, 1998; Thuderoz, Mangematin & Harrisson, 1999; Thuderoz, 2000).

Puisque les rapports de confiance et de coopération sont un facteur essentiel pour rendre crédible l'horizon de moyen et long terme, il apparaît alors que les politiques et les processus d'insertion articulés à des politiques de développement et de redistribution de l'emploi (de Foucauld, 1996; Lipietz, 1997), de reconnaissance de l'utilité de la pluriactivité et des diverses dimensions de l'insertion sont une des conditions indispensables pour construire un développement multidimensionnel et équilibré de la société.

CONCLUSION

L'analyse des causes et du processus de précarisation ainsi que les trois repères d'évaluation de l'action sont orientés par la recherche de la justice sociale, de la dignité sociale et éthique, de la qualité effective de vie que doivent obtenir les personnes et groupes concernés par le processus central de déstabilisation. Comme on ne le sait que trop, ce processus central de déstructuration peut conduire à une société d'exclusion désignant des «inutiles au monde»[22]. Or, comme l'affirme Paul Ricœur, si le mal radical, c'est le rejet et l'exclusion de l'autre, alors «sortir du mal radical, c'est découvrir le fond de bonté qui n'a jamais été complètement effacé par le mal social» (Ricœur, 1998). L'acharnement de la plupart des acteurs de l'insertion à reconnaître et à croire en la dignité des personnes à insérer trouve son dynamisme dans cette ambition et dans cette volonté que Ricœur met en lumière. Même si le chemin et les actions sont ambivalents, il est indispensable de les poursuivre avec lucidité mais avec cette même ambition et cette même volonté. On rejoint par là l'injonction paradoxale de Gramsci : articuler, dans l'action, le pessimisme ou plus exactement la lucidité de la raison et l'optimisme de la volonté surtout quand elle est collective.

NOTES

[1] Dans la suite du texte, le sigle MFET signifie Ministère Fédéral de l'Emploi et du Travail de Belgique.
[2] Voulant indiquer la composante économique et financière des transformations sociales signalées et n'étant pas économiste financier, je reprends, dans ce passage sur les configurations salariales, des idées et des extraits d'un texte de R. Cobbaut. Je suis responsable des raccourcis ainsi que des ajouts, notamment le passage d'une structure tripolaire à une structure quadripolaire pour les configurations salariales.
[3] La notion de configuration est composée de plusieurs éléments : leurs caractéristiques sont le résultat des relations de pouvoir entre la dynamique des groupes sociaux et celle des institutions économiques et sociales; les liens d'interdépendance entre les configurations induisent partiellement la dynamique du processus structurel; les liens d'interdépendance entre les éléments de chaque configuration induisent des changements conjoncturels.
[4] Pour une vue de la situation du «fordisme» à la belge, spécifique à la Wallonie, ainsi que le passage vers le «nouveau» capitalisme, il est utile de consulter les articles de Burnay, Delcourt, Capron, Francq *in* Fusulier, 1999; ainsi que ceux de Nagels, Alaluf *in* Delwit, De Waele, Magnette, 1999.
[5] Le vocabulaire de l'idéologie libérale dans sa version du libéralisme social est parvenu à légitimer la notion «d'égalité d'opportunités à attribuer à chacun» en la substituant à la notion de «réduction des inégalités». Cela implique, de fait, un transfert fort unilatéral des responsabilités vers l'individu.
[6] Par la notion de «travailleurs de la main gauche de l'Etat», on désigne les travailleurs des pouvoirs publics ou quasi-publics tels que les travailleurs sociaux, de l'éducation, de la formation, de la protection, de la prévention, de la répression, de la santé, de la culture, qui sont en première ligne dans la gestion sociale et culturelle des individus et qui voient leur statut économique, social et symbolique se dégrader au moins «relativement».
[7] L'espace me manque pour établir avec toute rigueur la filiation historique, sociale et politique entre la thématique de l'ouvrier suspect et celle du chômeur suspect, toujours redevables de fournir la preuve de leur innocence (Neuville, 1977, p. 33-58; 81-118).
[8] Cette mise en soupçon est une des premières étapes qui peut conduire à l'exclusion symbolique (élément essentiel de l'exclusion sociale et économique). Elle dévalorise les

personnes concernées, les stigmatise par des stéréotypes, provoque des comportements de dépréciation, voire de honte de soi qui accéléreront, par la dimension symbolique de l'exclusion, la force de l'exclusion sociale et économique (Lapierre, 2000; Moreau de Bellaing, 2000; Xiberras, 1998).

[9] Pour éviter les amalgames et ne pas dévaloriser les modifications historiques liées à des compromis souvent acquis par des actions longues et tenaces du mouvement ouvrier et citoyen, la notion d'ambivalence appliquée à l'exigence actuelle d'insertion indique qu'à côté d'effets stigmatisants, les procédures utilisées offrent aussi des points d'appui positif. En effet, à cause des acquis du droit social et du droit d'association, les personnes concernées acquièrent des moyens culturels et sociaux leur permettant, sous certaines conditions, d'exiger leurs droits et de sortir de la double contrainte, en refusant d'être considérés comme les seuls responsables de leur situation de chômage. Cette ambivalence est notamment liée à l'utilisation des techniques douces de pouvoir qui, à la fois, dénoncent toute imposition arbitraire et privilégient la négociation et les contrats. Les techniques de pouvoir qui font appel au consentement de ceux qui en subissent les effets créent, de ce fait, des interstices, des interfaces qui peuvent être utilisés de façon ambivalente par les personnes concernées.

[10] Comme le fait remarquer Alaluf (2000, 15) : «s'il est vrai, comme le soutenait Lewis Carroll, qu'en bonne logique, il convient de s'attaquer d'abord aux mots et ensuite aux raisonnements, le seul énoncé du prêt-à-penser pourrait peut-être contribuer à ce mouvement» de renversement des schèmes dominants de pensée.

[11] Rosanvallon, discutant de la façon de refonder le social d'après l'Etat-providence, affirme que «c'est à partir de l'idée d'insertion qu'il faut essayer d'avancer. (...) C'est à la clarification philosophique de cette transmutation de l'indemnisation en insertion qu'il faut aujourd'hui s'atteler et c'est à la question du droit au travail qu'il s'agit de retourner, d'une manière ou d'une autre» (Rosanvallon, 1995, 128-129). Sans partager les conclusions de Rosanvallon, la question qu'il pose est, en effet, incontournable.

[12] Pour avoir un aperçu plus complet de l'articulation entre les transformations des formes et conditions de l'emploi, d'une part, le chômage et l'exigence d'insertion, d'autre part, consulter Barbier & Gautié (1998). Par ailleurs, le modèle de référence des Etats-Unis peut être considéré comme un «idéal-type» de certaines tendances européennes (Morel, 1998, 219-234).

[13] Je définis ici le «juste» mais aussi le «moins injuste» au sens de P. Ricœur comme espace propre et évolutif (selon des principes de justice) qui est en tension dialectique entre le «légal» et le «bon» (Ricœur, 1991, 176-196). Pour une «traduction» plus directement politique de cette manière de voir, consulter Rocard & Ricœur (1991).

[14] Une évaluation pertinente serait la comparaison des taux de mise à l'emploi, dans une même période de temps et dans un même bassin d'emploi, de deux groupes à caractéristiques sociales, culturelles (qualification), économiques, d'expérience strictement comparables dont la différence essentielle serait que le premier groupe participe à un dispositif d'insertion et l'autre pas.

[15] Dans la politique de l'emploi au niveau européen, rappelons que la partie prudemment «keynésienne» de celle-ci (par exemple, les grands travaux) n'a jamais été mise en œuvre.

[16] Souvent, les critères d'évaluation sont décalqués tant bien que mal de critères provenant du secteur marchand. L'enjeu est de construire des critères spécifiques qui prennent en considération, d'une part, les caractéristiques du travail et, d'autre part, la multidimensionnalité des effets des processus de formation.

[17] Cette enquête peut être critiquée sous certains aspects. Il faudrait notamment explorer davantage les «biais» liés à la politique de recrutement des employeurs ainsi que leur manque d'investissement dans les politiques de formation.

[18] Parmi les composantes de la réserve de main-d'œuvre, on retrouve les catégories de sous-emploi, les demandeurs d'emploi inoccupés inscrits (DEI), les chômeurs âgés, les chômeurs complets indemnisés (CCI) dispensés pour raison de difficultés sociales et familiales, les CCI dispensés en raison de reprise d'études, les bénéficiaires d'une prépension, les minimexés non demandeurs d'emploi, les bénéficiaires d'une interruption de carrière à temps plein.

[19] En ce qui concerne le chômage masculin, il est utile de rappeler que la Flandre, contrairement à la Wallonie, ne connaît plus actuellement une situation de chômage structurel.

[20] La question de la reconnaissance ou du refus de reconnaissance sociale est un enjeu essentiel souvent méconnu dans l'analyse. Or, comme le montre, après d'autres, P. Bourdieu : « la lutte symbolique de tous contre tous a pour enjeu le pouvoir de nomination ou, si l'on préfère, de catégorisation, où chacun met en jeu son être, sa valeur, l'idée qu'il a de lui-même (...) Le monde social donne (ou ne donne pas) ce qu'il y a de plus rare, de la reconnaissance, de la considération, c'est-à-dire, tout simplement, de la raison d'être (...) dans cette lutte de concurrence pour l'estime des hommes, comme dit Pascal (...) être attendu, sollicité, accablé d'obligations et d'engagements, ce n'est pas seulement être arraché à la solitude et à l'insignifiance, c'est éprouver, de la manière la plus continue et la plus concrète, le sentiment de compter pour eux, dont en soi, et trouver dans cette sorte de plébiscite permanent que sont les témoignages incessants d'intérêt — demandes, attentes, invitations —, une sorte de justification d'exister » (Bourdieu, 1997, 280-284, *passim*; Honneth, 2000). A partir de là, on peut comprendre le sentiment d'abandon et l'image négative d'eux-mêmes qu'éprouvent les chômeurs (Herman, 1999).

[21] Il s'agit d'un travail difficile. En effet, il ne faut pas oublier que le taux de mise à l'emploi dépend (a) de l'emploi disponible mais aussi, selon le cas, (b) des caractéristiques de départ des personnes concernées, (c) de la sélection de départ qu'opèrent les opérateurs de formation, (d) des réseaux que les personnes concernées peuvent mobiliser dans leur recherche d'emploi, (e) de la durée qu'aura cette mise à l'emploi. C'est pourquoi des études longitudinales (avec groupe de contrôle) sont indispensables pour évaluer non seulement de façon scientifique mais aussi de façon « politique » (Jaminon & Herman, 1998) les dispositifs de formation.

[22] « Inutiles au monde ou surnuméraires » au sens de H. Arendt, qui écrivait vers 1933 : « Ce que nous avons devant nous, c'est la perspective d'une société de travailleurs sans travail, c'est-à-dire privés de la seule activité qui leur reste. On ne peut rien imaginer de pire » (citation reprise à Castel, 1995, 9). Dans la même logique, il faut tenir compte de la remarque de S. Paugam : « A la question : qu'est-ce que tu fais ? qui renvoie à l'appréciation de la valeur de l'individu, les précaires peuvent rarement répondre de façon ferme car (soit, ils ne font rien de reconnu socialement utile, soit) ce qu'ils font à un moment donné ne permet pas vraiment de les définir dans un espace socioprofessionnel... » (Paugam, 2000).

Chapitre 10
Analyse multidimensionnelle du coût des entreprises de formation par le travail

Caroline Gaussin

Depuis le début des années 1980, une série d'initiatives basées sur la pédagogie de la formation par le travail se sont développées au sein du secteur associatif en Belgique en vue de lutter contre les effets sociaux négatifs de la crise. Il s'agit des Entreprises de Formation par le Travail (EFT). Ces entreprises visent, d'une part, à offrir à des publics en difficulté une formation professionnelle basée sur une mise en situation réelle de travail (production et vente d'un bien ou d'un service) et, d'autre part, à agir sur les dimensions psychosociales de ces personnes (identité, confiance en soi, estime de soi, etc.) afin de favoriser leur insertion dans la société[1].

A côté du financement que ces entreprises génèrent de manière autonome via leur activité commerciale, elles reçoivent des subventions publiques pour leur activité d'insertion. Mais en fonction de quelles variables l'intervention des pouvoirs publics peut-elle être expliquée ?

Pour tenter de répondre à cette question, nous nous basons sur le modèle de «production de bien-être» développé par Knapp (1984) dans le cadre de l'évaluation des politiques sociales en Grande-Bretagne. A côté des facteurs de production traditionnels (travail, capital), il existe d'autres facteurs contextuels déterminant le degré d'activité d'une entreprise et liés — entre autres — aux profils et aux expériences des acteurs économiques, plus particulièrement des formateurs et des stagiaires. Aussi, à l'aide d'une analyse économétrique, nous étudions l'influence de telles variables socioéconomiques sur le niveau de coût de formation des EFT.

Ce faisant, nous estimons le degré d'adéquation entre la politique de subventionnement du secteur des EFT et les besoins structurels de financement de celles-ci.

1. DUALITÉ DE FINANCEMENTS

Le fonctionnement économique des EFT se caractérise par une dualité de financements dans le cadre de leurs objectifs de resocialisation et de remise à l'emploi de personnes peu qualifiées.

Tout en permettant à des personnes peu qualifiées de se retrouver en situation réelle de travail, une première finalité des EFT est de produire des biens ou des services qui sont vendus au prix du marché. Une part des recettes provient donc du chiffre d'affaires réalisé grâce à ces ventes. Le calcul de la valeur ajoutée marchande générée par cette activité commerciale fournit une première évaluation financière de l'activité des EFT.

L'activité commerciale constitue également le support à la réalisation de l'objet social des EFT : la formation socioprofessionnelle des personnes engagées dans le processus de production. Cette activité de formation occasionne des coûts supplémentaires par rapport aux coûts de production traditionnels, car les stagiaires doivent être accompagnés par du personnel encadrant (tant au niveau d'un apprentissage professionnel que d'une démarche de resocialisation) et génèrent davantage de frais de fonctionnement suite à une usure importante du matériel (rotation élevée des stagiaires en apprentissage) et une grande quantité de rebuts de production. Ces coûts supplémentaires ne sont pas couverts par le chiffre d'affaires, car le prix du marché ne tient pas compte de la productivité plus faible des stagiaires imputable à leurs difficultés d'insertion. Nous pouvons considérer que la formation offerte aux stagiaires constitue un service rendu à la collectivité ; il est légitime que la collectivité intervienne pour couvrir ces coûts via l'octroi de subventions publiques. Cette deuxième contribution des EFT à l'économie du pays se mesure par la valeur ajoutée non marchande générée par la formation des stagiaires.

La valeur ajoutée des EFT est donc constituée de deux composantes différentes : une composante marchande issue de l'activité commerciale financée par le chiffre d'affaires et une composante non marchande issue de la formation financée par les subventions publiques[2]. Celles-ci prennent la forme d'interventions dans les frais de personnel et dans les frais de fonctionnement[3].

Une partie de la masse salariale du personnel d'encadrement est financée sur base des ressources propres de l'EFT, tandis qu'une autre part est subventionnée par les pouvoirs publics. Dans le cadre du calcul de la valeur ajoutée, nous affectons la masse salariale supportée par l'EFT à la valeur ajoutée marchande puisqu'elle est financée par le chiffre d'affaires. La masse salariale subventionnée est, quant à elle, affectée à la valeur ajoutée non marchande. Il s'agit bien entendu d'une distinction fictive : dans la réalité, une même personne peut consacrer son temps à la fois à la formation et à la production, sur base des ressources propres de l'EFT ou non.

En outre, nous supposons que les frais de fonctionnement liés à la formation sont égaux aux subventions de fonctionnement et, par conséquent, que la valeur ajoutée non marchande est égale aux subventions en frais de personnel[4]. Nous reviendrons plus loin sur la pertinence de cette hypothèse d'équivalence entre subventions publiques et coûts de la formation.

Le tableau 1 nous montre l'importance respective des deux types de valeur ajoutée dans l'évaluation de l'apport du secteur des EFT à l'économie nationale. Il porte sur un échantillon de données collectées en 1994 auprès de 40 EFT, ce qui représente environ les deux tiers des EFT œuvrant en Wallonie.

Les valeurs ajoutées marchandes et non marchandes pèsent environ du même poids dans la création de la valeur ajoutée totale du secteur. Nous observons cependant une hétérogénéité assez marquée des valeurs ajoutées horaires ; d'une part, entre les différents secteurs d'activité, d'autre part, entre les pôles marchand et non marchand. Notons à ce titre que le degré de développement marchand des activités de l'EFT est parfois dicté par des impératifs de financement lorsque le relais au niveau des

Tableau 1 — Valeurs ajoutées marchande et non marchande des EFT (1994).

	Valeur ajoutée (millions FB)				Valeur ajoutée horaire moyenne (FB/heure)			
	Ensemble des EFT	Mesure minimum	Mesure maximum	Mesure médiane	Secteur primaire	Secteur bâtiment	Secteur industriel	Secteur tertiaire
VAmarch (1)	235,6 (52 %)	0,3	26,6	4,4	206 (49 %)	263 (56 %)	196 (49 %)	174 (48 %)
VAnon march (2)	214,8 (48 %)	0,4	16,7	4,6	218 (51 %)	204 (44 %)	204 (51 %)	189 (82 %)
VAtotale (1) + (2)	450,4 (100 %)	1,0	35,2	9,2	424 (100 %)	467 (100 %)	400 (100 %)	363 (100 %)

Source : Gaussin (1997).

subventions ne fonctionne pas pour des raisons diverses tels que des retards de paiement. Notons également que le secteur du bâtiment est celui où les exigences salariales des formateurs sont les plus élevées à l'engagement et où les stagiaires sont en quête d'un revenu de formation qui leur permette une certaine autonomie. Ces différents facteurs peuvent être responsables d'une partie des variations observées dans les valeurs ajoutées marchandes entre secteurs d'activité (*cf.* valeurs ajoutées horaires moyennes) et entre EFT (*cf.* valeurs ajoutées minimale et maximale)[5].

L'analyse de la valeur ajoutée nous amène donc à penser :

– que les activités de production et de formation comptent toutes deux pour une part importante dans l'apport des EFT à l'économie. Dans ce cadre, il serait réducteur de les considérer uniquement sous l'angle uniquement marchand ou non marchand, puisque c'est précisément l'articulation de ces deux logiques qui caractérise leur fonctionnement économique ;

– que des différences de profils de stagiaires, de formateurs, de relais politiques, d'objectif pédagogique, de secteur d'activité, etc., sont susceptibles d'expliquer des différences dans les ressources engagées dans la formation et, ce faisant, dans leurs coûts et leurs besoins en subventions publiques.

2. IMPACT DES FACTEURS STRUCTURELS DES ENTREPRISES DE FORMATION PAR LE TRAVAIL SUR LA POLITIQUE DE SUBVENTION DU SECTEUR

Les EFT sont tributaires, au même titre que n'importe quelle entreprise, des conditions environnementales qui entourent leur activité économique et susceptibles d'influencer leur coût. Si nous voulons analyser l'efficience du secteur par rapport à l'emploi des subventions publiques qui leur sont octroyées, nous devons tenir compte des facteurs structurels auxquels il est possible d'attribuer des différences de coût. Une EFT disposant d'un public plus difficile à encadrer, avec des objectifs pédagogiques impliquant des ressources importantes et située dans un secteur d'activité nécessitant beaucoup de capital aura forcément des coûts plus élevés qu'une EFT œuvrant dans un contexte plus favorable, sans pour autant être moins efficiente.

Les subventions accordées aux EFT doivent en principe couvrir les différences de coût attribuables à ces facteurs structurels, mais pas celles attribuables à des différences d'efficience[6]. Nous nous attachons dans les sections suivantes à vérifier la pertinence de cette hypothèse.

a) Modèle de production de bien-être

Pour représenter l'influence des facteurs structurels de la formation en EFT sur le niveau de coût occasionné aux pouvoirs publics, nous nous basons sur le modèle de production de bien-être développé par Knapp (1984) dans le cadre de l'évaluation des politiques sociales en Grande-Bretagne.

Ce modèle identifie les inputs nécessaires à la production d'un bien ou d'un service ayant comme finalité d'agir sur le bien-être des personnes ciblées, telle que la formation offerte en EFT qui poursuit l'amélioration de la qualité de vie du stagiaire[7]. La formation en elle-même n'est au fond qu'un « output intermédiaire » destiné à réaliser « l'output final ».

Les subventions accordées par les pouvoirs publics correspondent en principe aux niveaux de travail et de capital nécessaires à la réalisation de l'objet social (formation socioprofessionnelle de publics en difficulté). Ces facteurs dépendent des caractéristiques du public à former, du secteur d'activité choisi pour l'activité commerciale, de la qualification des formateurs, des objectifs pédagogiques poursuivis, des partenariats développés..., ou, en un mot, et pour reprendre la terminologie de Knapp, des « circonstances de production » propres à l'EFT. Les relations

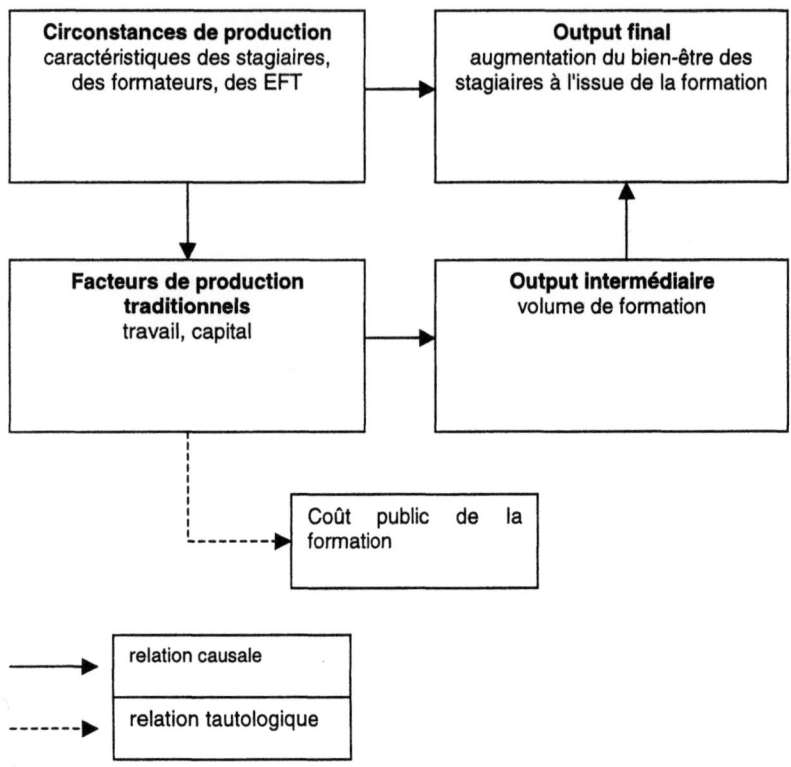

Figure 1 — Production de bien-être (Knapp, 1984).

entre coût, facteurs de production et circonstances de production sont représentées par la figure 1.

Tableau 2 — Coût horaire de la formation en EFT pour les pouvoirs publics en 1994.

	Moyenne ensemble des EFT	Mesure minimum	Mesure maximum	Mesure médiane	Moyenne secteur primaire	Moyenne secteur bâtiment	Moyenne secteur industriel	Moyenne secteur tertiaire
Coût horaire (FB/h)	363	90	1.108	409	383	362	373	357

Source : Gaussin (1997).

Au tableau 2, on observe que le coût d'une heure de formation pour les pouvoirs publics varie entre EFT. Les EFT du secteur tertiaire (boulangerie, confection, horeca, nettoyage, service aux personnes, etc.) ont coûté moins cher en 1994 en subventions que celles du secteur primaire (horticulture, bûcheronnage, etc.). Sont-elles pour autant plus efficientes ?

Sur base des données dont nous disposons, nous sommes en mesure de tenter de répondre à cette question en estimant l'impact des circonstances de production sur le coût de la formation pour la collectivité.

b) Estimation économétrique d'une fonction de coût dépendante des circonstances de production

1. Méthodologie utilisée

La méthodologie utilisée pour répondre à la question posée plus haut met en œuvre l'analyse économétrique de l'influence de variables socio-économiques sur le niveau de coût occasionné par les EFT aux pouvoirs publics. Chacune de ces variables se voit attribuer un poids statistique permettant d'identifier celles qui ont joué un rôle significatif dans la politique de subvention du secteur en 1994.

Pour estimer cette relation causale, nous nous basons sur un échantillon de 1994 représentant 40 EFT sur la soixantaine existant en Wallonie. La régression est estimée séparément pour les subventions horaires en frais de personnel et les subventions horaires en frais de fonctionnement[8].

2. Données disponibles

Les données sur les circonstances de production dont nous disposons sont présentées au tableau 3 page suivante. Chacune de ces variables est susceptible d'expliquer des variations dans le taux d'encadrement et le niveau de frais de fonctionnement nécessaires à la réinsertion socioprofessionnelle des publics visés.

3. Résultats

Parmi les variables explicatives décrites ci-dessus, seules celles reprises au tableau 4 jouent un rôle statistiquement significatif dans l'octroi des subventions au sein de notre échantillon. Il s'agit du niveau de qualification des stagiaires, de la situation géographique de l'EFT, du développement de partenariats dans la mise à l'emploi, de l'externalisation d'une partie des heures de formation et du secteur d'activité de l'EFT.

Tableau 3 — Variables explicatives du coût public des EFT.

Type de variable	Dimensions de la variable
Caractéristiques des stagiaires	Situation familiale Situation économique Situation psychosociale Qualification Sexe
Caractéristiques des formateurs	Qualification
Caractéristiques des EFT	Secteur d'activité Situation géographique Public cible de la formation Partenariats développés dans la mise à l'emploi Partenariats développés dans l'accompagnement psychosocial Partenariats développés dans la formation Fédération de l'EFT Externalisation d'heures de formation en entreprises Objectifs pédagogiques poursuivis Productivité marchande du travail Ancienneté de l'EFT

Cela signifie par exemple qu'une EFT dont l'ensemble des stagiaires disposerait du certificat d'études secondaires inférieures (CESI) aurait un coût moins élevé de 182 FB par heure de formation[9] par rapport à celle où aucun ne dispose de ce diplôme (sans pour autant être plus efficiente). Ou encore, une EFT située dans la province de Luxembourg a un coût moindre de 72 FB par heure de formation.

Le tableau 4 fournit le résultat de la régression de chacune des variables explicatives sur les deux composantes du coût public de la formation en EFT.

4. Interprétation des résultats économétriques

Les facteurs explicatifs du niveau des subventions en frais de personnel sont les suivants :

– proportion de stagiaire détenteurs du CESI : le public des EFT est défini par la loi ; celle-ci stipule que les stagiaires doivent être âgés de 18 à 25 ans et être détenteurs au maximum du CESI ; cette proportion représente donc la part des stagiaires les plus qualifiés que l'on puisse trouver au sein de l'EFT ; il est logique que si cette proportion augmente, les besoins en encadrement diminuent car les stagiaires sont (en principe) plus faciles à encadrer.

Tableau 4 — Résultat des régressions économétriques.

	Subventions horaires en frais de personnel	Subventions horaires en frais de fonctionnement
Constante	244,407 (5,859) *(0,000)***	215,769 (14,010) *(0,000)***
Proportion de stagiaires disposant de leur certificat du secondaire inférieur	-1,821 (-2,625) *(0,013)**	-0,911 (-2,651) *(0,012)**
Appartenance à la province du Luxembourg	-71,996 (-2,127) *(0,041)**	
Développement de partenariats de mise à l'emploi avec des CPAS	90,637 (2,414) *(0,021)**	
Externalisation d'une partie du coût de la formation	-88,487 (-1,950) *(0,059)*	
Appartenance au secteur d'activité primaire		-0,631 (-2,115) *(0,041)**
R^2 ajusté	0,16	0,16

(.) : statistique t-student
(.) : p-value
* : statistiquement significatif à 5 %
** : statistiquement significatif à 1 %

– appartenance à la province du Luxembourg : le tissu social et économique de la province du Luxembourg est moins déstructuré que dans d'autres provinces; en plus de cette caractéristique, l'accès des stagiaires à la formation subit probablement un « processus d'écrémage spontané » suite à l'isolement géographique, la déficience en équipements collectifs (transports en commun, crèches, etc.) et la possibilité de se débrouiller grâce au travail au noir (dans les forêts, etc.), autant d'obstacles qui sélectionnent naturellement les stagiaires les plus à mêmes de les surmonter; cela se marque par une diminution du coût d'encadrement de 72 FB par heure[10];

– développement de partenariats de mise à l'emploi avec des CPAS : la collaboration avec les CPAS, principalement via l'octroi d'articles 60 § 7 et 61, implique des frais salariaux plus élevés pour l'EFT; cette situation est imputable, d'une part, au suivi plus rigoureux des stagiaires exigé par les CPAS et, d'autre part, aux caractéristiques plus lourdes des stagiaires engagés sur ce type de contrat; ces éléments seraient à la base d'une augmentation du coût d'encadrement de 91 FB par heure;

– externalisation d'une partie du coût de la formation : cette variable atteint pratiquement le seuil de significativité de 5 % et représente le fait qu'une partie des heures de formation des EFT peut être prise en charge par des structures extérieures (FOREm, entreprises privées, etc.); les EFT appliquant cette pratique ont une diminution de leurs besoins d'encadrement s'élevant à 88 FB par heure de formation.

Qu'en est-il au niveau de la détermination des besoins en subventions de fonctionnement?

– proportion de stagiaire détenteurs du CESI : raisonnement identique à celui utilisé pour les frais de personnel;

– appartenance au secteur d'activité primaire : les EFT œuvrant dans le secteur primaire coûtent 0,6 FB de moins en frais de fonctionnement par heure de formation; cela est attribuable au type de matériel utilisé dans ce secteur, moins coûteux et plus durable, ainsi qu'aux matières premières moins élevées dans ce secteur.

Il faut remarquer l'absence de toute influence statistiquement significative de la productivité marchande du travail[11] sur le coût public, qu'il soit de personnel ou de fonctionnement. Cette constatation démontre une absence de relation causale entre les volets marchand et non marchand de l'EFT : une EFT ayant des besoins structurels élevés en subventions (public particulièrement difficile à insérer, secteur d'activité exigeant en termes de productivité...) peut simultanément avoir une activité commerciale fortement développée et vice versa[12]. L'activité des EFT ne peut être réduite à une seule dimension, marchande ou non marchande : les deux types d'activité s'articulent de manière complexe.

5. Pouvoir explicatif des régressions

S'il est vrai que certains déterminants structurels des dépenses de formation ont été identifiés grâce à l'analyse économétrique, il n'en reste pas moins que le pouvoir explicatif de celle-ci ne suffit pas à justifier toutes les différences de coût observées (seuls 16 % de variance sont expliqués). Il subsiste des variations importantes de coût entre EFT non imputables aux circonstances de production définies plus haut.

Les facteurs responsables de ces variations peuvent être de deux ordres :

– variables structurelles omises dans l'analyse : une série de variables relatives aux besoins objectifs de financement des EFT ne sont pas disponibles pour la régression; c'est le cas des variables représentant l'output final, et donc indicatrices du niveau d'efficacité de l'EFT : si une EFT s'implique très fort dans l'amélioration de la qualité de vie des stagiaires, cela peut influencer son coût; les impacts psychosociaux de la formation sur le stagiaire induisent également des bénéfices pour la collectivité dont il n'est pas tenu compte ici : des publics auparavant exclus se retrouvent insérés socioprofessionnellement ou en voie de le devenir via un processus de formation qualifiante.

– autres variables : d'autres éléments peuvent également expliquer une partie de la variance observée, tels que la discrétion politique dans l'octroi de subventions (les EFT ne bénéficient pas toutes des mêmes relais politiques), les différences dans la politique de défraiement des stagiaires (certaines EFT défraient leurs stagiaires à concurrence de montants s'apparentant plus à un revenu qu'à une indemnité de formation et ce grâce aux subventions reçues), voire des inefficiences dans la gestion du patrimoine (des déficits occasionnés par le volet commercial sont couverts par des subsides).

Ces facteurs divers peuvent intervenir à un niveau que nous ne connaissons pas. L'analyse d'efficacité pourrait probablement nous en apprendre plus sur le rôle du premier groupe de variables via les effets psychosociaux de la formation (*cf.* chapitre 6 de ce livre).

CONCLUSION

L'action — multiple — des EFT est souvent considérée de manière unidimensionnelle par les pouvoirs publics. Leur apport n'est en général évalué qu'en termes d'insertion professionnelle, sans réelle prise en compte des éléments psychosociaux de la formation (réinsertion des stagiaires dans un parcours non excluant dépassant le seul critère «emploi»).

La politique de financement du secteur se base également sur une approche trop réductrice. Les EFT sont considérées comme des acteurs économiques œuvrant dans le secteur non marchand, dont l'activité commerciale ne peut dépasser le cadre de la réalisation de leur objet social. Or, l'activité marchande des EFT ne présage en rien d'une limitation de l'objet social, puisque dans la majorité des cas l'éventuel bénéfice dégagé est injecté dans le développement de nouvelles activités de formation. De plus, aucune relation explicative n'a été identifiée entre cette activité marchande et les besoins objectifs en subventions. S'il est vrai qu'il faut veiller à ce que le développement de l'activité marchande ne se fasse pas au détriment de la réalisation de l'objet social de l'EFT[13], il est tout aussi nécessaire de définir une politique de subventionnement se basant sur les multiples facteurs structurels qui sous-tendent l'action du secteur.

Nous avons vu cependant que seule une faible partie des subventions avait été accordée en 1994 sur base de telles caractéristiques objectives. L'hypothèse présentée en début de chapitre sur le degré d'adéquation entre les subventions et le besoin de fonctionnement n'est pas vérifiée dans la réalité. Elles ne couvrent pas suffisamment les différences de circonstances de production entre EFT (tout en finançant, sans doute, une partie des différences d'efficience). Il semble crucial de redéfinir la politique de financement du secteur en regard des objectifs poursuivis, car un regard sur le passé éclaire un manque réel d'adéquation entre les besoins objectifs des EFT et l'attribution des subsides.

Il ne faut toutefois pas oublier que notre étude se base sur des données ne portant que sur l'année 1994 ; il serait intéressant et utile de procéder au même type d'analyse sur des données plus récentes, dans une optique de comparaison des différents panels.

NOTES

[1] L'évaluation des bénéfices psychosociaux d'un passage en EFT pour le stagiaire fait l'objet du chapitre 6 de ce livre.
[2] La mesure des valeurs ajoutées marchande et non marchande est donnée par les formules suivantes :
(1) VA marchande = CAFF − CI march
(2) VA non-marchande = SUBV totales − Ci non-march
avec CAFF = chiffre d'affaires
CI march = consommation intermédiaire marchande = matières premières + services et biens divers
SUBV totales = subventions encadrement + subventions fonctionnement
CI non-march = consommation intermédiaire marchande = frais de fonctionnement
[3] Les subventions en frais de personnel s'inscrivent le plus souvent dans le cadre des politiques actives d'emploi. A ce titre, elles sont accordées aux EFT soit de manière directe par l'octroi d'un poste de travail (faisant l'objet d'une rétrocession partielle ou non de la part de l'EFT), soit de manière indirecte par l'accès à un taux moins élevé de cotisations sociales patronales. Les subsides en frais de fonctionnement sont principalement octroyés par le Fonds Social Européen et la Région Wallonne. Pour plus de détails, cf. Fondation Roi Baudouin (1996).
[4] On peut s'interroger sur la pertinence d'une évaluation de la valeur ajoutée non marchande uniquement basée sur le coût des facteurs de production nécessaires à la four-

niture du service. Néanmoins, c'est la seule méthode disponible pour mener une telle évaluation. Nous préférons nous plier à ses inconvénients qu'ignorer un pan entier du travail mené en EFT.

[5] Pour une analyse plus poussée des ratios financiers (taux d'encadrement, autosuffisance, etc.), voir Gaussin (1997).

[6] Par efficience du secteur des EFT, nous faisons référence à la minimisation du coût de la formation, compte tenu des spécificités structurelles des EFT. L'efficacité est, quant à elle, poursuivie, contrairement à l'efficience, en référence aux objectifs définis et non aux moyens disponibles; nous ne nous prononcerons pas dans ce chapitre sur l'efficacité de la formation des EFT.

[7] Pour une définition de la qualité de vie des stagiaires, cf. le chapitre 6 de cet ouvrage.

[8] La méthode de régression utilisée est la suivante : à l'instar des variables dépendantes, on normalise les variables explicatives en pourcentages lorsque c'est nécessaire; on introduit alors dans une régression par moindres carrés ordinaires les variables supposées *a priori* les plus importantes, pour ajouter ensuite des variables supplémentaires censées améliorer le pouvoir explicatif de l'estimation. Vu le nombre élevé de variables disponibles et le faible nombre de degrés de liberté, cette méthode «par tâtonnement» semble la plus adaptée.

[9] En effet, ce coefficient est exprimé en pourcentages. Cela signifie que si la proportion de stagiaires disposant de leur CESI augmente de 1% pour une EFT, cette même EFT devrait avoir une diminution de ses besoins d'encadrement équivalent à 1,82 FB par heure de formation.

[10] Il faut cependant signaler que notre échantillon d'EFT appartenant à la province luxembourgeoise n'est probablement pas suffisant pour valider ce résultat de manière univoque.

[11] La productivité marchande du travail en EFT se définit de la manière suivante :

$$PMT = \frac{MB}{ETP \text{ non subventionnées}}$$

avec PMT = productivité marchande du travail
MB = marge brute = chiffre d'affaires − matières premières
ETP = équivalents temps plein.

[12] De même, Gaussin (1997) montre qu'une heure de formation peut générer un chiffre d'affaires et une rentabilité plus élevés tout en étant davantage subsidiée par les pouvoirs publics.

[13] Les EFT ne peuvent faire abstraction des difficultés de financement auxquelles elles sont régulièrement confrontées, principalement au niveau du retard de paiement des subsides européens. Cette situation engendre de s'appuyer davantage sur une activité de production pour générer des ressources propres permettant de gérer les retards de paiement. Dans ce cadre, le ratio défini par la Commission d'Agrément pour octroyer les subventions (taux de couverture de la masse salariale marchande par des ressources marchandes) entérine une situation de fait sans perspective de prise en compte d'aspects plus structurels.

Chapitre 11
Parcours d'insertion
et trajectoires individuelles

Christine Jaminon et David van Ypersele

Le chômage de longue durée constitue un problème majeur dans notre société et l'on s'interroge souvent sur la manière de favoriser la réinsertion socioprofessionnelle des demandeurs d'emploi dans un contexte de crise économique. L'analyse des conceptions théoriques de l'insertion peut nous aider à éclairer cette question.

Les modes d'insertion peuvent être classés selon la manière dont ils articulent les compétences sociales et professionnelles. De ce point de vue, deux logiques peuvent être dégagées. La première, celle de la simultanéité, repose sur une conception globale de l'insertion. Pour qu'un individu puisse s'insérer professionnellement, il doit se développer socialement ou encore se socialiser (c'est ce que nous appellerons le développement des compétences sociales) et apprendre le métier qu'il exercera (il s'agit des compétences professionnelles). Cette première logique intègre le développement simultané des deux types de compétences. La seconde logique, séquentielle, au contraire, fait référence à un processus en étapes. Le développement des compétences sociales y est conçu comme élément de base servant de socle à l'acquisition des compétences professionnelles. Ces deux logiques combinent donc différemment les dimensions de socialisation et de qualification, que l'on peut rapprocher respectivement des concepts d'éducation et de formation. Pour Charlot & Glassman, l'éducation porte sur la «maîtrise de sa vie et de ses relations avec les autres» (1998, 13) tandis que la formation est la «maîtrise de l'activité» (1998, 13). Ces deux concepts sont aussi définis par Legendre (1993) : l'éducation est «l'ensemble de valeurs, de concepts, de savoirs et de pratiques dont l'objet est le développement de l'être humain et de la société» (435) alors que la formation est «l'ensemble des connaissances, des savoir-faire, des attitudes, des comportements et des autres compétences nécessaires à l'exercice d'une occupation, d'un métier ou d'une profession» (622). Ces deux définitions convergent sur l'essentiel : l'éducation vise le développement de l'être humain dans la société, cette notion étant donc proche de celle de socialisation, alors que la formation vise les apprentissages liés à une activité particulière, cette dernière conception se rapprochant de la qualification.

Ces deux logiques peuvent se rapprocher de deux conceptions sociologiques de l'intégration. La première serait proche d'une conception fonctionnaliste et la seconde d'une conception constructiviste du concept. On peut brièvement les définir[1]. La conception fonctionnaliste considère que la socialisation permet l'intégration des normes et valeurs en cours dans la société et, par là, l'adaptation des individus au système social. La socialisation permet donc de modeler des individus conformes à ce que la société attend d'eux. Quant à la conception constructiviste de l'intégration, elle met l'accent sur la réflexivité individuelle plus que sur les normes à intérioriser. L'individu serait capable de distanciation par rapport à une hypersocialisation (Dubar, 1991). C'est plus le rapport que l'individu entretient avec les normes que l'intériorisation de celles-ci qui compte. L'idée de société tend à être remise en question. Si l'on considère les conceptions sous-jacentes aux deux logiques d'insertion dégagées, la logique de la séquentialité serait plus proche d'une conception fonctionnaliste de l'intégration. En effet, les individus doivent d'abord être socialisés, c'est-à-dire avoir intégré les normes en vigueur dans la société avant de pouvoir se qualifier et développer leurs compétences professionnelles pour s'insérer au sein du marché du travail. La logique de la simultanéité, quant à elle, serait plus proche d'une conception constructiviste dans la mesure où l'individu, dans son rapport aux normes développe simultanément ses compétences sociales et professionnelles. L'analyse des pratiques d'insertion à la lumière de ces deux logiques nous permettra de considérer les conceptions théoriques sous-jacentes à ces pratiques.

1. QUELLES MODALITÉS D'INSERTION AU COURS DE L'HISTOIRE ?

Ces dimensions d'éducation-socialisation et de formation-qualification sont combinées de manière différente au cours de l'histoire. Charlot & Glasman (1998) mettent ainsi en évidence trois modalités d'insertion : travailler, aller travailler et s'insérer.

La première modalité, «travailler», imbrique les logiques d'éducation et de formation. Il y a un seul espace-temps qui permet de développer simultanément ces deux logiques. Le travail se développe en effet au sein de l'espace domestique, par exemple dans le cadre d'une activité agricole, commerciale ou artisanale : «Il n'y a pas de séparation stricte, ni dans l'espace, ni dans le temps, entre milieu de vie et milieu de travail, entre vie privée et vie professionnelle, entre éducation-formation et travail. Le jeune grandit dans un espace-temps où vie, travail, éducation-formation sont imbriqués» (1998, 13).

La deuxième modalité, «aller travailler», peut se définir comme la médiation du passage entre la famille et le monde du travail par une tierce instance qu'est l'école. «Ce qui était auparavant unifié se dissocie alors : l'espace de vie et l'espace de travail, l'espace-temps privé et l'espace-temps professionnel, l'activité et le savoir. Ainsi est produit un espace-temps non familial (...). Le même processus de dissociation produit un espace-temps de la vie privée, déprofessionnalisé, centré sur les relations affectives au sein de la famille» (1998, 15). En effet, la famille se situe au sein de la logique d'éducation alors que le travail appelle une logique de formation. Entre ces deux instances ayant leur logique prédominante s'en développe une troisième qui est celle de l'école : celle-ci se construit comme distincte à la fois de l'espace de travail et de l'espace familial : elle construit des apprentissages de base et inculque des valeurs. La spécificité de cette institution serait aussi la simultanéité des logiques d'éducation et de formation ou de socialisation et de qualification. La thèse de Pjetri & Boucher (1993) concernant l'enseignement professionnel va dans le même sens : «l'école professionnelle intègre dans ses missions des objectifs d'éducation (et de socialisation), de formation (et de qualification), de préparation au travail (et d'insertion professionnelle). La combinaison de ces trois niveaux de mission sont les fondements et les spécificités de l'enseignement professionnel» (29).

La troisième modalité mise en évidence par ces auteurs est celle de l'insertion. Le passage vers le marché du travail, en plus d'être médiatisé par l'institution scolaire, comprend souvent un passage en inactivité : sas entre la sortie du système scolaire et le marché du travail. Cette période d'inactivité est de plus en plus souvent allongée par de nouvelles instances de formation que sont les dispositifs d'insertion socioprofessionnelle. Cette nouvelle institution est introduite; elle a pour fonction de gérer la transition entre l'école et le monde du travail. Cette troisième modalité comprend donc une séquence supplémentaire que l'on peut nommer « insertion » : passage par une période de chômage à l'issue de la scolarité et, éventuellement, transition par un ou plusieurs dispositifs d'insertion. Ces derniers auraient alors comme mission spécifique cette troisième logique d'insertion professionnelle que l'on pourrait définir comme la gestion de la transition entre la sortie du système scolaire, d'une part, et l'entrée sur le marché du travail, d'autre part. Néanmoins, les deux logiques ne sont pas closes avec la sortie du système scolaire et doivent continuer à être développées dans le cadre de ces dispositifs. Et ce d'autant plus que le système socioéconomique se complexifie, que la formation devient « permanente » car le monde du travail est en perpétuelle mutation et les travailleurs doivent s'y adapter.

On observe donc au cours du temps une évolution dans les modalités d'insertion. Cette évolution se situe principalement au niveau des institutions entrant dans le processus. En effet, la première modalité ne comporte qu'une seule institution : l'entreprise familiale. La deuxième, en dissociant famille et travail, introduit une institution supplémentaire qu'est l'école. La troisième y ajoute les organismes d'insertion socioprofessionnelle. Néanmoins, chacune des institutions développe simultanément deux logiques : éducation (socialisation) et formation (qualification).

Education et formation ont donc, selon cette analyse sociohistorique, connu des développements simultanés au sein de chacune des institutions. Cependant, comment les apprentissages fonctionnent-ils, cette simultanéité est-elle indispensable au processus d'apprentissage ?

2. LOGIQUES SÉQUENTIELLES OU SIMULTANÉES ?

a) Processus d'apprentissage : interaction entre aspects sociaux et cognitifs

Les recherches portant sur les processus d'apprentissage ne permettent pas de trancher entre la logique de simultanéité et celle de séquentialité. Alors que Piaget prône la première, Maslow développe la seconde.

D'après Piaget (Dubar, 1991, citant Piaget), le développement est un processus qui comporte simultanément des éléments sociaux et cognitifs : « les structures par lesquelles passent normalement tous les enfants sont toujours à la fois "cognitives" (internes à l'organisme) et "affectives", c'est-à-dire relationnelles (orientées vers l'extérieur)» (Dubar, 1991, 11). Nous retrouvons, donc, dans les travaux sur l'apprentissage, cette conception de développement simultané de contenus (formation) et d'approche relationnelle (éducation).

Bourgeois & Nizet (1997) développent aussi la thèse de la simultanéité des logiques de formation et d'éducation, pour reprendre les concepts de Charlot & Glasman, en montrant l'importance des relations sociales dans les apprentissages : «l'interaction sociale, et plus précisément l'interaction sociocognitive, apparaît comme la modalité d'interaction dans le processus de formation» (198). En effet, la théorie du conflit sociocognitif met en évidence l'importance des aspects relationnels dans l'apprentissage cognitif : «l'entrée en conflit d'une structure cognitive donnée avec une information incompatible et la perturbation cognitive qui en résulte vont engager le sujet dans la recherche d'un nouvel équilibre, recherche qui le conduira, le cas échéant, à l'élaboration d'une structure nouvelle, compatible avec l'information «perturbante». Cependant, l'hypothèse fondamentale de la théorie du conflit sociocognitif est que cet effet structurant du conflit sociocognitif est accru lorsqu'il s'inscrit dans une relation sociale» (158). Le conflit sociocognitif est plus efficace en termes d'apprentissage lorsqu'il est doublé d'un conflit social. Celui-ci permet une décentration de l'individu par rapport à son propre point de vue; l'individu reçoit de nouvelles informations de la part d'autrui et doit donc trouver de nouvelles réponses. Le conflit sociocognitif s'inscrit alors dans une relation sociale et l'individu est confronté à un enjeu : celui du maintien de la relation sociale. Ces apports théoriques mettent en évidence le fait que les apprentissages sont plus efficaces s'ils sont réalisés dans un cadre stimulant sur le plan relationnel. Ils plaident donc en faveur d'une simultanéité des logiques éducatives et formatives.

b) Pyramide des besoins de Maslow

D'autres conceptions mettent en évidence une logique de la séquentialité. Parmi celles-ci figurent les travaux de Maslow. La théorie développée par ce psychologue va à l'encontre de la logique de la simultanéité, dans la mesure où elle met en évidence une hiérarchie de besoins. En effet, l'auteur dégage différents types de besoins qu'il a hiérarchisé comme suit : au premier niveau se trouvent les besoins physiologiques (faim, soif, sommeil, etc.), les besoins de sécurité (physique, économique, physiologique) au deuxième niveau, les besoins sociaux (amour, appartenance à un groupe) au troisième niveau, les besoins d'indépendance et d'autonomie au quatrième niveau, et, enfin, au cinquième niveau, les besoins de réalisation de soi. Les premiers doivent d'abord être comblés avant de pouvoir satisfaire les suivants. Par exemple, lorsque les besoins physiologiques sont satisfaits, d'autres besoins apparaissent : ceux de sécurité..., ensuite, ce seront encore d'autres besoins qui apparaîtront. Si l'on transplante ce raisonnement au domaine que nous analysons ici, l'insertion, on peut en déduire que, dans un premier temps, il faut développer les compétences sociales avant de pouvoir développer les compétences professionnelles. Il s'agit bien de ce que nous appelons la logique de séquentialité. Ce type de raisonnement est sous-jacent aux politiques qui se développent actuellement sous l'impulsion de la Communauté européenne. En effet, le Parcours d'Insertion est composé de différentes étapes complémentaires et séquentielles, comme nous allons le développer.

3. ANALYSE EMPIRIQUE

La «Politique des Parcours d'Insertion»[2] telle que développée en Région Wallonne de Belgique prévoit quatre étapes censées mener les demandeurs d'emploi peu qualifiés à l'emploi. La première est celle de la socialisation et de la restructuration; la deuxième vise la remise à niveau ainsi que la préqualification et l'orientation des demandeurs d'emploi; la troisième a pour objectif la formation qualifiante et la dernière est celle de la transition vers l'emploi.

Le Parcours d'Insertion est pensé linéairement, chacune des étapes succédant à l'autre et devant se finaliser par l'insertion professionnelle. Cette conception politique de l'insertion a vu le jour lors des évaluations des interventions du Fonds Social Européen (1989-1992). Cette «Politique du Parcours d'Insertion» permettra-t-elle la réintégration des chômeurs peu qualifiés? L'analyse sociohistorique ainsi que l'analyse des processus d'apprentissage plaident en faveur d'une combinaison des logiques d'éducation et de formation au sein d'une institution. Le «Parcours d'insertion», au contraire, prévoit une séparation des étapes se situant dans la ligne de la théorie des besoins de Maslow. La première étape a pour objectif l'éducation, les étapes deux et trois, la formation, et la dernière étape, l'insertion professionnelle. Deux recherches réalisées au CERISIS permettent de confronter ces deux conceptions de l'insertion. Elles ont pour objet l'analyse des dispositifs d'insertion. La première étudie les différentes logiques d'action de dispositifs d'insertion et leur effet sur les trajectoires de la population-cible. Quant à la seconde, elle analyse la différence de logique entre concepteurs et bénéficiaires des dispositifs.

a) Recherche 1 : logique de séquentialité ou de simultanéité?

Cette recherche s'est déroulée à La Louvière, région de vieille industrialisation fortement touchée par le chômage et s'est réalisée en partenariat avec différents dispositifs d'insertion socioprofessionnelle[3]. Elle s'interroge sur le type d'insertion du public fréquentant les dispositifs d'insertion. Pour ce faire, nous avons interrogé les personnes lors de leur entrée dans les dispositifs d'insertion socioprofessionnelle (phase 1), lors de leur sortie (phase 2) et en moyenne 9 mois à l'issue de ce passage (phase 3)[4]. L'échantillon est constitué de 170 répondants en première phase, 112 en deuxième phase et 90 en troisième phase. Au maximum, ces personnes disposent du diplôme du secondaire supérieur et ont été sélectionnées sur base de leur inscription dans un des dispositifs d'insertion socioprofessionnelle analysé.

Que deviennent les individus de notre échantillon en phase 3 sur le plan professionnel?

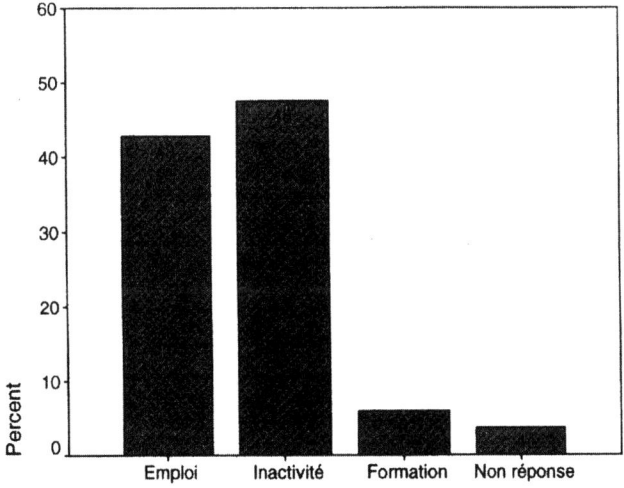

Figure 1 — Situation en phase 3.

La figure 1 indique que la majorité des individus se retrouve en inactivité (48 %), mais presqu'autant (43 %) ont retrouvé un emploi (43 %). Les individus poursuivant le processus de formation sont les moins nombreux (6 %).

Comment ces situations se répartissent-elles en fonction de l'étape du parcours d'insertion suivie ?

Si l'on croise le type d'insertion avec l'étape du parcours à laquelle se situait préalablement la personne, en distinguant les formations de socialisation d'une part et les formations de qualification d'autre part[5], nous obtenons une relation significative.

La figure 2 illustre ceci :

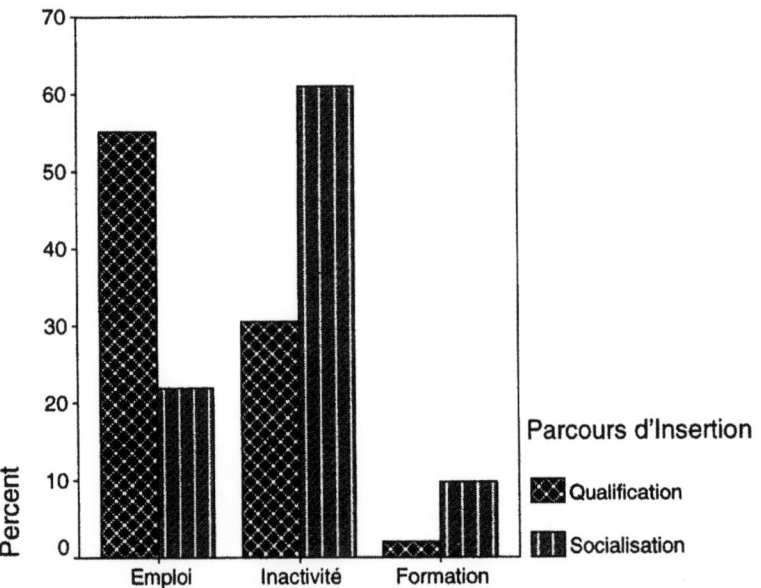

Figure 2 — Situation par formation.

Les individus ayant suivi l'étape de qualification sont majoritairement en emploi (59 %), tandis que ceux ayant suivi l'étape socialisante sont plutôt en inactivité (62,5 %).

La conception du Parcours d'Insertion prévoit que les individus en étape qualifiante vont se réinsérer professionnellement alors que les individus en formation socialisante vont poursuivre le processus de formation pour se réinsérer ensuite. On observe effectivement qu'une part importante des individus en formation qualifiante se réinsèrent professionnellement. Néanmoins, les individus en formation socialisante poursuivent peu le processus de formation (seulement 10 % des individus ayant commencé une formation de socialisation) et encore moins spécifiquement l'étape de qualification ; ils se retrouvent alors massivement en inactivité.

Si l'on s'interroge à propos de la logique en étapes des Parcours d'Insertion, ces données mettent en évidence l'absence de passage d'une étape à l'autre, du moins chez les individus ayant entamé le Parcours d'Insertion dans les étapes de socialisation. En effet, les individus en formation socialisante n'ont majoritairement pas transité vers l'étape suivante du Parcours d'Insertion, à savoir la formation qualifiante, mais sont retournés en chômage. Le même pattern s'observe pour les individus en formation qualifiante : la majorité de ceux ayant suivi une formation antérieure avaient déjà suivi une formation de type qualifiante. Le Parcours d'Insertion tel que nous l'avons observé à travers cette analyse longitudinale de trajectoires ne permet donc que peu le passage d'une étape à l'autre.

b) Recherche 2 : attentes des stagiaires et des concepteurs

Cette absence de lien entre la formation socialisante et l'accès à des formations qualifiantes ou à l'emploi peut être éclairée par une autre recherche menée avec la MIREC (Mission Régionale pour Emploi à Charleroi) et le CPAS (Centre Public d'Aide Sociale) à Dampremy (commune de Charleroi). Cette recherche nous fournit des hypothèses à titre exploratoire sur cette absence de relation.

Une analyse des représentations a été réalisée afin d'établir comment les concepteurs et les bénéficiaires envisagent l'enchaînement logique des différents dispositifs allant de la socialisation à la requalification professionnelle. Pour ce faire, nous avons analysé la manière dont les bénéficiaires investissent le dispositif de socialisation (à savoir : la Régie de quartier[6]). Le font-ils dans une perspective de filière ou simplement en fonction de l'intérêt d'un dispositif précis, avec la perspective d'aboutir à l'emploi ? La cohérence des dispositifs considérés comme une filière permettant d'aboutir au projet d'ensemble de requalification sociale à Dampremy a été examinée par une analyse des représentations des concepteurs des dispositifs.

Afin de mettre ces représentations en évidence, des entretiens ont été réalisés sur base d'un guide d'entretien semi-structuré. L'échantillon a été constitué de telle sorte que les personnes interrogées présentent un profil suffisamment différent du point de vue de leur participation au dispositif. Un échantillon stratifié raisonné a donc été choisi. Nous avons sélectionné douze personnes, les unes ayant suivi assidûment les activités de la Régie de quartier, d'autres les ayant suivies avec moins d'assiduité, et d'autres encore ayant abandonné les activités de ce dispositif.

L'objectif de la Régie de Quartier de Rénovation Urbaine consiste à offrir à des personnes peu qualifiées une expérience pratique et théorique dans différents domaines du bâtiment. Cette expérience a pour objectif d'initier la participation des personnes à un processus d'insertion socioprofessionnelle orienté vers l'emploi. Pour la Régie, il s'agit avant tout de remobiliser des personnes qui sont parfois « loin » de l'emploi en leur offrant un lieu d'apprentissage et de réalisation permettant d'acquérir une structure et une resocialisation.

Qu'en est-il alors des attentes et des représentations du public cible par rapport au rôle des dispositifs d'insertion socioprofessionnelle lorsqu'ils se situent dans l'étape de socialisation qui, rappelons-le, est la première étape du Parcours d'Insertion et est celle où l'on constate une absence de lien vers la formation qualifiante et/ou l'emploi ? Leurs attentes peuvent être définies comme des croyances relatives aux possibilités de concrétisation de buts que les personnes peuvent se fixer.

Tous les stagiaires interviewés pensent pouvoir trouver un emploi à l'issue de leur formation. Ils n'ont donc pas une conception séquentielle de leur insertion professionnelle, leur objectif étant de s'insérer rapidement sur le marché du travail. Or, l'objectif des concepteurs de la Régie de quartier du CPAS est non pas de leur fournir un accès à l'emploi à l'issue de la formation, mais bien de leur offrir une expérience pratique et théorique dans différents domaines du bâtiment, ceci correspondant par contre à la logique de séquentialité du Parcours d'Insertion que nous avons développée.

On observe ainsi un décalage de représentations entre les concepteurs et les bénéficiaires quant aux objectifs des dispositifs. Pour les premiers, il s'agit de trouver un emploi à l'issue de la formation, et ceci indépendamment du niveau de la formation et de sa place au sein du Parcours d'Insertion (logique de simultanéité), tandis que pour les seconds, il s'agit de les « rapprocher de l'emploi » à l'aide d'une série d'étapes successives (logique de séquentialité).

Un tel décalage peut s'expliquer par un écart entre les conceptions et discours des formateurs. Même si la conception des formateurs se situe dans la logique du Parcours d'Insertion, leur discours aux stagiaires est nettement moins clair, d'après ces derniers. Les formateurs, disent les stagiaires, ne leur ont pas précisé clairement que d'autres étapes seraient nécessaires au terme de leur formation afin d'accéder à l'emploi. Pour les concepteurs, cette attitude est justifiée par le danger de démobiliser le public avant son entrée en formation. «Si les stagiaires se rendent compte, dès le départ, des investissements à consentir, il y aurait encore moins d'engagements en formation. C'est par eux-mêmes que, progressivement, ils se rendront compte que d'autres formations leur seront nécessaires pour atteindre les exigences du marché du travail» (un concepteur du dispositif Régie de quartier).

Nous sommes donc face à un décalage entre les aspirations des stagiaires définies par le désir d'un accès direct à l'emploi et les objectifs des formateurs concevant l'emploi comme l'aboutissement de plusieurs étapes.

Ceci a pour conséquence un sentiment de frustration, de déception, qui risque de se transformer en fin de formation en sentiment d'inefficacité. En effet, à l'issue de leur formation, les stagiaires peu qualifiés de notre échantillon ne sont plus motivés par les formations qu'on leur propose. Ils ont fait l'expérience d'une attente importante de mise à l'emploi qui ne s'est pas concrétisée. Les efforts auxquels ils ont consenti ne furent pas suivis, selon leur perception, d'effets. Ce phénomène se rapproche du mécanisme de la résignation acquise qui se définit comme la conséquence négative d'expériences répétées d'échecs entraînant ainsi l'abandon des efforts. Seligman (1975) fonde sa théorie de la résignation acquise à partir du constat suivant : les gens déprimés deviennent passifs parce qu'ils pensent que leurs efforts sont vains. Pour lui, et pour les chercheurs qui ont poursuivi les études dans le domaine, c'est le manque d'espoir dans les réussites futures qui engendre l'abandon d'efforts. C'est ce que nous avons observé chez les stagiaires de notre échantillon ayant abandonné la formation, ils ne s'investissent plus dans une formation ultérieure, contrairement à ce que prévoyait le Parcours d'Insertion.

Actuellement, le marché du travail est plutôt saturé pour les personnes peu qualifiées. De plus, pour ces personnes, le souvenir de la scolarité est généralement négatif. L'effort dans ce domaine leur semble difficile. On peut dès lors comprendre que si, après avoir fait l'effort de terminer une formation de socialisation censée les amener à l'emploi, ils apprennent qu'ils devront encore en suivre d'autres pour arriver aux exigences du marché du travail, l'espoir de voir récompenser leurs efforts leur apparaît peu probable. Dès lors, ils abandonnent tout effort de formation. Ils n'épousent donc pas cette logique de séquentialité.

CONCLUSION

Dans cet article, nous avons mis en évidence deux logiques potentielles de l'insertion. La première logique est celle de la simultanéité : les différentes étapes menant à l'insertion sont conjointes, comme cela a été mis en évidence par l'analyse sociohistorique des modalités d'insertion, d'une part, et des processus d'apprentissage, d'autre part. La seconde logique est celle de la séquentialité, stipulant que différentes étapes sont nécessaires pour l'insertion professionnelle. Les résultats empiriques de deux recherches ont permis de confronter ces deux logiques d'insertion aux trajectoires d'insertion. L'analyse longitudinale des trajectoires des individus fréquentant ces dispositifs d'insertion a montré que les individus en formation qualifiante ont, majoritairement, rejoint le marché de l'emploi et n'avaient pas préalablement suivi l'étape de socialisation ; quant aux individus en formation socialisante, ils se retrouvent en inactivité et ne poursuivent que très marginalement le processus de formation par l'étape qualifiante. Ces données ne vont donc pas dans le sens d'une succession d'étapes menant à l'insertion. De plus, la recherche menée à Dampremy met en évidence que les attentes des stagiaires, en ce qui concerne la formation, sont de type simultané : se former dans le but d'obtenir un emploi et non se former pour se socialiser. La logique des concepteurs est, quant à elle, séquentielle : il s'agit de proposer à ces stagiaires une étape de formation au sein d'un parcours plus long. Ce décalage crée la «résignation acquise» chez les stagiaires et les démobilise par rapport à la formation.

En résumé, le Parcours d'Insertion présente une logique séquentielle alors que les trajectoires individuelles ainsi que les représentations des individus s'inscrivent dans une logique simultanée. La logique séquentielle a été présentée proche d'une conception fonctionnaliste de l'intégration alors que la logique simultanée se situerait dans une perspective constructiviste. Nous observerions donc un décalage entre les conceptions sous-jacentes organisationnelles et individuelles. En effet, le Parcours d'Insertion développe une conception fonctionnaliste de l'intégration alors que les individus se situent dans une perspective constructiviste. Le décalage observé au niveau des pratiques aurait donc un ancrage profond.

Face à ce constat, deux options sont possibles. Soit améliorer la transition entre l'étape de socialisation et l'étape de qualification, c'est-à-dire mieux organiser la séquentialité du Parcours d'Insertion. Soit, au contraire, refuser cette logique de séquentialité et envisager des formations plus longues qui intègrent de façon simultanée les aspects de socialisation et les aspects de qualification pour arriver, en fin de formation, à un niveau de qualification exigé par le marché du travail.

En ce qui concerne la première option — améliorer la séquentialité —, on pourrait prévoir un apport d'informations plus précis aux stagiaires sur les possibilités existantes de formation qui contribuent à une amélioration significative de leur qualification. De plus, pour des personnes encore peu familiarisées avec le monde institutionnel et la recherche d'outils appropriés les concernant, un accompagnement individualisé semble indiqué. Cet accompagnement devrait favoriser la visualisation concrète des organismes susceptibles d'augmenter leur qualification. Enfin, il apparaît qu'une information claire à l'entrée de la formation sur les perspectives qu'elle peut offrir aux stagiaires permettrait d'éviter que des espoirs trop élevés envers la formation ne se transforment en déception et en colère en fin de formation. Ceci est d'autant plus important que, comme nous l'avons vu, cette déception aboutit à un sentiment de perte d'espoir dans des initiatives futures qui conduit à l'apathie et à la dépression.

La seconde option, celle de la logique de la simultanéité, correspond plus aux attentes des stagiaires. En effet, ceux-ci désirent accéder à l'emploi à l'issue de la formation. On pourrait dès lors concevoir des formations un peu plus longues développant de façon simultanée les aspects de socialisation et de qualification. Une information claire, dès le départ, permet à l'individu de se poser des objectifs par étapes au sein de la même formation et faire ainsi l'expérience de la réussite au travers de ces différents objectifs.

Néanmoins, il est indispensable d'avoir à l'esprit que si notre analyse permet de fournir des pistes sur des éléments susceptibles d'améliorer la formation des peu qualifiés, il ne faut pas perdre de vue que nous sommes dans un contexte de chômage majeur et qu'une différence importante subsiste entre le nombre d'emplois disponibles et le nombre de chômeurs, *a fortiori* pour un public peu qualifié. La formation ne permet pas à elle seule de résoudre le problème du chômage, même si elle permet une meilleure adéquation entre qualifications des demandeurs d'emploi et offres d'emploi. Il importe, dès lors, de s'attacher de façon prioritaire à l'augmentation du nombre d'emplois disponibles. Ceci est le garant le plus important pour insérer les personnes peu qualifiées.

NOTES

[1] Pour plus de détails sur les conceptions théoriques de l'intégration, consulter le chapitre 1, Regards sociologiques.

[2] Pour plus de précisions, consulter *Le Parcours d'insertion, Une chance pour l'emploi*, Cabinet de J.-Cl. Van Cauwenberghe, mai 1997.

[3] Action Interculturelle du Centre, CEDAR, CPAS de La Louvière, Cours ménagers et professionnels de la ville de La Louvière, CPE, Du Côté des femmes et Collectif pour Femmes battues, Format 21, FOREM de La Louvière, Lire et Écrire Centre-Mons Borinage, Institut d'enseignement technique de promotion sociale, Mission Régionale du Centre, Régie de quartier de La Louvière, Union des coiffeurs du Centre, Vie féminine. Nous tenons à les remercier pour leur collaboration dans le cadre de cette recherche.

[4] Ces interrogations ont été réalisées sur base de questionnaires. Ceux-ci ont été complétés par les stagiaires principalement sur les lieux de formation pour les phases 1 et 2, à domicile pour la phase 3 (par voie postale ou par enquêteur en cas de non-réponse).

[5] Pour plus de détails au sujet de cette analyse des dispositifs, consulter Jaminon C. & Herman G., «Parcours d'insertion et dispositifs. Analyse des pratiques d'insertion socio-professionnelle à La Louvière», Cahiers du CERISIS 98/5.

[6] Les Régies de Quartier, nées d'une intiative du Ministère du Logement et de l'Action sociale, ont pour mission la formation des jeunes à la citoyenneté.

Chapitre 12
Services de proximité : pluralité d'acteurs et d'effets sur l'insertion

Bruno Gilain, Bertrand Jadoul, Marthe Nyssens
et Francesca Petrella

Le concept de services de proximité regroupe un ensemble diversifié d'activités touchant à la vie quotidienne (aide à domicile, garde d'enfants, aménagement d'espaces collectifs, accès au logement social, etc.). Ces services répondent à des besoins en croissance compte tenu des évolutions démographiques, socioéconomiques et culturelles actuelles. Le développement de ces activités est étroitement lié, dans les politiques publiques, à la problématique de l'insertion professionnelle de personnes précarisées sur le marché du travail. En effet, les services de proximité apparaissaient naturellement — dans un contexte de crise des finances publiques et de chômage structurel — comme un gisement d'emplois pour les personnes peu qualifiées. Différentes raisons expliquent la volonté de faire des services de proximité un axe privilégié des politiques actives sur le marché du travail : leur caractère local (« proximité objective ») les soustrait à la concurrence internationale ; leurs faibles gains de productivité, compte tenu de la centralité de la relation entre les prestataires et les usagers (« proximité subjective »), impliquent un contenu en travail important (Laville & Nyssens, 1996); et, enfin, le niveau de qualification requis semble *a priori* plus faible.

Cette perspective marque une rupture dans la conception des politiques publiques touchant les services de proximité. En effet, si le concept s'est répandu dans les années 1990 (Eme & Laville, 1988), certains de ces services, comme l'aide à domicile, la garde d'enfants ou encore le logement social ont déjà une longue histoire et se sont développés avec la croissance de l'Etat-providence dans le champ des politiques sociales (Defourny & Nyssens, 2001). L'objectif des politiques publiques s'est donc considérablement modifié, évoluant d'une «optique de besoins vers une optique d'emplois, voire d'insertion du noyau dur du chômage» (Meulders & Plasman, 1996; Nyssens, 1997). Cette évolution s'est marquée, entre autres, par le recours croissant aux différents programmes de résorption du chômage pour financer les services de proximité afin de pallier l'effritement des budgets de politiques sociales.

Cependant, un nombre croissant d'études ont mis en évidence les limites d'une telle approche focalisée sur l'insertion professionnelle des personnes peu qualifiées dans le champ des services de proximité (Gilain, Jadoul, Nyssens & Petrella, 1998; Laville, 1992; Journal Officiel de la République française, 1996; Commission des Communautés européennes, 1996). En effet, cette priorité peut cacher, voire nuire, à la poursuite d'autres objectifs des services comme la pérennisation d'un service de qualité ou l'équité d'accès du point de vue des usagers. C'est pourquoi, dans cette contribution, nous proposons d'élargir la notion d'insertion dans le champ des services de proximité en tenant compte de la diversité des parties prenantes (les travailleurs bien sûr, mais aussi les usagers et leur entourage, voire les bénévoles parfois impliqués dans le fonctionnement de ces services) et de la pluralité des formes d'insertion (professionnelle, sociale et citoyenne). Cet élargissement nous permettra de poser la question de l'impact du développement des services de proximité sur ces différents groupes d'acteurs et dimensions de l'insertion. En particulier, nous suggérons que les effets ne sont pas univoques mais dépendent des modalités adoptées dans la conception et l'organisation de ces services. Nous voulons ainsi proposer des balises pour la conception de politiques publiques dans ce champ.

Dans un premier temps, nous explicitons les composantes de notre grille d'analyse en termes d'insertion multidimensionnelle ainsi que notre démarche méthodologique. Ensuite, nous envisageons la contribution des services de proximité à l'insertion de chacune des parties prenantes, que ce soit de manière directe ou par le biais de leurs effets sur l'environnement socioéconomique. Enfin, nous concluons en proposant une série de pistes quant aux politiques publiques susceptibles de favoriser des modes d'organisation adaptés à cette vision multidimensionnelle de l'insertion.

1. GRILLE D'ANALYSE

Afin de dépasser une vision de l'insertion confinée à l'emploi de travailleurs peu qualifiés dans le débat sur les services de proximité, nous proposons de l'élargir tant du point de vue des acteurs concernés que des dimensions de l'insertion.

Nous relevons ainsi trois catégories d'acteurs (potentiellement) concernés par les services de proximité selon la nature de leur rapport aux services : les travailleurs qui sont engagés pour la prestation des services dans le cadre d'un contrat d'emploi rémunéré ou/et de formation professionnelle[1], les usagers et leur entourage qui s'adressent aux services pour satisfaire leurs demandes et, enfin, les bénévoles qui s'impliquent en-dehors de tout contrat rémunéré dans l'organisation et/ou la prestation des services. Ces catégories ne sont pas hermétiques : un usager peut, par exemple, participer comme bénévole à l'organisation ou la prestation du service dont il bénéficie.

Nous envisageons également l'insertion sous trois dimensions : professionnelle, sociale et citoyenne[2]. L'insertion « professionnelle » renvoie à l'intégration de l'individu dans un emploi rémunéré ou dans un itinéraire qualifiant ayant un objectif final d'accès à une activité rémunérée. Cette insertion recouvre donc la participation au processus de production et de consommation grâce aux revenus tirés de cette activité. L'insertion « sociale » fait référence aux liens que les individus développent à travers différents réseaux — famille, amis, collègues[3], vie associative — et se traduit par un sentiment d'appartenance à des groupes sociaux. Enfin, l'insertion « citoyenne » se définit par une capacité de référence à la société dans son ensemble et de « participation à l'élaboration d'un projet de société et aux décisions qui permettent sa mise en œuvre au quotidien » (Jacquier, 1993).

Enfin, nous distinguons les effets individuels des effets collectifs générés par les services de proximité sur le plan de l'insertion. Par effets individuels, nous faisons référence aux effets directs clairement identifiables pour chacune des parties prenantes. Le travailleur d'une crèche perçoit un salaire et est inséré dans un réseau social d'une certaine qualité. Une personne inactive qui bénéficie de ce service pour son enfant, non seulement peut se présenter sur le marché du travail et, de la sorte, jouir potentiellement d'une insertion professionnelle, mais aussi peut développer un réseau de relations sociales avec les autres parents de la crèche et ses collègues des travail. Quant aux effets collectifs des services de proximité sur l'insertion, ils correspondent à des externalités collectives. Des biens ou des services sont source d'externalités lorsque certains de leurs effets affectent d'autres agents que les parties prenantes à la relation et ne sont pas pris en compte par le système de prix. Ces externalités sont collectives lorsqu'elles sont indivisibles, c'est-à-dire qu'elles touchent simultanément un ensemble d'acteurs et donc l'environnement socioéconomique. Il est important d'identifier les externalités collectives parce que la théorie économique montre que le mécanisme de marché est inapte à les prendre en compte. De tels effets justifient donc le développement d'autres mécanismes que le marché comme l'intervention de l'Etat (Gilain, Jadoul, Nyssens & Petrella, 1998). Pour reprendre le cas d'un réseau de garde d'enfants, la qualité de celui-ci a une influence sur l'ensemble du fonctionnement du marché du travail et de ses acteurs, au-delà des seules parties prenantes du service, via par exemple une augmentation du taux d'activité des femmes et une réduction du taux d'absentéisme des travailleurs.

Sur la base de cette grille d'analyse (*cf.* figure 1), nous proposons donc d'explorer la diversité des formes d'insertion qui peuvent être à l'œuvre dans les services de proximité. Nous envisageons ainsi successivement l'insertion de chacune des trois catégories d'acteurs prise individuellement, avant d'étudier l'insertion sous l'angle des effets collectifs. Dans la mesure où les services se caractérisent par une pluralité de prestataires (secteur public, économie sociale, secteur privé à but lucratif, sans oublier les activités informelles au sein des réseaux familiaux et de voisinage), nous distinguons, lorsque cela s'avère pertinent, les effets suivant les différents types de prestataires.

Pour illustrer notre propos, nous nous référons à différentes analyses socioéconomiques réalisées dans le champ des services de proximité. En particulier, nous basons notre réflexion sur les résultats d'une vaste étude[4] menée, à Charleroi, auprès de l'ensemble des initiatives publiques et privées actives dans les créneaux de l'accueil de la petite enfance, de l'aide à domicile, du logement social et du développement de quartier (Gilain, Jadoul, Nyssens & Petrella, 1998).

Notre démarche est, dans un premier temps, positive, au sens où il s'agit de mettre en évidence les effets générés par les services de proxi-

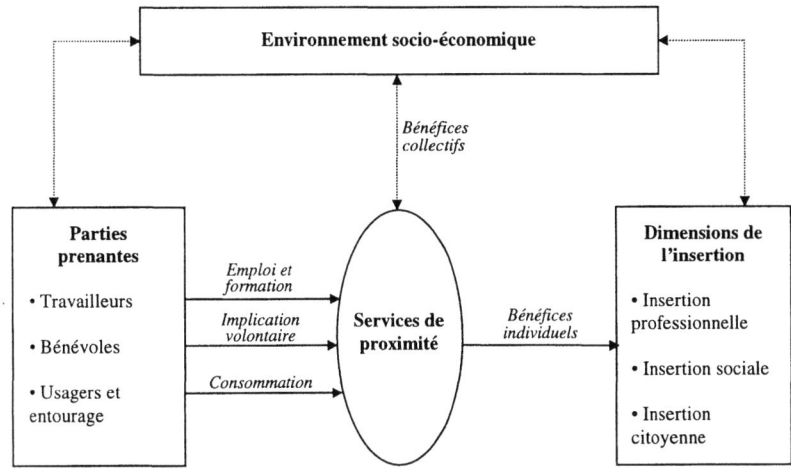

Figure 1 — Une grille d'analyse de l'insertion multidimensionnelle.

mité et leurs interactions, tels qu'ils sont révélés par les discours et pratiques des acteurs étudiés dans ce champ. Il s'agit d'une analyse exploratoire qui vise plus à mettre en évidence, à travers certains exemples clés, la pluralité des formes d'insertion et leurs interactions possibles qu'à en faire un relevé exhaustif. La démarche a aussi une visée normative, dans la mesure où elle a pour but d'alimenter une réflexion sur le choix des objectifs prioritaires dans ce champ et sur les modalités d'organisation qui y répondent le plus efficacement et équitablement. Dans ce cadre, la conception de l'équité ainsi que les effets collectifs valorisés positivement sont nécessairement relatifs au contexte. En effet, la valeur accordée à différentes formes d'insertion peut différer substantiellement selon les acteurs, le lieu et l'époque.

2. INSERTION DES TRAVAILLEURS

a) Insertion professionnelle

Comme nous l'avons évoqué, l'insertion professionnelle des personnes peu qualifiées est aujourd'hui au cœur des politiques soutenant le développement des services de proximité. Les données de l'enquête réalisée à Charleroi révèlent que cet objectif se manifeste principalement via deux canaux : directement par le développement d'initiatives centrées spécifiquement sur cet objectif, et indirectement par le recours croissant des services aux financements publics octroyés dans le cadre des politiques actives d'emploi.

D'une part, un certain nombre d'organisations actives dans le champ des services de proximité ont explicitement été créées pour permettre l'insertion professionnelle des groupes à risque sur le marché de l'emploi. A Charleroi, ces initiatives ne représentent toutefois que 14 % des organisations étudiées. Elles appartiennent soit au secteur associatif, soit au secteur public. Elles sont ciblées sur certaines activités bien spécifiques, sans doute plus propices à la réinsertion de publics fragilisés, tels que les travaux ménagers, la livraison de courses à domicile ou encore les petites réparations et autres travaux d'entretien et d'amélioration du cadre de vie[5]. Les organisations centrées directement sur l'insertion professionnelle de travailleurs constituent donc une part réduite du champ des services de proximité, premier signe du décalage entre les objectifs prioritaires des organisations du terrain et l'orientation des politiques publiques.

D'autre part, l'enquête montre que la majorité des organisations impliquées dans les services de proximité ont recours — quoique dans des proportions très variables — aux politiques actives en matière d'emploi. En moyenne, celles-ci concernent un quart des travailleurs rémunérés au sein d'une organisation. Les associations en sont particulièrement dépendantes puisqu'en moyenne 40 % des travailleurs relèvent de ces programmes, contre respectivement 21 % et 18 % dans les secteurs coopératif[6] et public, tandis que le secteur privé lucratif n'y a pas accès[7]. Ces politiques de l'emploi sont en quelque sorte instrumentalisées par des organisations dont la finalité première est la prestation des services et la réponse aux besoins des usagers, et ce afin de pallier l'insuffisance du subventionnement lié directement aux services fournis. C'est ainsi qu'au cours des années 80, la croissance importante des besoins d'aide à domicile en Belgique a été en grande partie rencontrée par la création d'emplois via les Programmes de Résorption du Chômage (ACS, PRIME, FBIE, PTP) pour compenser le rationnement des subventions classiques : entre 1980 et 1995, le nombre d'aides familiales subventionnées et engagées sous contrat classique passe modestement de 12.306 à 13.352, tandis que sont créés, dans le cadre des Programmes de Résorption du Chômage, 1.422 postes d'aides familiales et plus de 5.000 Equivalents Temps Plein dans des emplois complémentaires ciblés sur l'aide ménagère à domicile[8].

Cette évolution fait l'objet de débats et de critiques qui révèlent plusieurs limites du point de vue de la qualité de l'insertion professionnelle, d'une part, et de l'offre d'un service de qualité, d'autre part.

La première limite concerne la qualité de l'insertion professionnelle effectivement réalisée par le recours aux politiques actives sur le marché du travail. Si la philosophie sous-jacente à ces politiques actives est de faire transiter des chômeurs par les services de proximité en vue d'une réinsertion ultérieure sur le marché de l'emploi (sous-entendu dans d'autres activités «plus productives»), dans les faits, les postes ainsi financés n'en deviennent pas moins — malgré leur «sous-statut» — de véritables contrats d'emploi se prolongeant dans le temps. Ceci est un deuxième signe de décalage entre les objectifs des politiques publiques et ceux des organisations du terrain.

Ajoutons à ce constat que les statuts de «chômeurs remis au travail» sont dévalorisés par rapport aux contrats de travail classiques avec lesquels ils coexistent. Des réglementations contraignantes y sont associées qui limitent, par exemple, la nature des tâches pouvant être prises en charge par ces travailleurs ou les possibilités d'organisation du temps de travail, sans compter l'incertitude liée aux évaluations régulières des programmes et aux règles de renouvellement des subventions[9]. Peut-on parler d'une insertion professionnelle de qualité dans ce cadre ?

La seconde limite vient du fait que ce type de programme handicape la structuration d'un service de qualité. En effet, outre l'incertitude financière liée au renouvellement souvent aléatoire de ces politiques et les démarches administratives nombreuses et complexes à gérer par les responsables des services, se pose la question de la compatibilité d'une prestation de qualité avec certaines politiques actives réservées au noyau dur du chômage.

Tout d'abord, nous avons déjà mentionné la dimension de proximité subjective dans certains de ces services qui peuvent être qualifiés de relationnels, c'est-à-dire dont la qualité est étroitement liée à la construction de la relation entre le prestataire et l'usager. Les usagers doivent choisir un prestataire sans pouvoir juger, *a priori*, de la qualité de cette relation. Dans certains cas, les bénéficiaires ne participent pas directement au service et ne peuvent donc en expérimenter eux-mêmes la qualité (par exemple, lorsqu'une personne dépose son enfant à la crèche). Dans ces conditions d'information imparfaite, la confiance qui peut s'établir entre les usagers et les prestataires devient centrale pour le développement des services. Ceci est d'autant plus vrai que la construction d'une relation avec un prestataire constitue un investissement spécifique important pour les usagers qui les rend particulièrement peu enclins au changement même s'ils ne s'estiment pas contents de la qualité du service. Dans ce contexte, la rotation du personnel et l'image de petits boulots ne nécessitant pas de qualifications, liées à la philosophie de la plupart des politiques actives, sont autant d'obstacles à la structuration de ces services. A ce propos, nous pouvons relever le décalage, dans le fonctionnement des Agences Locales pour l'Emploi[10], entre la liste potentielle des activités qui recouvre l'ensemble des services au domicile des particuliers (nettoyage, jardinage, garde d'enfants, aide scolaire, garde malade, etc.) et les activités effectivement prestées qui sont principalement d'ordre matériel (nettoyage, petit jardinage, etc.).

Ensuite, outre des exigences de qualifications relationnelles, notre analyse révèle l'importance de qualifications «techniques», comme celles des aides familiales ou des puéricultrices. Selon notre enquête, moins de 20 % des travailleurs impliqués dans les services de proximité ne disposent d'aucune qualification[11].

Enfin, nous pouvons nous interroger sur la pertinence de politiques actives axées sur la remise au travail temporaire de personnes peu qualifiées, supposant une rotation importante du personnel, dans un champ où il s'agit de développer des réponses durables et de qualité à des demandes récurrentes.

Les exigences de qualifications et de réponse à des besoins récurrents remettent donc en cause l'idée que ces services constituent d'emblée un tremplin pour l'insertion des moins qualifiés, troisième signe de décalage entre les objectifs des politiques publiques et les pratiques du terrain.

b) Insertion sociale et citoyenne

Si ne nous possédons pas de données sur la qualité de l'insertion sociale des travailleurs dans les services de proximité, nous pouvons néanmoins relever des pratiques différenciées au sein des organisations qui favorisent plus ou moins les effets en terme d'insertion des travailleurs au sein de réseaux sociaux.

D'après notre enquête, 21 % des organisations à Charleroi[12] impliquent activement leurs travailleurs dans une dynamique de conception ou de gestion collective du service, ce qui peut être une autre façon de favoriser l'intégration sociale, voire citoyenne lorsqu'elle s'inscrit dans une perspective de changement social. Dans l'aide à domicile, par exemple, des organisations organisent systématiquement des réunions d'équipe permettant aux travailleurs de partager leurs expériences et de se soutenir mutuellement par rapport à un travail impliquant la confrontation à des situations parfois éprouvantes. En outre, certaines organisations privilégient la construction d'interactions entre les travailleurs et des groupes d'usagers. Ainsi, les régies de quartier actives dans l'aménagement et l'entretien d'espaces collectifs locaux (logements, parcs, aires de jeux) conçoivent leurs services comme un support pour l'insertion professionnelle, mais aussi pour l'insertion sociale et citoyenne de leurs stagiaires. Ceci passe à la fois par une formation portant sur ces différentes facettes et par une organisation des services favorisant les contacts avec la population locale. *A contrario*, nous pouvons évoquer le cas des Agences Locales pour l'Emploi qui reposent sur l'emploi occasionnel de chômeurs, pour des prestations d'une durée limitée, par des particuliers ou des organisations. Aucun accompagnement ou regroupement des chômeurs au sein d'une structure n'est prévu et seules les relations de gré à gré sont développées.

En résumé, les services de proximité peuvent constituer un lieu privilégié d'insertion professionnelle dans la mesure où ils constituent, *a priori*, un gisement potentiel d'emplois. Cependant, nous avons identifié un certain nombre de questions par rapport aux politiques actuelles qui tendent à asseoir le développement des services sur des subventions associées à la (re)mise au travail de chômeurs, de préférence peu qualifiés. L'insertion professionnelle des travailleurs est dans ce cadre souvent dépendante de statuts précaires alors que leur insertion sociale peut être compromise par une faible intégration au sein de réseaux sociaux valorisants. Par ailleurs, les exigences de qualifications professionnelles et sociales, centrales pour atteindre l'objectif de qualité aux usagers dans bon nombre de services, sont souvent mal prises en compte par ces politiques actives.

3. INSERTION DES USAGERS ET DE LEUR ENTOURAGE

a) Services de proximité : support à l'insertion professionnelle et sociale des usagers

Nombre de services de proximité contribuent à améliorer les conditions de vie de leurs usagers et/ou de leur entourage, et donc leur capacité d'insertion. En effet, ils répondent fréquemment à des besoins jugés aujourd'hui essentiels par la collectivité en termes d'autonomie, de santé, de logement ou d'éducation.

Au-delà des conditions générales d'insertion, certains services sont aussi conçus explicitement comme un support à l'insertion professionnelle des usagers. Ainsi en est-il de certains services aux personnes, en particulier l'aide à domicile et la garde d'enfants, dont l'existence devient, de plus en plus, une des conditions préalables pour permettre à l'entourage de personnes dépendantes et aux parents d'accéder au marché du travail et donc à une insertion professionnelle[13]. En témoigne l'intervention du Fonds des Equipements et des Services Collectifs (FESC), relevant de la sécurité sociale et donc lié au marché du travail, depuis le début des années 70, dans le financement de l'accueil d'enfants[14]. En effet, au cours des années 60, le discours sur les services d'accueil d'enfants s'est progressivement modifié. Alors qu'auparavant, ils étaient ciblés sur les familles à revenus modestes et relevaient de l'aide sociale, beaucoup sont devenus essentiels pour une large part de la population, répartie dans toutes les classes sociales, suite notamment à la hausse du taux d'activité des femmes (Defourny & Nyssens, 2001). La prise de conscience de l'apport des services aux personnes à l'insertion professionnelle des usagers s'est accentuée ces dernières années. Ainsi, les années 90 ont vu fleurir un ensemble de nouvelles initiatives dans le champ de l'accueil de l'enfance pour faire face aux nouveaux besoins compte tenu des évolutions socioéconomiques : accueil d'enfants malades, « accueil d'urgence » pour permettre aux chômeurs de suivre des formations professionnelles ou d'effectuer des recherches d'emplois, accueil extra-scolaire ou encore « accueil flexible » en dehors des heures régulières de travail.

L'existence de nombreux services de proximité contribue également, potentiellement, à l'insertion sociale des usagers. L'aide à domicile permet, par exemple, à des personnes dépendantes de continuer à vivre dans leur milieu habituel ou offre des occasions de contacts à des personnes isolées (Balthazart, 1996). Les structures d'accueil de l'enfance offrent aux enfants un milieu de socialisation. Elles peuvent être source de rencontres entre parents d'enfants, ce qui s'avèrerait particulièrement important pour les familles issues de milieux défavorisés ou en situation difficile. Le logement constitue naturellement un point d'ancrage dans un environnement essentiel pour l'insertion sociale des individus (Economie et Humanisme, 1993). Quant aux initiatives de développement de quartier, telles que les régies ou les maisons de quartier, elles conçoivent explicitement leurs services comme des supports pour la création de relations entre les habitants d'une même localité.

Il s'agit bien sûr de s'interroger sur les conditions dans lesquelles un service contribue effectivement à l'insertion sociale des usagers. Notre enquête révèle certaines pratiques au sein de différents services qui ont pour objectif l'insertion des usagers dans des réseaux sociaux via des formes d'implication bénévole. Ainsi, certaines initiatives s'efforcent de reconstituer des réseaux de solidarité et de proximité au niveau local, en périphérie de services d'aide aux personnes dépendantes et isolées. Par ailleurs, de telles pratiques peuvent être liées à une mission de conscientisation et d'insertion citoyennes. Dans les régies de quartier ou les maisons communautaires, des initiatives récentes associent l'accès au logement à l'implication des locataires dans la rénovation et la vie communautaire de l'espace locatif. Toutefois, dans le cadre d'une recherche évaluative sur le fonctionnement de quelques comités de quartier à Charleroi, Boveroux & Petrella (1999) ont identifié plusieurs éléments qui illustrent la difficulté à mobiliser les habitants d'un quartier défavorisé dans une démarche de participation citoyenne : la non-intégration des nouveaux habitants, le peu d'ouverture vers des personnes ayant une autre conception des activités à mener au sein du quartier, la non-intégration de personnes peu qualifiées et/ou exclues au sein du comité (image négative du quartier), etc.

D'une manière générale, toutefois, l'insertion professionnelle, sociale, voire citoyenne, des usagers est influencée par l'importance accordée à l'équité, à la qualité du service et à l'externalisation de certaines activités hors de la sphère domestique.

b) Insertion des usagers et enjeux d'équité

Compte tenu des effets des services de proximité sur l'insertion des usagers, il n'est pas étonnant qu'ils constituent un enjeu du point de vue de l'équité[15]. Relevons que des points de divergence peuvent apparaître d'un pays à l'autre quant à l'appréciation d'un besoin jugé comme essentiel et pour lequel il faut garantir un accès équitable. Par exemple, un bon fonctionnement des structures de garde d'enfants et d'aide à domicile favorise l'accès des femmes au marché du travail et contribue à réduire la discrimination entre hommes et femmes, enjeu apprécié différemment dans les pays européens bien qu'il soit une des lignes directrices de la Commission Européenne en matière d'emploi (Dubois, Humblet & Devenne, 1994).

Dans les faits, tant les politiques publiques que les pratiques des organisations révèlent l'importance accordée à un tel enjeu d'équité. La majorité des organisations (86%) interrogées à Charleroi pratiquent des prix inférieurs au prix du marché (voire même nuls), modulés en fonction des revenus et/ou des besoins. Seuls 9% des organisations affirment s'adresser principalement à des usagers disposant de revenus moyens à élevés. Quelques nuances doivent cependant être apportées à ce constat.

D'abord, nous pouvons distinguer les services de garde d'enfants et d'aide à domicile des services liés au développement de quartier et à l'accès au logement (*cf.* tableau 1). Au sein du premier groupe, les organisations désservent majoritairement des usagers de tous niveaux de revenu parce qu'ils répondent à des demandes *a priori* indépendantes des conditions socioéconomiques des usagers. Par contre, les services de développement de quartier et d'aide au logement se démarquent par une proportion plus importante d'organisations tournées en priorité vers les usagers à bas revenus. Ceci s'explique par le fait que, dans notre étude, nous nous sommes concentrés spécifiquement sur la branche «sociale» du logement (aide aux plus démunis) et que les services de développement de quartier sont situés de manière privilégiée dans des zones défavorisées.

Tableau 1 — Répartition des organisations par créneau en fonction du niveau de revenu de leurs usagers.

Créneaux	Organisations ciblées principalement sur des usagers à revenus faibles ou nuls	Organisations prestant des services auprès de toutes les catégories de revenus	Organisations ciblées principalement sur des usagers à revenus moyens à élevés	Total
Aide à domicile	28 %	64 %	8 %	100 % (25)
Développement de quartier	53 %	47 %	0 %	100 % (15)
Enfance	12 %	70 %	18 %	100 % (33)
Logement	59 %	41 %	0 %	100 % (17)
Total	32 % (29)*	9 % (53)	59 % (8)	100 % (90)

Source : Gilain, Jadoul, Nyssens et Petrella (1998); (*) Nombre d'organisations.

Ensuite, nous pouvons distinguer les services plus «classiques», et par conséquent institutionnalisés, des services plus récents qui répondent à de nouveaux besoins. Dans les premiers, comme ceux d'aide familiale ou de l'accueil des enfants dans des heures régulières de travail, les pouvoirs publics exigent, lorsqu'ils les subventionnent, une modulation des prix suivant le profil socioéconomique des usagers. Par contre, ce n'est pas toujours le cas pour les services plus récents, qui s'appuient alors fréquemment sur des ressources volontaires ou sur des subventions à l'emploi — qui ne tiennent pas compte du profil socioéconomique des usagers — même pour développer des services ciblés sur une population défavorisée. En privilégiant l'objectif d'insertion socioprofessionnelle des travailleurs, les politiques publiques occultent, dans ce dernier cas, l'enjeu d'équité pour les usagers. Ainsi, les Agences Locales pour l'Emploi (ALE) ont été créées comme un dispositif d'insertion socioprofessionnelle dans les services de proximité. La tarification des services offerts par le biais des ALE les rend plus avantageuses pour les personnes à hauts revenus que des services similaires offerts par des organisations d'aide à domicile agréées et subventionnées, qui s'inscrivent dans une démarche de solidarité en suivant un barème variable selon le revenu des usagers. Si, actuellement, ces deux dispositifs se complètent dans la mesure où les demandes excèdent largement l'offre de services, cela pose à terme un problème de cohérence entre les objectifs d'insertion professionnelle et d'équité, les ALE pouvant priver les services agréés de la partie la plus rémunératrice de leur clientèle, menaçant ainsi leur capacité à offrir des services accessibles à tous.

Enfin, des distinctions apparaissent en fonction du type de prestataire considéré. Les organisations appartenant au secteur privé à but lucratif pratiquent les prix du marché et s'adressent majoritairement aux revenus moyens et élevés. Ceci s'explique par leur impossibilité d'accéder aux subventions. Si on laissait les services de proximité s'adapter aux lois du marché, ceux-ci seraient donc réservés à une demande solvable au détriment d'un accès universel. Par contre, le secteur public se caractérise par une tendance à s'adresser à un public d'origine socioprofessionnelle large grâce à une politique de tarification ajustée aux caractéristiques des usagers. Cette pratique reflète vraisemblablement sa mission de service universel. Une proportion plus importante du secteur associatif s'adresse à un public plus défavorisé. Ceci pourrait être le signe d'un objectif de réponse à des demandes (encore) non satisfaites par les pouvoirs publics dans une perspective de lutte contre l'exclusion.

c) Insertion des usagers et qualité des services

La qualité des services, et plus particulièrement son évaluation dans le chef des usagers, est une deuxième question dans le débat sur la contribution potentielle des services de proximité à l'insertion des usagers. Nous avons déjà souligné la difficulté des usagers à disposer de l'information pertinente pour juger de la qualité du prestataire *ex-ante*, ce qui peut mener certains usagers à s'adresser à des prestataires offrant des services de moindre qualité, voire à renoncer à certains services en raison de leur manque de confiance. D'autres usagers, n'ayant pas tous les éléments pour juger, *ex-post*, de la qualité de l'effort fourni par le prestataire, peuvent être la proie de comportements opportunistes dans l'exécution de la prestation. Une dimension d'équité est également présente dans ces situations dans la mesure où certains usagers obtiennent plus difficilement l'information adéquate pour l'évaluation (notamment compte tenu de leur faible capital social et culturel) et sont donc plus vulnérables. Face à ces obstacles, on peut donc se demander si certains usagers, faute de signaux suffisants quant à la qualité de ces services, sont vraiment dans la possibilité d'en profiter.

d) Quelle externalisation des activités en dehors de la sphère domestique?

L'externalisation de certaines tâches en dehors de la sphère domestique est un troisième élément de réflexion lorsque l'on s'interroge sur la contribution des services de proximité à l'insertion des usagers. En effet se pose la question de l'articulation, dans le chef des usagers et de leur entourage, entre leur insertion sur le marché du travail et leur insertion sociale aux sein de réseaux informels. Les parents d'un enfant en bas âge ou l'entourage de personnes dépendantes peuvent-ils faire le choix de s'investir volontairement et largement dans l'aide à ces personnes? Y a-t-il substitution ou complémentarité entre services rémunérés et services par l'entourage, entre «solidarité institutionnelle» et «solidarité chaude»? L'organisation des services d'aide à domicile favorise-t-elle, par exemple, les partenariats entre les professionnels rémunérés et l'entourage? Cette question est fort débattue, en particulier en Flandre où elle a fait l'objet de plusieurs mesures politiques récentes destinées à donner aux aidants volontaires, issus de l'entourage des personnes, une certaine reconnaissance socioprofessionnelle (Martens, 1998; Hedebouw, Pacolet, Spinnewijn & Winters, 1990). Nous pouvons également nous interroger sur les exigences croissantes de flexibilité du marché du travail qui nécessitent des modes de garde d'enfants qui puissent répondre à des horaires atypiques. Ceci révèle une tension évidente entre l'insertion sur le marché du travail des usagers et leur insertion sociale au sein de leurs réseaux familiaux.

En conclusion, les services de proximité peuvent jouer un rôle d'insertion important pour les usagers et leur entourage, tant sur le plan professionnel que social. Ceci dépendrait cependant fort des modalités d'organisation des services. Du point de vue de l'équité, différentes questions se posent quant au montant et aux formes des subventionnements publics ainsi que de leur éventuel accès pour le secteur privé à but lucratif. Les politiques publiques, qui se centrent, aujourd'hui, sur l'insertion professionnelle des travailleurs, occultent le débat sur l'accès équitable aux services pour les usagers. A défaut d'approfondir ce débat, des petits boulots précaires pour les personnes fragilisées sur le marché du travail pourraient se développer au profit d'usagers qui ont les moyens de se payer ces services. Nous avons également soulevé le risque que certains usagers ne profitent pas d'un service de qualité dans la mesure où ceux-ci ne sont pas à même d'en évaluer correctement la qualité. Enfin, s'est posé le débat de l'externalisation des services hors de la sphère domestique.

4. INSERTION DES BÉNÉVOLES

Au sein des services de proximité, nous avons déjà évoqué l'existence de pratiques d'implication bénévole des usagers qui peuvent contribuer à leur insertion sociale, voire citoyenne. A Charleroi, 46 % des organisations (55 % dans le secteur associatif contre un tiers dans les autres secteurs) interrogées affirment impliquer les usagers soit dans la gestion du service (participation au conseil d'administration), soit dans sa conception et/ou dans sa production.

Toutes les formes de participation ne sont cependant pas du même ordre. Une distinction est à faire, en particulier, selon les créneaux. Les initiatives de développement de quartier se démarquent ainsi nettement : l'implication des usagers (occasionnelle ou régulière) à travers la mobilisation des habitants d'un même territoire autour de l'amélioration de leur cadre de vie est systématique et s'inscrit explicitement dans une dynamique d'insertion sociale et citoyenne. Dans les autres créneaux, ces pratiques ne concernent qu'un tiers des organisations et répondent souvent à d'autres objectifs. Dans les services aux personnes — aide à domicile et garde d'enfants —, l'implication des usagers se conçoit dans une optique d'amélioration de la qualité des services. Il s'agit, d'une part, de développer un service personnalisé et mieux adapté à la situation de l'usager grâce à une construction conjointe de l'offre et de la demande ; par exemple, en tenant compte de la disponibilité de l'entourage d'une personne âgée ou en impliquant les parents dans la définition d'un projet pédagogique pour leurs enfants[16]. Il s'agit, d'autre part, de susciter la confiance des usagers dans un contexte d'information imparfaite. Enfin, dans l'aide au logement, certaines initiatives impliquent les locataires dans la rénovation de leur logement ou dans une gestion locative communautaire, avec un souci de responsabilisation et de création de liens sociaux.

Au-delà de l'implication des usagers, certains services mobilisent l'engagement bénévole de personnes extérieures. Notre enquête révèle à ce niveau que, sur les 92 organisations interrogées à Charleroi, 30 utilisent des bénévoles, soit 590 personnes, qui s'ajoutent aux 1.350 travailleurs rémunérés (Equivalents Temps Plein). Comme l'indique le tableau 2, ce bénévolat se concentre surtout dans les créneaux de l'aide à domicile et du développement de quartier.

Tableau 2 — Répartition des bénévoles par créneau.

Créneaux	Nombre d'organisations mobilisant des bénévoles	Nombre de bénévoles	Nombre d'heures prestées en moyenne par semaine
Aide à domicile	11 (24)*	395 (36)**	505 (46)***
Développement de quartier	6 (15)	83 (14)	686 (114)
Enfance	7 (34)	47 (7)	70 (10)
Logement	6 (19)	59 (10)	172 (29)
Total	30 (92)	590 (20)	1433 (48)

Source : Gilain, Jadoul, Nyssens et Petrella (1998); (*) Nombre total d'organisations, qu'elles emploient ou non des bénévoles. (**) Nombre moyen de bénévoles dans les organisations employant des bénévoles. (***) Nombre moyen d'heures prestées en moyenne par semaine dans une organisation employant des bénévoles.

Quelle est la contribution de cet engagement à l'insertion des bénévoles ? Il serait *a priori* intéressant de connaître les motivations individuelles des bénévoles afin d'appréhender les formes de l'insertion réalisée par leur participation aux services. Nous ne disposons pas d'informations à ce sujet. La majorité sont des personnes inactives, au sens où elles se situent en dehors du marché du travail et ne sont pas demandeuses d'emploi (pensionnés, femmes au foyer). Le bénévolat ne serait donc pas, avant tout, un tremplin afin de réintégrer le marché du travail. Ceci est confirmé par d'autres enquêtes au niveau européen qui montrent que le profil socioéconomique des bénévoles ne correspond pas majoritairement à celui de demandeur d'emploi (Archambault & Boumendil, 1997). Néanmoins, parmi les 590 bénévoles, nous avons relevé une petite cinquantaine de chômeurs. Il s'agit alors de s'interroger sur l'apport de cet engagement, en termes d'acquisition de compétences et de capital social, à une insertion professionnelle ultérieure.

L'implication des bénévoles est-il un support à leur insertion sociale? Relevons d'abord que le travail des bénévoles se concentre, fréquemment, sur des tâches axées sur la relation avec les usagers. Dans l'aide à domicile, par exemple, le bénévolat permet d'apporter un surcroît de présence et de relations aux personnes dépendantes et isolées par rapport à ce que peuvent offrir des services rémunérés. Le caractère volontaire et non monétaire de l'engagement bénévole offre des possibilités pour le développement de relations sociales.

Quant à l'insertion citoyenne des bénévoles, si nous ne disposons pas d'informations précises, nous pouvons cependant relever que l'essentiel du bénévolat s'inscrit dans le secteur associatif, lequel joue un rôle privilégié dans l'innovation sociale en s'appuyant notamment sur l'action bénévole (Defourny & Nyssens, 2001; Gilain & Nyssens, 1998; Salamon, 1995). Cette caractéristique apparaît dans un ensemble d'initiatives récentes qui s'appuient sur le bénévolat pour développer de nouveaux services et révéler de nouvelles demandes sociales, comme les initiatives novatrices dans le domaine du logement en faveur des sans-abri. Dans ce cadre, l'implication volontaire est en général motivée non seulement par un désir d'insertion sociale mais suppose également un engagement citoyen via l'adhésion à une volonté de changement social (ADMR, 1998; Mossé, 1998). Lorsqu'il s'inscrit dans une telle perspective dynamique, le bénévolat a alors, généralement, un caractère plus temporaire et est appelé à être progressivement remplacé par de l'emploi rémunéré au fur et à mesure que les demandes ainsi révélées sont prises en compte dans les politiques publiques.

Ces différents aspects posent bien sûr la question des rapports entre professionnels rémunérés et bénévoles au sein de l'organisation. D'abord, par rapport à l'objectif de professionnalisme des service, le bénévolat souffre-t-il d'amateurisme ou apporte-t-il une plus-value dans la qualité du service en termes d'intensité relationnelle, de personnalisation des solutions et de confiance? Ensuite, le bénévole ne prive-t-il pas le professionnel des tâches plus relationnelles ou au contraire est-il confiné à des tâches peu valorisantes? Le bénévolat est-il un palliatif au désengagement financier des pouvoirs publics dans les services sociaux ou au contraire révèle-t-il de nouvelles demandes sociales et favorise-t-il ainsi la structuration de nouvelles activités subventionnées permettant la création d'emplois rémunérés? Par rapport à cette problématique, plusieurs études menées[17] suggèrent plutôt une complémentarité entre professionnels rémunérés et bénévoles, qui demande toutefois à être pensée tant au niveau des organisations, pour garantir le professionnalisme et l'engagement du bénévole, qu'au niveau de la conception des politiques sociales.

5. ENVIRONNEMENT SOCIOÉCONOMIQUE ET CONDITIONS STRUCTURELLES DE L'INSERTION

Jusqu'ici, nous avons mis l'accent sur les effets individuels des services de proximité en terme d'insertion des parties prenantes. Les services de proximité génèrent également des effets collectifs dans la mesure où ils touchent un ensemble d'acteurs plus large que les seules parties prenantes à la relation, et dès lors influencent les conditions structurelles de l'insertion. Ces effets collectifs peuvent découler de la seule existence des services, ou encore être liés à leurs modalités d'organisation.

D'abord, certains services de proximité contribuent au développement du territoire dans lequel ils s'inscrivent, améliorant les conditions structurelles d'insertion des habitants. Il en va ainsi de l'amélioration du cadre de vie liée aux activités de rénovation de logements insalubres ou d'aménagement d'espaces publics urbains. Plus largement, la présence de services de proximité dans des quartiers défavorisés ou isolés, par exemple des zones rurales ou d'anciens pôles industriels, peut renforcer ou reconstruire l'attraction socioéconomique de ces territoires, en y encourageant le maintien de la population, l'intensification des liens sociaux et la localisation d'entreprises. La moitié des organisations reprises dans l'enquête, dont la quasi-totalité des initiatives dans le domaine du logement et du développement de quartier, affirme poursuivre un objectif explicite de développement local à travers la prestation de leurs services. Cet objectif est moins présent dans les services aux personnes. Ceci reflète la différence entre des services à forte dimension collective et nécessairement ancrés dans un territoire bien spécifique et des services impliquant un rapport plus individualisé avec les usagers pas nécessairement en lien avec le territoire. Nous constatons également que les organisations du secteurs associatif et coopératif sont proportionnellement plus nombreuses à s'inscrire dans ce type de dynamique.

Ensuite, le développement des services de proximité pourrait améliorer le fonctionnement du marché du travail. D'une part — et ce fut le point de départ de notre réflexion — les politiques actuelles dans le domaine des services de proximité se focalisent sur l'idée que le développement des services de proximité devrait générer un bénéfice collectif en termes de réduction du chômage, en particulier pour les personnes moins qualifiées. Les politiques actives dans ce domaine s'appuient explicitement sur l'anticipation de tels bénéfices. D'autre part, l'expansion des services aux personnes se justifie en référence aux retombées positives attendues sur le marché du travail via un accès et une disponibilité accrus des parents d'enfants ou de l'entourage des personnes dépendantes sur le marché du travail.

Nous avons cependant montré, à travers l'exploration des différentes facettes de l'insertion, que les bénéfices collectifs en termes d'insertion professionnelle ne peuvent être réalisés sans une articulation cohérente avec les différents enjeux individuels et collectifs au cœur de la dynamique des services. Dans la mesure où les politiques publiques sont nécessaires pour soutenir la structuration de services de qualité, équitables et porteurs de développement territorial et d'emplois, il s'agit de concevoir des politiques qui favorisent la réalisation conjointe des différents effets potentiels des services de proximité sur l'insertion.

Ainsi, après avoir mis en évidence la pluralité des formes d'insertion (professionnelle, sociale et citoyenne) et des parties prenantes impliquées dans les services de proximité (travailleurs rémunérés, usagers, bénévoles), se dessine l'idée d'une insertion multidimensionnelle, de par ses dimensions, ses bénéficiaires et ses processus de réalisation. Ces effets, en termes d'insertion, apparaissent souvent en tension. Comment privilégier l'insertion professionnelle de travailleurs peu qualifiés tout en garantissant un service de qualité aux usagers ? Comment articuler l'insertion professionnelle des usagers et leur insertion sociale dans leurs réseaux familiaux ? Ces impacts dépendent d'une série de facteurs liés en particulier aux modalités d'organisation propres à chaque service et à la configuration des politiques publiques. En effet, la présence d'enjeux d'équité et d'effets collectifs pose inévitablement la question du mode de régulation puisque le marché n'intègre pas ces facettes dans son fonctionnement.

6. VERS UNE INSERTION MULTIDIMENSIONNELLE AU SEIN DES SERVICES DE PROXIMITÉ

Les politiques publiques sont au cœur du champ des services de proximité puisqu'elles en sont le principal outil de régulation et de financement[18]. Au terme de cette réflexion sur les effets multiples sur le plan de l'insertion, nous proposons un certain nombre de jalons pour guider et alimenter le débat sur les choix politiques.

Au préalable, il est essentiel de rappeler la nécessité d'une réflexion et d'un débat public, explicite et clair sur la valeur des différentes formes d'insertion dans la société considérée. Il s'agit, en d'autres termes, de préciser au mieux la nature de l'objectif que la collectivité s'assigne à travers l'organisation des services de proximité. Cette question est parfois difficilement abordable sans se référer à la question des modalités d'organisation; elle en est cependant conceptuellement distincte et prioritaire (Barr, 1993). Elle se pose dans certains cas de manière très générale, dépassant le seul cadre des services de proximité. Nous pensons par exemple au débat sur la valeur du travail rémunéré, et ce faisant, sur des dispositifs tels que l'allocation universelle ou le partage du temps de travail. Elle se situe aussi de manière explicite ou implicite au cœur de l'organisation des services; tel que dans les débats sur les formules de reconnaissance et de soutien aux bénévoles (familiaux et autres) dans les services aux personnes, ou encore sur le type de financement pour la garde d'enfants en bas âge.

a) Subventionnement des services

Un premier questionnement porte sur le choix des modalités de subventionnement soutenant le développement des services. Nous avons en particulier souligné les problèmes que pose le financement des services liés aux politiques actives pour la structuration de services durables et de qualité, capables de soutenir l'insertion tant des usagers que des travailleurs. Les enseignements de l'analyse incitent à envisager l'option suivante : différencier explicitement les financements selon les objectifs tout en veillant à la cohérence d'ensemble.

Il s'agirait de distinguer explicitement, dans la définition des subventions, l'objectif de réponse aux besoins des usagers et celui d'insertion des travailleurs moins qualifiés. D'une part, la prise en compte des effets collectifs, comme par exemple sur le plan du développement local et de l'équité, justifie des formules de subventionnement structurel des services non assorties de conditions particulières quant au profil des travailleurs. Dès lors que l'on s'accorde sur le fait que ces services répondent à des besoins essentiels, ces subventions devraient s'accompagner de réglementations favorables à l'accès universel aux services. Relevons que les objectifs associés aux services, et donc les modalités de subventionnement, peuvent varier en fonction de la nature de ceux-ci : les services d'aide ménagère destinés aux ménages bi-actifs ne soulèvent, par exemple, pas nécessairement le même enjeu d'équité que les services d'aide à domicile aux personnes dépendantes. D'autre part, les pouvoirs publics peuvent contribuer à l'insertion des travailleurs moins qualifiés au sein des services de proximité en subventionnant les démarches de formation et d'emploi destinées à créer des filières de qualification adaptées aux exigences des services ou en participant au financement des organisations dont la finalité première est la réinsertion des moins qualifiés (Entreprises d'insertion[19], EFT[20], etc.). Dans ces formules, le financement porte alors clairement sur les processus de qualification et les surcoûts qui y sont liés, au-delà du fonctionnement normal des services. Une différenciation des subventions en fonction des objectifs poursuivis devrait aussi favoriser le développement de critères d'évaluation plus adaptés, qui ne se limitent pas, par exemple, aux seuls taux de réinsertion ou de création d'emplois.

Il s'agit cependant de veiller à ce que ces différenciations entre financements ne conduisent pas à des contradictions ou conflits d'objectifs. Nous pensons, par exemple, à la contradiction entre la politique de transfert des besoins liés à la dépendance des services en hôpital vers les services à domicile dans les années 80, dans un souci de réduction des dépenses de santé, et l'absence de politique de refinancement de l'aide à domicile pour accueillir cette croissance des besoins (Gilain, 1998). Cette contradiction s'explique entre autres par un manque de coopération entre les différentes entités fédérées, la politique hospitalière relevant du pouvoir fédéral tandis que celle de l'aide à domicile, des Régions. Cet exemple illustre bien le type de problèmes qui résultent de l'interdépendance fréquente entre plusieurs politiques — politique de l'aide aux personnes, politique de l'emploi, politique de la santé, politique du logement et de l'aménagement du territoire, etc. — dans les services de proximité. Ceci suggère l'importance d'une réflexion et d'une évaluation régulière de l'articulation entre politiques publiques pour tenir compte des phénomènes d'interdépendance. L'articulation entre les politiques d'emploi et les politiques de réponse à certains besoins spécifiques pourrait, par exemple, se faire sous la forme de transferts de budgets globaux pluri-annuels du ministère de l'emploi vers le ministère compétent dans l'organisation des services, lequel serait chargé de le mettre en œuvre de la manière la plus adaptée aux réalités du terrain concerné et aux enjeux collectifs qui y sont associés.

Soulignons que le choix des modalités de subventionnement des services n'est pas neutre par rapport aux objectifs poursuivis et à leurs implications sur la qualité des services, le degré de concurrence induit entre les prestataires ou encore l'équité dans l'accès au service[21]. Une question centrale dans les débats récents est celle du choix entre subvention à la consommation ou à la production. La littérature sur les services sociaux et les expériences étrangères témoignent d'un intérêt accru ces dernières années pour les subventions à la consommation qui laissent le choix du prestataire à l'usager et pour le développement de quasi-marchés, tout en en soulignant les limites (Le Grand & Barlett, 1993; Wistow, Knapp, Hardy & Allen, 1994; Commission des Communautés Européennes, 1996). Ces analyses mériteraient d'être approfondies dans le contexte belge. En effet, mis à part le chèque ALE, le lancement, durant l'année 1999 d'une formule de chèques subventionnant les activités de peinture et de tapissage et diverses propositions de titre-services, la majorité des subventions dans le domaine des services de proximité sont des subventions à la production. Cette question fait l'objet de nombreux débats en Belgique. Un autre débat porte sur l'accès éventuel du secteur privé lucratif à certaines subventions. En effet, dans la mesure où les pouvoirs publics reconnaissent les bénéfices collectifs générés par certains services de proximité et interviennent dès lors dans leur financement, faut-il nécessairement limiter l'accès aux subventions aux seules organisations à statut non lucratif? La question reste ouverte.

b) Statut des travailleurs et des bénévoles

La question du statut (rémunération, conditions de travail, reconnaissance légale, protection sociale, etc.) des travailleurs dans les services est également au centre de la réflexion. Nous avons, entre autres, souligné les limites des statuts offerts aux travailleurs engagés dans le cadre des politiques actives en termes d'insertion professionnelle et sociale. Nous avons indiqué comment les programmes de résorption du chômage se sont traduits dans le champ des services de proximité par des engagements durables sous statuts précaires. Du point de vue de l'insertion professionnelle et sociale des travailleurs, il s'agirait de transformer les postes liés à ces politiques en des emplois salariés classiques, lorsqu'ils s'inscrivent dans des services dont l'utilité sociale est reconnue. Cette opération pourrait être couplée à l'évolution de la nature du subventionnement comme indiqué dans le point précédent.

Mais la question des statuts se pose aussi pour les bénévoles dont la participation aux services peut relever d'un processus d'insertion. La reconnaissance d'une contribution — en termes de qualité du service ou de support à l'innovation sociale — pourrait justifier certains dispositifs destinés à offrir à ces personnes un statut spécifique, capable de les soutenir et les encadrer. Il s'agirait, entre autres, de développer un cadre légal précisant la nature de leur apport, l'assortissant d'une forme de compensation financière et/ou d'éléments de sécurité sociale essentiels (assurance en cas d'accident, etc.) ainsi que d'exigences de formation et de régularité minimales en fonction de la nature des services (comme des formations à l'écoute des malades ou à l'accompagnement des personnes en soins palliatifs). Dans ce cadre, nous pouvons aussi nous interroger sur l'opportunité d'assouplir la réglementation concernant la participation des chômeurs à des activités bénévoles, s'il apparaît que l'activité bénévole favorise l'insertion sociale et citoyenne des personnes sans emploi.

Ces réflexions sur le statut des différentes parties prenantes renvoie également à la question du type de relation entre travailleurs rémunérés, bénévoles et usagers. Dans le domaine de l'aide à domicile, par exemple, de nombreuses réflexions et initiatives sont développées afin d'encourager la coopération entre travailleurs rémunérés et bénévoles[22]. Il s'agit, dans ce cas, de développer des formules qui permettent de combiner au mieux qualité technique des services et insertion dans un réseau de relations sociales. La réflexion devrait aussi être poursuivie dans ce sens.

c) Soutien au développement des initiatives locales

Par ailleurs, notre analyse a montré la diversité des types de prestataires impliqués dans l'organisation des services (associations, pouvoirs publics, groupements locaux, etc.). Certaines spécificités sont apparues. Ainsi, différents éléments, comme l'implication des diverses parties prenantes (professionnels, bénévoles et usagers) et le partenariat entre différents acteurs au niveau local sont plus fréquents au sein du milieu associatif. De telles dynamiques seraient susceptibles de contribuer à l'identification de nouvelles demandes sociales et à la construction de réponses novatrices. Ces éléments suggèrent le rôle privilégié des associations en termes d'innovation sociale. Les services du secteur public apparaissent, quant à eux, comme garants de la mission de service universel. Ces constatations soulignent la nécessité d'une réflexion sur le type d'articulation entre pouvoirs publics et associations afin de favoriser un développement de services de proximité rencontrant l'intérêt collectif.

Des plates-formes locales qui soutiennent le développement d'initiatives locales ont été développées dans d'autres pays[23]. Ces expériences pourraient être adaptées dans le contexte qui nous intéresse. Les différents prestataires (économie sociale, secteur public, secteur privé traditionnel) et bailleurs de fonds y seraient représentés (usagers, pouvoirs publics, partenaires sociaux, etc.).

D'abord, ce type de structures inciterait à renforcer la complémentarité entre les secteurs public et d'économie sociale, mais aussi privé lucratif et informel. Elles pourraient être des lieux privilégiés de partage d'expériences susceptibles de générer de nouvelles coopérations et initiatives innovantes[24]. De nombreuses initiatives locales basées sur des partenariats se sont développées depuis une quinzaine d'années qui demandent à être évaluées : centres de coordination dans l'aide à domicile, partenariats autour des régies de quartier, ou encore agences immobilières sociales. Les formules sont multiples et posent de nombreuses questions. Permettent-elles effectivement la participation égale de toutes les catégories d'acteurs ? Sont-elles ouvertes à la diversité des objectifs ou centrées sur des objectifs prédéfinis ? S'inscrivent-elles dans une optique de coopération ouverte ou de répartition entre catégories professionnelles ou sociopolitiques prédéfinies ?

Ensuite, ces structures intermédiaires pourraient avoir un rôle de sélection des projets innovants à soutenir en tenant compte des investissements matériels et immatériels importants dans une phase de démarrage[25]. En effet, l'expérience montre qu'il est important de prévoir des formes de financement pour soutenir le développement de cet «entrepreunariat social». Ce type de financement permettrait de ne pas enfermer les organisations dans des financements entièrement ciblés sur des prestations strictement définies, sans aucune marge de manœuvre pour explorer de nouveaux modes d'organisation ou de nouvelles façons de répondre aux besoins. Cette dernière formule fait écho aux demandes émanant du monde associatif qui se verrait soumis à une tendance croissante des pouvoirs publics à lui déléguer la prestation de services dans le cadre de contrats très restrictifs et centrés sur des objectifs d'emploi ou de rationalisation des dépenses publiques. Cette réflexion demande toutefois à être éclairée par une analyse plus approfondie des processus d'innovation dans le domaine des services de proximité.

Enfin, ces plates-formes pourraient également veiller à la qualité des services en promouvant des pratiques d'autoévaluation régulière, en offrant aussi aux usagers des possibilités de participation et en développant des processus de labelisation.

Voilà une série de pistes susceptibles de baliser une réflexion complexe mais nécessaire pour tenir compte de toute la diversité du champ des services de proximité et de ses multiples connexions avec la problématique de l'insertion.

NOTES

[1] Nous sommes bien conscients que des stagiaires ne sont pas des travailleurs *stricto sensu* mais, se situant par rapport au service dans la sphère professionnelle, nous les avons regroupés dans cette catégorie.

[2] Soulignons que d'autres typologies des dimensions de l'insertion sont possibles. Le but de cet article n'est pas de tester la validité d'une telle représentation de l'insertion. Cette catégorisation n'est qu'un outil pour classer, à titre exploratoire, les différents effets potentiels des services de proximité.

[3] C'est là une des fonctions « latentes » de l'emploi, au-delà de la fonction manifeste de l'obtention d'un salaire (Jahoda, 1979). C'est aussi l'idée développée dans les travaux sur les « biens relationnels » (Gui, 1995).

[4] Cette recherche que nous avons menée en 1996-1997 décrit les différentes facettes de l'offre des services de proximité étudiés : la nature des prestataires, les ressources mobilisées (ressources propres et non marchandes, subsides liés aux politiques actives d'emploi, etc.), les caractéristiques de l'emploi rémunéré (type de contrat, qualifications, etc.) et des bénévoles, ainsi que le comportement des prestataires en termes de tarification, de partenariat avec d'autres organisations et d'implication des travailleurs ou des usagers. Au total, 92 organisations ont été interrogées ; 24 issues de l'aide à domicile (aide familiale, aide ménagère, petites réparations, etc.), 15 du développement de quartier (régies de quartier de logement social et de rénovation urbaine, maisons de quartier), 34 de l'accueil des enfants de 0 à 6 ans et 19 axées sur l'accès au logement pour des personnes moins favorisées (coopératives de logement social, agences immobilières sociales, ASBL d'action pour le logement). Elles employaient, en 1995 et en Equivalents Temps Plein (ETP), 1.350 travailleurs rémunérés qui se répartissaient comme suit : 49 % au sein du secteur associatif (ASBL, associations de fait ou mutualités), 16,6 % au sein du secteur coopératif (essentiellement des coopératives de logement social), 32,7 % au sein du secteur public et 1,7 % au sein du secteur privé lucratif (essentiellement des gardiennes d'enfants indépendantes). Il est à noter cependant que ce dernier secteur est sous-représenté dans notre enquête.

[5] Pour évaluer leur pertinence du point de vue de l'insertion professionnelle des groupes à risque, il faudrait, notamment, disposer du taux de placement des personnes concernées sur le marché du travail. Nous ne disposons cependant pas de cette information.

[6] Pour rappel, il s'agit là essentiellement de sociétés coopératives de logement social.

[7] Des différences apparaissent également entre les créneaux : dans le développement de quartier, en moyenne, 51 % des travailleurs sont employés sous des statuts liés aux politiques actives, contre 37 % dans l'aide à domicile, 28 % dans le logement social et 9 % dans le créneau de la petite enfance.

[8] Cette évolution est surtout due à la croissance des emplois d'aides familiales et ménagères dans la partie flamande du pays, tandis qu'en région wallonne, le développement des emplois dans le cadre des programmes de résorption du chômage sert surtout à compenser

la baisse des emplois classiques au cours des années 80 (Balthazart, 1996; Pacolet, Bouten, Lanoye & Versieck, 1998).

[9] *Cf.*, par exemple, Willaert (1996) pour une brève histoire et une évaluation critique des Programmes de Résorption du Chômage dans les services sociaux.

[10] Les Agences Locales pour l'Emploi (ALE), auxquelles l'inscription est obligatoire pour les chômeurs de longue durée, permettent aux chômeurs et aux bénéficiaires du revenu minimum d'existence (minimex) de travailler au maximum 45 heures par mois en recevant 150 FB de l'heure et en gardant leur allocation (chômage ou minimex), dans des activités qui ne sont pas organisées par le marché (aide ménagère, petit jardinage, etc.).

[11] Sont compris dans les travailleurs non qualifiés, les travailleurs ayant au maximum obtenu le diplôme de l'enseignement secondaire inférieur ou ceux effectuant un travail ne demandant pas de qualifications particulières. Le niveau de qualification le plus fréquent est le secondaire supérieur (puéricultrice, aide familiale, ouvrier qualifié, etc.), suivi par l'enseignement supérieur de type court (assistants sociaux, infirmières, etc.). Les diplômés de l'enseignement supérieur de type long sont les moins nombreux et occupent généralement des postes de coordination (Gilain, Jadoul, Nyssens & Petrella, 1998).

[12] Résultat obtenu après exclusion des travailleurs indépendants et des entreprises de très petite taille pour lesquels cet aspect n'est pas pertinent.

[13] Evandrou & Winter (1993) montrent, par exemple, comment les conditions d'accès au travail et de rémunération des personnes varient selon qu'elles aient à s'occuper de personnes à charge ou pas.

[14] Le Fonds des Equipements et des Services Collectifs (FESC) a été institué en 1971 au sein de l'Office National d'Allocations Familiales pour Travailleurs Salariés (ONAFTS) pour financer les équipements et les services en faveur des familles de travailleurs salariés. Dans le cadre de la cotisation patronale de 0,05 % pour l'accueil d'enfants, le FESC finançait les services suivants au 1/4/1998 : l'accueil extra-scolaire des enfants de 2,5 ans à 12 ans, l'accueil des enfants malades de 0 à 12 ans, l'accueil en dehors des heures régulières de travail des enfants de 0 à 12 ans et l'accueil d'urgence des enfants de 0 à 3 ans dont les parents sont demandeurs d'emploi ou suivent une formation professionnelle (ONAFTS, 1998).

[15] Nous nous référons essentiellement à des approches de la justice sociale en termes «d'égalité des chances» telle que défendue par Rawls (Van Parijs, 1991) ou «d'égalité des capabilités» (Sen, 1992).

[16] Laville (1992) offre un aperçu européen des pratiques innovantes dans ce sens, telles que les crèches parentales en France ou en Allemagne.

[17] Cet enjeu de la complémentarité est, par exemple, abondamment discuté dans les travaux sur l'évolution du secteur de l'aide à domicile, tant en Belgique qu'à l'étranger (Evers & Svetlik, 1993; Hedebouw, Pacolet, Spinnewijn & Winters, 1990).

[18] Dans notre enquête, les ressources non marchandes s'élevaient à 54 % en moyenne dans le budget de chaque organisation (Gilain, Jadoul, Nyssens & Petrella, 1998).

[19] Les entreprises d'insertion ont comme objectif de créer des emplois stables pour les personnes peu qualifiées.

[20] Les Entreprises de Formation par le Travail (EFT) sont des organismes qui adoptent généralement le statut d'Association Sans But Lucratif (ASBL) et qui offrent à des personnes sans emploi un stage dans le cadre d'une structure productive, pendant une période limitée, tout en acquérant une formation grâce à l'encadrement de moniteurs spécialisés.

[21] Pour une discussion sur les différentes modalités de subvention à la consommation des services de proximité, *cf.* Gilain & Petrella (1997).

[22] Voir, par exemple, la grille d'analyse proposée par Balthazart (1996) dans ce domaine; voir également les initiatives récentes en Flandre pour encourager l'implication de béné-

voles et d'usagers dans l'organisation des services (Martens, 1998) ainsi que les études internationales sur cette question (Evers & Svetlik, 1993).

[23] De telles structures existent notamment au Québec sous la forme de «corporation de développement économique communautaire». On peut se demander si les «agences de développement local» s'inscrivent dans cette dynamique en Wallonie.

[24] Les études sur l'innovation sociale mettent en évidence le rôle des réseaux et partenariats dans la conception et la mise en œuvre de nouvelles initiatives (Osborne, 1998; Laville & Gardin, 1996).

[25] Voir Laville & Gardin (1996) sur les mesures de soutien aux nouvelles initiatives locales.

Références bibliographiques

Ackerman P.L., Kanfer R., Maynard G. (1995), Cognitive and noncognitive determinants and consequences of complexe skill acquisition, *Journal of Experimental Psychology Applied*, 1 (4), 270-304.

ADMR (1998), Le bénévolat au secours catholique, *Le Lien*, (559), Union nationale de l'ADMR, Paris, 18-21.

Aglietta M. (entretien avec) (1998), Nouveau régime de croissance et progrès social, *Esprit*, (247), 142-163.

Akerlof G. (1982), Labor Contacts as Partial Gift Exchange, *Quarterly Journal of Economics*, 97 (4), 543-569.

Alaluf M. (1992), Peut-on distinguer les classements techniques des classements sociaux de la qualification?, *Formation emploi*, 3-7.

Alaluf M. (1999), Le modèle social belge, in : Delwit P., De Waele J.-M., Magnette P., *Gouverner la Belgique. Clivages et compromis dans une société complexe*, Presses Universitaires de France, Paris, 217-246.

Alaluf M. (2000), *Dictionnaire du prêt-à-penser. Emploi, protection sociale et immigration*, EVO, Politique, Bruxelles, 102 p.

Andries M. (1996), Le minimum de moyens d'existence, dernière arme de la sécurité sociale dans la lutte contre la pauvreté, *Revue Belge de Sécurité Sociale*, Ministère fédéral des Affaires Sociales, 38 (3), 639-659.

Archambault E., Boumendil J. (1997), *Les dons et le bénévolat en France*, Enquête 1997 ISL-Fondation de France-LES, Laboratoire d'économie sociale, Université de Paris I.

Arcq E., Chatelain E., Michel E., Palsterman P., Reman P., Ska M.-H. (1994), *Pour un nouveau pacte social. Emploi, compétitivité, sécurité sociale*, Ed. Vie Ouvrière (EVO), FEC, Bruxelles, 140 p.

Argyle M. (1996), Subjective well-being, in : Offer A. (Ed.), *In the pursuit of the quality of life*, Oxford University Press, New York.

Arrijn P., Feld S., Nayer A. (1998), La discrimination à l'accès à l'emploi en raison de l'origine étrangère : le cas de la Belgique, *Cahiers de Migrations Internationales*, Bureau International du Travail, Genève, 23 p.

Arrow K. (1963), *Social Choice and Individual Values*, 2d ed., Wiley, New York.

Arrow K. (1975), Gifts and Exchanges, *Philosophy and Public Affairs*, 1 (4), 343-362, in Phelps E.S., *Altruism, Morality and Economic Theory*, Russel Sage Foundation, New York, 13-28.

Atkinson T., Glaude M., Freyssinet J., Seibel C. (1998), *Pauvreté et exclusion*, La Documentation française, Rapports du Conseil d'Analyse économique, Paris, 140 p.

Audiart M. (2000), *Vers la société de connaissance : la dualisation du marché du travail dans une société en mutation*, Fondation de l'Entreprise, rapport FDE n° 2000/2, Bruxelles, 264 p.

Autès M. (1999), *Les paradoxes du travail social*, Dunod, Paris, 313 p.

Avice J., Bonnal-Lordon V., Jean-Montcier G. (1996), Point de vue sur la formation des adultes « en difficulté » d'insertion professionnelle, *Education permanente*, (111), 54-69.

Bajoit G. (1992), *Pour une sociologie relationnelle*, PUF, le sociologue.

Baltes M.M., Baltes P.B. (1986), *The psychology of control and aging*, Erlbaum, Hillsdale, NJ.

Balthazart M. (1996), *Développement du secteur de l'aide aux personnes âgées. Un cas particulier : Les services d'aide familiale*, Mémoire de Licence en Sciences du Travail, Université catholique de Louvain, Louvain-la-Neuve.

Bandura A. (1977), Self-efficacy theory : Toward a unifying theory of behavioral change, *Psychological Review*, (84), 191-215.

Bandura A. (1986), *Social foundations of thought and action : A social cognitive theory*, Prentice hall, Englewood Cliffs, NJ.

Bandura A. (1995), Exercise of personal and collective efficacy in changing societies, in : Bandura A. (Ed.), *Self-efficacy in Changing Societies*, Cambridge University Press, New York, 1-45.

Banks M.H., Ullah P. (1988), *Youth Unemployment in the 80's : Its psychological effects*, Croom Helm, London.

Barbier J.-C., Gautié J. (1998), *Les politiques de l'emploi en Europe et aux Etats-Unis*, PUF, Les Cahiers du Centre d'Études de l'Emploi, Paris, 411 p.

Barel Y. (1990), Le grand intégrateur, *Revue Connexions*, 56 (2).

Baron M.R., Kenny D.A. (1986), The moderator-mediator variable distinction in social psychological research : Conceptual, strategic and statistical considerations, *Journal of Personality and Social Psychology*, 51 (6), 1173-1182.

Barr N. (1993), *The Economics of the Welfare State*, Second edition, Weidenfeld and Nicolson, London.

Bat-Chava Y. (1994), Group identification and self-esteen of deaf adults, *Personality and Social Psychology Bulletin*, 20 (5), 494-502.

Beret P. (1996), Projet professionnel et insertion des jeunes, in : Francq B., Maroy C., *Formation et socialisation au travail*, De Boeck.

Beyers W., Goosens L. (1999), Emotional autonomy, psychosocial adjustement and parenting : Interactions, moderating and mediating effects, *Journal of Adolescence*, (22), 753-769.

Bodart M. (1999), Les réductions de cotisations de sécurité sociale et les mécanismes d'activation des allocations sociales, *Non Marchand-Management, Droit et Finance*, De Boeck Université, 2 (4), 37-56.

Bodart M. (2000), L'activation et les mesures d'aide à l'emploi, *L'activation des allocations sociales*, Actes du colloque organisé à la Faculté de droit des FUNDP les 25 et 26 novembre 1999 (sous la direction de Myriam Bodart), La Charte, Centre Interdisciplinaire Droits fondamentaux et Lien social, Fondation Roi Baudouin, Bruxelles, 9-16.

Boeckaerts M. (1991), Subjective competence, appraisals and self-assessment, *Learning and Instruction*, (1), 1-17.

Boileau D. (1999), *L'impact d'une pédagogie de type formation-action sur les compétences transversales des participants dans le champ de l'insertion socioprofessionnelle*, UCL, Louvain-la-Neuve, mémoire non publié.

Boisonnat J., Commissariat Général du Plan (1995), *Le travail dans vingt ans*, Odile Jacob, Ed. La Documentation française, Paris.

Boltanski L., Chiapello E. (1999), *Le nouvel esprit du capitalisme*, Gallimard, NRF Essais, Paris, 843 p.

Bonniel J., Lahire B. (1994), Remarques sociologiques sur la notion d'insertion, in Guth S. (dir.), *L'Insertion sociale, Actes du colloque Sociologies IV*, L'Harmattan, Paris, 1, 28-30.

Bouchat T.-M., Defeyt P. (1999), Un contrat pour l'activité, *La Revue Nouvelle*, 109 (4), 96-115.

Bourdieu P. (1997), *Méditations Pascaliennes*, Du Seuil, col. Liber, Paris.

Bourgeois, Nizet (1997), *Apprentissage et formation des adultes*, PUF, L'éducateur.

Boveroux I., Petrella F. (1999), *Recherche évaluative du projet de réinsertion sociale et professionnelle à Dampremy dans le cadre du programme d'initiative communautaire URBAN — Rapport final*, CERISIS-UCL, Université catholique de Louvain, Charleroi.

Boyer R. (1998), Comment favoriser la coopération dans les sociétés conflictuelles, in : Nadel H., Lindley R. (dir.), *Les relations sociales en Europe. Économie et Institutions*, L'Harmattan, Paris, 151-182.

Boyer R. (2000), La formation professionnelle au cours de la vie. Analyse macroéconomique et comparaisons internationales, in : Gauron A., *Formation tout au long de la vie*, La Documentation Française, Rapports du Conseil d'Analyse économique, Paris, 89-122.

Brizuela B., Garcia-Sellers M. (1999), School adaptation : A triangular proces, *American Educational Research Journal*, 36 (2), 345-370.

Büchel F.-P. (1995), *L'éducation cognitive : le développement de la capacité d'apprentissage et son évaluation*, Delachaux et Niestlé, Lausanne.

Burnay N. (1999), *La construction des identités chez le chômeur de plus de 40 ans : étude théorique et empirique*, Thèse de Doctorat, UCL, Louvain-La-Neuve, Manuscrit non publié.

Burnay N., Delcourt J. (1999), Involutions et transformations de la classe ouvrière, in Fusulier B. (ed.), *L'ouvrier, l'usine et le syndicalisme wallons. Involution et enjeux (1960-2000)*, Académia-Bruylant, Louvain-la-Neuve, 39-65.

Campbell A. (1981), *The sense of well-being in America*, Mc Graw Hill, New York.

Cantillon B., De Lathouwer L., Marx I., Van Dam R., Van den Bosch K. (1999), Indicateurs sociaux 1976-1997, *Revue Belge de Sécurité Sociale*, Ministère fédéral des Affaires Sociales, Bruxelles, 41 (4), 713-766.

Cantillon B., Thirion A. (1998), Pour un Etat-providence actif : bilan partiel de l'expérience ALE, *Revue Belge de Sécurité Sociale*, Ministère fédéral des Affaires Sociales, Bruxelles, 40 (2), 317-345.

Cantillon B., De Lathouwer L., Thirion A. (1998), *Werkloosheidval and Vlaams opleidings- en tewerkstellingsinitiativen*, Centrum voor Social Beleid, Antwerpen.

Caplan R.D., Vinokur A.D., Price R.H., van Ryn M. (1989), Job seeking, reemployment, and mental health : a randomized field experiment in coping with job loss, *Journal of Applied Psychology*, 74 (5), 759-769.

Capron M. (2000a), Les mutations des stratégies d'entreprise, in : Capron M., Liénard G. (coordonné par), *Face à la mondialisation. Justice sociale, développement économique et contrepouvoirs*, Couleur Savoir, EVO, Bruxelles, 61-78.

Capron M. (2000b), Concertation sociale et conflictualité : quelles perspectives, in : Capron M., Liénard G. (coordonné par), *Face à la mondialisation. Justice sociale, développement économique et contrepouvoirs*, Couleur Savoir, EVO, Bruxelles, 79-94.

Carlisle E. (1972), The conceptual structure of social indicators, in : Shonfield A., Shaw S. (Eds), *Social indicators and social policy*, Heinemann Educational Books, London.

Castel R. (1990), Le roman de la désaffiliation. A propos de Tristan et Iseut, *Le Débat*, (61).

Castel R. (1991), La désaffiliation, in : Donzelot J., *Face à l'exclusion : le modèle français*, édition Esprit.

Castel R. (1995), *Les métamorphoses de la question sociale. Une chronique du salariat*, Fayard, L'espace du politique, Paris, 490 p.

Castel R. (1996), Les marginaux dans l'histoire in : Paugam S., *L'exclusion, l'état des savoirs*, La Découverte.

Castel R. (1998), Du travail social à la gestion sociale du non-travail, *Esprit*, (241), 28-47.

Castel R. (1999), Pourquoi la classe ouvrière a-t-elle perdu la partie ?, *Actuel Marx*, deuxième semestre, (26), 15-24.

Castel R. (2000), Cadrer l'exclusion, in : Karsz S. (sous la direction de), *L'exclusion, définir pour en finir*, Dunod, Paris, 35-60.

Causse L., Fournier Ch., Labruyère Ch. (1998), *Les aides à domicile. Des emplois en plein remue-ménage*, La Découverte-Syros, Paris.

CEFORA, UPEDI (2000), *Fonctions critiques et besoins de formation*, UPEDI et CEFORA, Bruxelles, 107 p.

Charlot B., Glasman D. (1998), *Les jeunes, l'insertion, l'emploi*, PUF, Paris.

Coase R. (1937), The Nature of the Firm, *Economica*, 4 (4), 386-405.

Cobbaut R. (2000), Mondialisation, structuration des sociétés et perspectives de l'action sociale, in : Capron M., Liénard G. (coordonné par), *Face à la mondialisation. Justice sociale, développement économique et contrepouvoirs*, Couleur Savoir, EVO, Bruxelles, 29-44.

Cockx B. (1996), L'économiste face au point de vue des plus pauvres, in GIReP, *La connaissance des pauvres*, sous la direction de Pierre Fontaine et al., Les éditions Travailler le Social, Academia Bruylant, 333-342.

Coenen M.-T. (sous la direction de) (1995), *Questions d'histoire sociale*, CARHOP, FEC, Bruxelles, 211 p.

Coffield F. (1993), Toujours stagiaire, jamais salarié ? Les transitions de longue durée au Royaume-Uni, in : Cavalli A., Galland O. (dir.) (1993), *L'allongement de la jeunesse*, Actes Sud et Observatoire du Changement social en Europe Occidentale, Poitiers, 71-94.

Cohen D. (1997), *Richesse du Monde, pauvretés des Nations*, Flammarion, Paris.

Collard D. (1978), *Altruism and Economy. A study in Non-Selfish Economics*, Martin Roberston, Oxford.

Commissariat général du Plan (1995), Le Travail dans vingt ans, in : Jacob O., *Rapport de la commission Boissonnat*, Paris.

Commission des Communautés Européennes (1996), *Séminaire européen sur les subventions à la consommation et les chèques services*, Communauté Européenne, Bruxelles.

Conter B., Hecq C., Plasman O. (1998), Insertion professionnelle : suffit-il de former ?, *Wallonie*, (53), 26-37.

Corcuff P. (1995), *Les nouvelles sociologies*, Nathan université.

Croff B. (1994), *Seules. Genèse des emplois familiaux*, éd. Métaillié, Paris.

Cronbach L.J. (1951), Coefficient alpha and the internal structure of tests, *Psychometrika*, (16), 297-334.

Davies B., Knapp M. (1987), The production of welfare approach : evidence and argument from the PSSRU, *The British Journal of Social Work*, (18).

De Greef I. (2000), Les pièges financiers en Belgique : aperçu de la législation du chômage, des spécificités institutionnelles et études de cas types, *Revue belge de sécurité sociale*, 2e trimestre, 265-329.

De Latouwer L. (1996), Vingt années d'évolution de la politique menée en Belgique dans le domaine de l'assurance chômage, *Revue Belge de Sécurité Sociale*, Ministère fédéral des Affaires Sociales, 38 (2), 793-857.

de Neufville J. (1975), *Social indicators and public policy*, Elsevier, New York.

Defourny J. (1986), Une analyse financière comparée des coopératives de travailleurs et des entreprises capitalistes en France, *Annales de l'économie publique, sociale et coopérative*, (1).

Defourny J. et Nyssens M. (2001), Social enterprises and proximity services in Belgium, *The Emergence of Social Enterprise*, edited by Borzaga C. and Defourny J., Routledge, United Kingdom.

Dejimbe N. (1996), La menace du chômage : une analyse historique récente de la rotation au sein du chômage de courte durée, *Lettre d'information Point d'appui TEF*, (4), 9-12.

Delvaux B. (1997), L'enseignement secondaire dans le bassin scolaire de Charleroi. Ecoles, élèves et trajectoires scolaires, *Les cahiers du CERISIS*, 97/4, Université catholique de Louvain, Charleroi.

Delvaux B. (1998), L'échec scolaire en Belgique, *European Journal of Teacher Education*, 21 (2 & 3), 161-198.

Delvaux B. (2000), L'enseignement secondaire professionnel, *Tableau de bord de l'enseignement*, Ministère de la Communauté française.

Demazière D. (1996), Des chômeurs sans représentation collective : une fatalité?, *Esprit*, (226), 12-32.

Demunter P. (1999), L'insertion professionnelle, *Insertions professionnelles et insertion sociale*, (88), 81-96.

Deprez A. (2000), *La socialisation des élèves dans l'enseignement de qualification : le cas des sections « auxiliaire familial et sanitaire » et « éducation de l'enfance »*, Rapport de recherche, CERISIS.

Deschamps I. (1993), Quelques réflexions critiques à propos du couple intégration/exclusion, *Revue Contradictions*, (73).

Desmette D., Herman G. (1998), Conditions et effets du développement du sentiment d'efficacité personnelle au cours d'une formation qualifiante, *Les Cahiers du CERISIS*, 98/8, Université catholique de Louvain, Charleroi.

Desmette D. (1999), Le sentiment d'efficacité personnelle : une ressource à développer? Une analyse chez des chômeurs en formation, in : Depover C. et Noël B. (Eds), *L'évaluation des compétences et des processus cognitifs ; Modèles, pratiques et contextes*, De Boeck, Bruxelles, 211-220.

DeVries H., Dijkstra M., Kuhlman P. (1988), Self-efficacy : The third factor besides attitude and subjective norm as a predictor of behavioural intentions, *Health Education Research*, 3, 273 282.

Diener E. (1984), Subjective well-being, *Psychological Bulletin*, 95 (3), 542-575.

Diener E., Emmons R.A., Larsen R.L., Griffin S. (1985), The satisfaction with life scale, *Journal of Personality Assessment*, 49 (1), 71-75.

Diener E., Suh E. (1997), Measuring quality of life : Economic, social, and subjective indicators, *Social Indicators Research*, 40 (1-2), 189-216.

Doise W. (1982), *L'Explication en psychologie sociale*, PUF, Sociologies, Paris.

Dortier J.-F. (1998), Sur quoi les économistes sont-ils d'accord?, *Sciences Humaines*, L'économie repensée : Théories, enjeux, politiques, hors série (22), 10-13.

Dubar C. (1991), *La socialisation, construction des identités sociales et professionnelles*, A. Colin.

Dubet, Martucelli (1998), *Dans quelle société vivons-nous?*, Seuil, Paris.

Dubois A., Humblet P., Devenne F. (1994), Accueil des enfants de moins de 3 ans, *Courrier hebdomadaire du CRISP*, 1463-1464.

Dunning D., Meyerowitz J.A., Holzberg A.D. (1989), Ambiguity and self-evaluation : The role of idiosyncratic trait definitions in self-serving assessments of ability, *Journal of Personality and Social Psychology*, (57), 1082-1090.

Economie et humanisme (1993), Demain, on loge les pauvres, *Economie et humanisme*, Dossier spécial (396).

Eden D., Aviram A. (1993), Self-efficacy training to speed reemployment : helping people to help themselves, *Journal of Applied Psychology*, 78 (3), 352-360.

Eme B., Laville J.L. (1988), *Les petits boulots en question*, Syros, Paris.

Eme B., Laville J.L. (1994), *Cohésion sociale et emploi*, Desclée de Brouwer, Paris.

Enjolras B. (1994), Comment expliquer la présence d'organisations à but non lucratif dans une économie de marché ? : l'apport de la théorie économique, *Revue économique*, (4), 37-66.

Erikson R., Uusitalo H. (1987), The Scandinavian Approach to Welfare Research, in : Erikson R., Hansen E.J., Ringen S., Uusitalo H., *The Scandinavian Model*, M.E. Sharpe, New York.

Eurostat (1983 à 1998), *Enquête sur les forces de travail (EFT)*, Office des publications officielles des Communautés européennes, Bruxelles.

Eurostat (1997), Répartition du revenu et pauvreté dans l'Europe des Douze en 1993, *Statistiques en bref- Populations et conditions sociales*, (6), 1-8.

Evandrou M., Winter D. (1993), Informal Carers and the Labour Market in Britain, *WSP-STICERD, Discussion Paper*, (89), London School of Economics, London.

Evers A., Svetlik I. (1993), *Balancing Pluralism. New Welfare Mixes in Care for the Elderly*, Avebury.

Ewald F. (1989), Solidarité et insertion, in : Kouchner B. (dir.), *Les nouvelles solidarités*, PUF, Paris, 15-20.

Fabre C. (1997), *Les conséquences humaines des restructurations. Audit de l'implication des rescapés après un plan social*, L'Harmattan, Dynamiques d'Entreprises, Paris, 286 p.

Favereau O. (1989), Marchés internes, marchés externes, *Revue économique*, (2), 273-328.

Feather N.T., Bond M.J. (1983), Time structure and purposeful activity among employed and unemployed university graduates, *Journal of Occupational Psychology*, (56), 241-254.

Fillieule O. (1993), Conscience politique, persuasion et mobilisation des engagements. L'exemple du syndicat des chômeurs, 1983-1989, in : Fillieule O. (sous la direction de), *Sociologie de la protestation. Les formes de l'action collective dans la France contemporaine*, L'Harmattan, Paris, 123-156.

Fitoussi J.-P., Rosanvallon P. (1996), *Le nouvel âge des inégalités*, Seuil, Paris, 232 p.

Fleurbaey M., Mongin Ph. (dir.) (1999), Economie normative, *Revue économique*, 50 (4), 661-905.

Fondation Roi Baudouin (1992), *Formation par le travail : une pédagogie contre l'exclusion, EAP-AID-ASBL d'insertion*. Centre de Formation 2000.

Fondation Roi Baudouin (1994), *Développer l'entreprise sociale. Portraits d'aujourd'hui, questions pour demain*, Bruxelles.

Fondation Roi Baudouin (1996), *Entre exclusion et intégration : l'intervalle formateur. Etude des entreprises de formation par le travail*, Bruxelles.

Fondeur Y., Lefresne F. et al. (1999), Spécial jeunes et marché du travail : comparaison européenne, *Revue de l'IRES*, (31).

Fondeur Y., Lefresne F. (2000), La place des jeunes sur le marché du travail : une comparaison européenne, *La Lettre de l'IRES*, (42), 6 p.

Fonds Social Européen (1997), *Parcours d'insertion, Bruges -Octobre 1997*, Commission européenne.

Forder J., Knapp M., Wistow G. (1994), *Competition in the mixed economy of care*. PSSRU, University of Kent at Canterbury. NIH, University of Leeds.

Foucauld (de) J.-B. (1996), Quelles régulations au service de l'emploi et d'un nouveau développement ? 35 propositions et actions au service de l'emploi, *Esprit*, (226), 45-63.

Franssen A., Walthery P. (s.d.), *Les métiers de l'éducateur. Analyse et pistes d'actions*, Séminaire de recherche-action FOPES, recherche ADAPT, rapport non publié.

Fryer D. (1986), Employment deprivation and personal agency during unemployment : A critical discussion of Jahoda's explanantion of the psychological effects of unemployment, *Social Behavior*, 1, 3-23.

Fusulier B. (ed.) (1999), *L'ouvrier, l'usine et le syndicalisme wallons. Involution et enjeux (1960-2000)*, Académia-Bruylant, Louvain-la-Neuve, 189 p.

Gadbois C., Queinnec Y. (1984), Travail de nuit, rythmes circadiens et régulation des activités, *Le Travail Humain*, 47 (3), 195-226.

Gardou C. (1998), L'intégration scolaire des enfants handicapés au seuil d'une nouvelle phase. Ou comment passer des intentions aux actes, *Revue Européenne du Handicap Mental*, 5 (17), 3-9.

Gaussin C. (1997), Analyse multidimensionnelle du coût des entreprises de formation par le travail en Wallonie, *Les Cahier du CERISIS*, 3a.

Gauthier A. (1999), Isolement social et santé mentale, in : Bawin-Legros B. (éd.), *Familles, modes d'emploi*, De Boeck-Université, Paris, Bruxelles, 219-240.

Gavray C. (1996), Résultats du panel démographique et socioéconomique belge, trajectoire d'emploi et précarité de l'emploi, in : Degenne A., Mansuy M., Podevin G., Werquin P. (Eds), *Typologie des marchés du travail. Suivi et parcours*, CEREQ, document 115, série séminaire du CEREQ.

Gavray C. (1999), Femmes et marché de l'emploi, in : Bawin-Legros B. (Eds), *Familles modes d'emploi, Etude sociologique des ménages*, De Boeck-Université, Bruxelles, 147-180.

Genard J.-L. (1999), *La grammaire de la responsabilité*, Du Cerf, Humanités, Paris, 209 p.

Gevers L., Maniquet F. (1996), L'expérience des plus pauvres et les outils des économistes, in : GIReP, *La connaissance des pauvres*, sous la direction de Pierre Fontaine *et al.*, Les éditions Travailler le Social, Academia Bruylant, 343-352.

Gilain B., Petrella F. (1997), Quelles subventions à la consommation pour le développement des services de proximité ?, *La mobilité sur le marché du travail, quantification, diagnostic et politiques, Bulletin de l'IRES*, (201), 67-96, Université catholique de Louvain, Louvain-la-Neuve.

Gilain B., Jadoul B., Nyssens M., Petrella F. (1998), Les services de proximité, quels modes d'organisation socioéconomiques pour quels enjeux ?, *Les Cahiers du CERISIS 98/6*, Université catholique de Louvain, Charleroi.

Gilain B. (1998), Les enjeux de l'organisation des services d'aide à domicile : une vue économique, *Les cahiers du CERISIS 98/7*, Université catholique de Louvain, Charleroi.

Gilain B., Nyssens M. (1998), L'économie sociale dans les services de proximité : pionnière et partenaire dans un champ en développement, *Reflet et Perspectives de la vie économique*, 37 (4), 21-42.

Gill S. (1999), La nouvelle constitution libérale, *L'Economie Politique*, (2), 2e trimestre, 23-33.

Gist M.E., Mitchell T.R. (1992), Self-efficacy : A theoretical analysis of its determinants and malleability, *Academy of Management Review*, (17), 183-211.

Granovetter M. (1985), Economic Action and Social Structure : The Problem of Embeddedness, *American Journal of Sociology*, (91), 481-510.

Granovetter M. (2000), *Le Marché autrement. Les réseaux dans l'économie*, Desclée de Brouwer, Sociologie économique, Paris.

Grégoire J., de Leval N. (1994), *Quality of life in Depression Scale*, UCL.

Grootaers D., Tilman Fr. (1994), *Histoire de l'enseignement technique et professionnel en Belgique, 1860-1960*, EVO, Bruxelles.

Gui B. (1995), On Relational Goods : Stategic implications of Investment in Relationships, *International Journal of Social Economics*, 23 (10/11), 260-273.

Guillaume J.-F. (1999), L'entrée des jeunes en emploi, in : Bawin-Legros B. (Eds), *Familles modes d'emploi, Etude sociologique des ménages*, De Boeck-Université, Bruxelles, 115-146.

Halford W.K., Learner E. (1984), Correlates of coping with unemployment in young Australians, *Australian Psychologist*, 53, 333-344.

Harvey A. (1990), *The econometric analysis of time series*, Philip Allan.

Hatcher L., Stepanski E.J. (1997), *A step-by-step approach to using the SAS system for univariate and multivariate statistics*, SAS Institute Inc., NC, Cary.

Hedebouw G., Pacolet J., Spinnewijn H., Winters S. (1990), *De thuiszorg in vlaanderen*, HIVA, Katolieke Universiteit Leuven, Leuven.

Hepworth S.J. (1980), Moderating effects of the psychological impact of unemployment, *Journal of Occupational Psychology*, 53, 139-146.

Herman G., van Ypersele D. (recherche en concertation avec la MIREC) (1998), « L'Identité sociale des chômeurs », *Les Cahiers du CERISIS, 98/10*, Université Catholique de Louvain, Charleroi.

Herman G., van Ypersele D. (1999), *Les stéréotypes véhiculés par les chômeurs*, CERISIS-UCL : document non publié.

Herman G. (1999), Chômage et attentes de reconnaissance : Approche par la théorie de l'identité sociale. *Recherches Sociologiques*, (2), 139-197.

Hirschman A.O. (1995), Des conflits sociaux comme piliers de la société démocratique de marché, in : Hirschman A.O., *Un certain penchant à l'autosubversion*, Fayard, L'espace du politique, Paris, 337-362.

Hoffenberg M. (1970), Comments on « Measuring progress towards social goals : Some possibilities at national and local levels, *Management Science*, 16 (12), 779-783.

Honneth A. (2000), *La lutte pour la reconnaissance*, Du Cerf, Passages, Paris.

Huttman J.P., Liner J.N. (1978), Les indicateurs économiques et sociaux peuvent-ils mesurer la qualité de vie, *Problèmes Economiques*, (1564), 19-26.

ISAJH (1996), *Les carnets de l'éducateur. Exploration de la profession*, Fonds social ISAJH, Bruxelles.

Inhader H. (1975), Philosophy and limitations of environmental indices, *Social Indicators Research*, 1, 39-51.

Jackson L.A., Sullivan L.A., Harnish R., Hodge C.N. (1996), Achieving positive social identity : social mobility, social creativity and permeability of group boudaries, *Journal of Personality and Social Psychology*, 70 (2), 241-254.

Jacquier C. (1993), La citoyenneté urbaine dans les quartiers européens, *Ville, Exclusion et citoyenneté : Entretiens de la ville II*, sous la direction de J. Roman, Esprit, Paris, 165-190.

Jahoda M. (1979), The psychological meanings of unemployment, *New Society*, (6), 492-495.

Jahoda M. (1981), Work, employment and unemployment : Values, theories and approachs in social research, *American Psychologist*, 36, 184-191.

Jahoda M.A. (1982), *Employment and unemployment,*, Cambridge University Press, Cambridge, England.

Jaminon C., Herman G. (1998), Parcours d'insertion et dispositifs. Analyse des pratiques d'insertion socioprofessionnelle à La Louvière, *Les cahiers du CERISIS, 98/5*, Université catholique de Louvain, Charleroi.

Jaminon C., Desmette D. (1999), Processus de (dés)affiliation : Etat de la question chez des chômeurs de longue durée, Actes des *5es Journées d'Etudes Céreq-Lasmas-IdL « Cheminements de formation dans l'enseignement supérieur et parcours d'insertion professionnelle »*, 207-227.

Jaminon C. (2000), Parcours d'insertion et processus d'affiliation, in : Bourguignon D., Desmette D., Herman G., Jaminon C., *Analyse des processus sociaux, psychosociaux et cognitifs intervenant dans le parcours d'insertion de chômeurs de longue durée*, Rapport de recherche CERISIS-UCL, Université catholique de Louvain, Charleroi.

Jerusalem M., Mittage W. (1995), Self-efficacy in stressful lif transitions, in A. Bandura (Ed.), *Self-Efficacy in changing societies*, Cambridge University Press, New York, 177-201.

Join-Lambert M.-T. (entretien avec) (1999), La protection sociale est inadaptée au marché du travail, *L'Economie Politique*, (2), 2ᵉ trimestre, 6-22.

Jolis N. (1997), *Piloter les compétences — De la logique à l'atout compétence*, Les éditions d'organisation, Paris.

Journal Officiel de la République française (1996), *Le développement des services de proximité*, Avis et rapport du conseil économique et social présenté par M. Jean-Paul Bailly, (6).

Judge K., Knapp M. (1984), Efficiency in the production of welfare : the public and private sectors compared, *PSSRU Discussion Paper*, 331 (3).

Kalin R. (1981), Ethnic attitudes, in : Gardner R.C., Kalin R. (Eds), *A canadian social psychology of ethnic relations*, Methuen, Toronto.

Kammann R., Flett R. (1983), Affectometer 2 : A scale to measure current level of general happiness, *Australian Journal of Psychology*, (35), 259-265.

Kessler R.C., Turner J.B., House J.S. (1988), The effects of unemployment on health in a community survey : main, modifying, and mediating effects, *Journal of Social Issues*, 44 (4), 69-86.

Knapp M. (1984), *The economics of social care*, Macmillan, London.

Knapp M., Smith J. (1985), The costs of residential child care : explaining variations in the public sector, *Policy and Politics*, 13 (2).

Knapp M. (1989), Intersectoral differences in cost effectiveness : residential child care in England and Wales, in : James E., *The non profit sector in international perspective*. Oxford University Press.

Knapp M., Wistow G. (1993), Welfare pluralism and community care development : the role of local government and the non statutory sectors in social welfare services in England, *Discussion Paper*, (13).

Lallement J. (1997), Introduction à une approche historique des rapports entre prix et normes : du juste prix au prix juste, *Economies et Sociétés*, Histoire de la pensée économique, Série P.E., 25 (1), 5-15.

Lapierre N. (2000), Changement de nom : le signe, la haine, le soi, in : Benbassa E., Attias J.-C., *La haine de soi. Difficiles identités*, Complexe, Bruxelles, 273-292.

Laville J.L. (1992), *Les services de proximité en Europe*, Syros Alternatives, Paris.

Laville J.L., Gardin L. (dir.) (1996), *Les initiatives locales en Europe. Bilan économique et social*, CRIDA-LSI, Paris.

Laville J.L., Nyssens M. (1996), Les services de proximité : un enjeu de société, *Wallonie*, (48), 1-20.

Laville J.L. (1997), Le renouveau de la sociologie économique, *Cahiers internationaux de Sociologie*, Sociologies économiques, (CIII), 229-235.

Le Grand J., Barlett W. (Eds) (1993), *Quasi-Market and Social Policy*, The Mac-Millan Press, London.

Lefèvre C. (1997), Un modèle multidimensionnel de la qualité de vie : Analyse des bénéfices des entreprises de formation par le travail en Hainaut, *Les Cahiers du CERISIS 97/3b*, Université catholique de Louvain, Charleroi.

Lefèvre C. (1999), *Qualité de vie multidimensionnelle et formation par le travail : pertinence de l'approche et validation du questionnaire*, Rapport de recherche destiné à la Région Wallonne et au Fonds Social Européen, CERISIS-UCL.

Lefèvre C. (2000), *Qualité de vie multidimensionnelle et formation par le travail : analyse des première et seconde vagues d'enquêtes*, Rapport de recherche destiné à la Région Wallonne et au Fonds Social Européen, CERISIS-UCL.

Lefèvre C. (2001), *Qualité de vie multidimensionnelle et formation par le travail : une étude longitudinale en Hainaut*, *Les Cahiers du CERISIS 01/16*, Université catholique de Louvain, Charleroi.

Legendre R. (1993), *Dictionnaire actuel de l'éducation*, 2ᵉ édition, Guérin, ESKA.

Leroy R. (1996), L'économie comme culture : le culturel du second capitalisme, *Actes du colloque Culture et Société*, Ministère de la Communauté française, Bruxelles, 29-42.

Lesiw A. (1998), Les transferts de l'assurance chômage vers les CPAS, *Mouvement Communal*, (733), 80ᵉ Année, 596-600.

Lévesque B., Bourque G.L., Forgues E. (1997), La sociologie économique de langue française : originalité et diversité des approches, *Cahiers internationaux de Sociologie*, Sociologies économiques, (CIII), 265-294.

Liénard G. (1998), *Syllabus du cours de sociologie des organisations*, FOPES, Louvain-la-Neuve.

Lipietz A. (1997), *La société en sablier. Le partage du travail contre la déchirure sociale*, La Découverte, Paris.

Liu B. (1973), Quality of life : Concept, measure, results, *The American Journal of Economics and Sociology*, (34), 1-13.

Lorenzi-Cioldi F. (1998), Group status and perception of homogeneity, in : Stroeibe W., Hewstone M. (Eds), *European Review of social psychology*, (9), Wiley, Chichester.

Malinvaud E. (1997), Pourquoi les économistes ne font pas de découvertes, *Problèmes économiques*, (2515), 1-7.

Manço A. (1994), Stratégie d'orientation scolaire et insertion sociale : contexte général et cas des jeunes marocains en Belgique francophone, *International Review of Education*, 40 (2), 97-112.

Mangez E. (2000), Stratégies familiales en matière d'orientation scolaire, http ://www.cicred.ined.fr/education/education_f.html

Maroy C., Fusulier B. (1998), Institutionnalisation et marginalité : la place de la formation en alternance en Communauté française de Belgique, *Critique Régionale*, Cahiers de sociologie et d'économie régionales, (26/27), ULB, Bruxelles, 77-120.

Marquie H., Curie J. (1993), Nouvelle contribution à l'analyse du système des activités, *Le Travail Humain*, 56 (4), 369-379.

Marsh H.W. (1990), Influences of internal and external frames of reference on the formation of math and english self-concepts, *Journal of Educational Psychology*, (82), 107-116.

Martens (1998), *Ontwerp van decreet houdende de erkenning en de subsidiëring van verenigingen en welzijnsvoorzieningen in de thuiszorg*, Memorie van toelichting, Vlaams ministerie van Cultuur, Gezin en Welzijn, December.

Mathieu J.E., Martineau J.W., Tannenbaum S.I. (1993), Individual and situational influences on the development of self-efficacy : Implications for training effectiveness, *Personnel Psychology*, (46), 125-147.

Mercier C. (1987), La qualité de vie : perspectives théoriques et empiriques, *Santé mentale au Québec*, 12 (1), 135-143.

Meulders D., Plasman R. (1996), Du Cadre Spécial Temporaire aux services de proximité : à la recherche du quaternaire, *Le développement de services de proximité, Approches socioéconomiques, Balises pour un débat*, Bureau fédéral du Plan, 63-76.

Michalos M. (1980), *The psychology of happiness*, Methuen & CO. LTD, London.

Mikolajczak E., Mathieu M. (1992), *La gestion financière des asbl*, Ced. Samson.

Mikolajczak E. (1996), Commission d'agrément : les ratios, *L'Essor*, (7).

Miles M.B, Huberman A.M. (1984), *Qualitative data analysis. A source book of new methods*, Sage, Bervely Hills.

Milgrom P., Roberts J. (1992), *Economics, organization and Management*, Prentice Hall International, Englewood Cliffs, New Jersey.

Ministère de la Région Wallonne (1999), *Plan de développement Phasing out Hainaut 2000-2006*, approuvé par le Gouvernement Wallon, Site Web de la Région wallonne, Namur, 39-47.

Ministère des Affaires Économiques (1997), *Enquête sur les forces de travail 1997*, Statistiques Sociales, Institut National de Statistique, Bruxelles, 45-48.

Ministère Fédéral de l'Emploi et du Travail (1998), *La politique Fédérale de l'Emploi. Rapport d'évaluation 1998*, Ministère fédéral de l'Emploi et du Travail, Bruxelles, 201 p.

Ministère Fédéral de l'Emploi et du Travail (1999), *La politique Fédérale de l'Emploi. Rapport d'évaluation 1999*, Ministère fédéral de l'Emploi et du Travail, Bruxelles, 205 p.

Mitchell T.R., Hopper H., Daniels D., George-Falvy J., James L.R. (1944), Predicting self-efficacy and performance during skill acquisition, *Journal of Applied Psychology*, 79 (4), 506-517.

Molgat M. (1999), De l'intégration à l'insertion... Quelle direction pour la sociologie de la jeunesse au Québec?, in : Gauthier M., Guillaume J.F, *Définir la jeunesse ? D'un bout à l'autre du monde*, Presses de l'université de Laval.

Mongin O. (1998), Du capitalisme fordiste au capitalisme patrimonial. Introduction aux travaux de M. Aglietta, *Esprit*, (247), 130-141.

Moreau de Bellaing L. (2000), Les exclus modernes entre indignité, honte et haine de soi, in : Benbassa E., Attias J.-C., *La haine de soi. Difficiles identités*, Complexe, Bruxelles, 189-204.

Morel S. (1998), Emploi et pauvreté aux États-Unis : les politiques de Workfare, in Barbier J.C., Gautié J. (dir.), *Les politiques de l'emploi en Europe et aux Etats-Unis*, PUF, Les Cahiers du Centre d'Études de l'Emploi, Paris, 219-234.

Mossé P. (1998), Pour une analyse socioéconomique du bénévolat associatif, *RECMA*, (267), 40-51.

Mukherjee S., Lightfoot J., Sloper P. (2000), The inclusion of pupils with a chronic health condition in mainstream school : what does it mean for teachers?, *Educational Research*, 42, (1), 59-72.

Nagels J. (1999), Le modèle belge de capitalisme, in : Delwit P., De Waele J.-M., Magnette P. (1999), *Gouverner la Belgique. Clivages et compromis dans une société complexe*, Presses Universitaires de France, Paris, 169-216.

Neuville J. (1977), *La condition ouvrière au XIXe siècle. Tome 2. L'ouvrier suspect*, Ed. Vie Ouvrière, Histoire du Mouvement ouvrier en Belgique, Bruxelles, 271 p.

Nicole-Drancourt C. (1991), *Le labyrinthe de l'insertion*, La documentation française.

Nicole-Drancourt C. (1992), L'idée de précarité revisitée in revue *Travail-emploi*, 52.

Nicole-Drancourt C., Roulleau Berger L. (1995), L'insertion des jeunes en France, *Que sais-je*, (2977).

Nyssens M., Petrella F. (1996), L'organisation des services de proximité à Charleroi : vers une économie plurielle?, *Les cahiers du CERISIS, 96/1*, Université catholique de Louvain, Charleroi.

Nyssens M. (1997), Les services de proximité, in : Van der Linden B., *Chômage, réduire la fracture*, De Boeck, Bruxelles, 437-452.

Nyssens M. (2000), Les approches économiques du tiers-secteur, apports et limites des analyses anglo-saxonnes d'inspiration néo-classique, *Sociologie du travail*, (42), 551-565.

OCDE (1997a), *Perspectives de l'emploi*, OCDE, Paris, 236 p.

OCDE (1997b), *Etudes économiques de l'OCDE : Belgique-Luxembourg*, Paris, 244 p.

O'Brien G.E., Feather N.T., Kabanoff B. (1994), Quality of activities and the adjustment of unemployed youth, *Australian Journal of Psychology*, 46 (1), 29-34.

Observatoire du Crédit et de l'Endettement, asbl (1999), *Prévention et traitement du surendettement en Région wallonne. Rapport d'évaluation*, Observatoire du Crédit et de l'Endettement, Charleroi, 181 p. et annexes.

Olson G.I., Schober B.I. (1993), The satisfied poor, *Social Indicators Research*, 28 (2), 173-193.

ONAFTS (1998), Le Fonds d'équipements et de services collectifs, *Rapport annuel 1997*, ONAFTS, Bruxelles, 81-82.

Ooghe H., Van Wymeersch C. (1982), *Traité d'analyse financière*, Presses Universitaires de Namur, 1.
Orlean A. (1999), *Le pouvoir de la finance*, Odile Jacob, Paris.
Osborne S. (1998), *Voluntary Organizations and Innovation in Public Services*, Routledge, United Kingdom.
Pacolet J., Bouten R., Lanoye H., Versieck K. (1998), *La protection sociale des personnes agées dépendantes dans les 15 pays de L'UE et Norvège*, HIVA, Katolieke Universiteit Leuven, Leuven.
Palsterman P. (1996), Assurance chômage et pauvreté, *Revue Belge de Sécurité Sociale*, Ministère fédéral des Affaires Sociales, 38 (3), 611-638.
Paugam S. (1996), *L'Exclusion. L'Etat des savoirs*, La Découverte, Paris.
Paugam S. (2000), *Le Salarié de la Précarité*, PUF, Le Lien Social, Paris.
Phelps E. (Eds) (1975), *Altruism, Morality and Economic Theory*, Russel Sage Foundation, New York.
Pjetri J., Boucher F. (1993), Socialisation, formation, deux missions de l'enseignement professionnel : représentation au sein de l'école et de l'entreprise, *Critique Régionale*, (18).
Polanyi K. (1953), *Semantics of General Economic History*, Columbia University, New York.
Polanyi K. (1983), *La grande transformation*, Gallimard, Paris.
Pourtois H., Chaumont J.-M. (2000), Justice sociale et attentes de reconnaissance, in : Capron M., Liénard G. (coordonné par), *Face à la mondialisation. Justice sociale, développement économique et contrepouvoirs*, Couleur Savoir, EVO, Bruxelles, 135-146.
Rawley K.M., Feather W.T. (1987), The impact of unemployment in relation to age and lenght of unemployment, *Journal of Occupational Psychology*, (60), 232-332.
Rawls J. (1972), *A Theory of Justice*, Clarendon Press, Oxford.
Réa A. (1991), *Les politiques d'insertion professionnelle des jeunes (1981-1990)*, CRISP, Courrier Hebdomadaire (1306-1307), Bruxelles, 65 p.
Réa A. (1997), *La société en miettes. Épreuves et enjeux de l'exclusion*, Labor, Quartier Libre, Bruxelles, 93 p.
Région Wallonne, Fondation Roi Baudouin (1995), *Portrait social de la Wallonie. Niveau de vie, pauvreté et inégalités*, Fondation Roi Baudouin, Bruxelles, 46 p.
Reman P., Molitor M. (2000), Syndicalisme belge entre citoyenneté et modernité in : Capron M., Liénard G. (coordonné par), *Face à la mondialisation. Justice sociale, développement économique et contrepouvoirs*, Couleur Savoir, EVO, Bruxelles, 95-114.
Rey B. (1996), *Les compétences transversales en question*, ESF, Paris.
Ricœur P. (1991), *Lectures 1. Autour du politique*, Seuil, La Couleur des idées, Paris, 408 p.
Ricœur P. (1998), Il y a de la vérité ailleurs que chez soi, *L'Express*, 9-11.
Ringen S. (1995), Well-being, measurement, and preferences, *Acta Sociologica*, (38), 3-15.
Roberts K., Lamb K.L., Dench S., Brodie D.A. (1989), Leisure patterns, health status and employment status, *Leisure studies*, (8), 229-235.
Rocard M., Ricœur P. (1991), Justice et Marché. Entretien entre Michel Rocard et Paul Ricœur, *Esprit*, (168), 5-23.
Roques M., Cascino N., Curie J. (1990), Durée du chômage et phases d'évolution des chômeurs, *Revue Internationale de Psychologie Sociale*, 3 (1), 50-66.
Roques M., Gelpe D. (1994), Interdépendance des domaines de vie et difficultés d'insertion professionnelle, in : Guinguain G., Le Poultier F. (Eds), *A quoi sert aujourd'hui la psychologie sociale ?*, Presses Universitaires de Rennes.
Roques M. (1995), *Sortir du chômage*, Ed. Mardaga, Liège.

Rosanvallon P. (1995), *La Nouvelle Question sociale. Repenser l'Etat-Providence*, Le Seuil, Paris.

Rosenberg M., Schooler C., Schoenbach C., Rosenberg F. (1995), Global self-esteem and specific self-esteem : different concepts, different outcomes, *American Sociological Review*, (60), 141-156.

Roulleau-Berger L. (1997), L'expérience de la précarité juvénile dans les espaces intermédiaires, Revue *Formation emploi*, (57).

Roulleau-Berger L. (1999), Pour une approche constructiviste de la socialisation des jeunes in : Gauthier M., Guillaume J.F., *Définir la jeunesse ? D'un bout à l'autre du monde*, Les Presses de l'Université de Laval.

Saks A.M. (1995), Longitudinal field investigation of the moderating and mediating effects of self-efficacy on the relationship between training and newcomer adjustment, *Journal of Applied Psychology*, 80 (2), 211-225.

Salamon L. (1995), *Partners in Publics Service : Government -Nonprofit relations in the modern Welfare State*, John Hopkins University Press, Baltimore/London.

Samuel N. (1986), Histoire et sociologie du temps libre en France, *Revue Internationale des sciences sociales*, (107), 54-68.

Sayad A., Laacher S. (1998), Insertion, intégration, immigration : la définition des mots est toujours un enjeu dans les luttes sociales, in : Charlot B., Glasman D., *Les jeunes, l'insertion, l'emploi*, PUF, Pédagogie d'aujourd'hui, Paris, 166-185.

Seeman T, McAvay G., Merrill S., Albert M., Rodin J. (1996), Self-efficacy beliefs and change in cognitive performance : MacArthur studies of successful aging, *Psychology and Aging*, 11 (3), 538-551.

Seligman (1975), *Helplessness : on depression, development and death*, Freeman, San Francisco.

Sen A. (1985), *Commodities and capabilities*, North-Holland, Amsterdam.

Sen A. (1986), The standard of living, in : S. McMurrin (Ed.), *Tanner Lectures of Human Values, vol. VII*, Cambridge University Press, England, Cambridge.

Sen A. (1992), *Inequality reexamined*, Russel Sage Foundation, Clarendon Press, New York, Oxford.

Sen A. (1993), *Ethique et Economie*, PUF, Paris.

Sen A. (1999), *L'Economie est une science morale*, La Découverte, Paris.

Sennett R. (2000), *Le Travail sans qualités. Les conséquences humaines de la flexibilité*, Albin Michel, Paris, 221 p.

Shamir B. (1986), Self-esteem and the psychological impact of unemployment, *Social Psychology Quarterly*, (49), 61-72.

Shea W.R., King-Farlow J. (1976), *Values and the quality of life*, Science History Publications, New York.

Simoens P., Denys J., Denolf L. (1998), *Les entreprises et le recrutement en Belgique en 1997*, Étude réalisée à la demande de l'UPEDI, HIVA-UPEDI, Leuven, 104 p.

Simon H. (1976), From Substantive to Procedural Rationality, in : S.J. Latis, *Method and Appraisal in Economics*, Cambridge University Press, Cambridge, 129-148.

Smith D. (1973), *The geography of social well-being in the United-States : An introduction to territorial social indicators*, Mc Graw Hill, San Francisco.

Stankiewicz F., Foudi R., Trelcat M.-H. (1993), Réponse au commentaire de G. Podevin, *Formation Emploi*, (41), 37-41.

Stankiewicz F. (1995), La mesure de l'efficacité des stages de formation destinés aux demandeurs d'emploi, *Travail et Emploi*, 64 (3), 49-63.

Supiot A. (sous la direction de) (1999), *Au-delà de l'emploi. Transformations du travail et devenir du droit du travail en Europe*, Flammarion, Paris, 321 p.

Swinburne P. (1981), The psychological impact of unemployment on managers and professional staff, *Journal of Occupational Psychology*, (54), 47-64.

Tajfel H. (1981), *Human groups and social categories*, Cambridge University Press, Cambridge.

Tajfel H. (1982), *Social identity and intergroup relations*, Cambrigde University Press, Cambridge.

Tanguy L. (sous la direction de) (1986), *L'introuvable relation formation/emploi. Un état des recherches en France*, La Documentation Française, Paris, 302 p.

Thuderoz C., Mangematin V., Harrisson D. (1999), *La Confiance. Approches économiques et sociologiques*, Gaëtan Morin Editeur, Europe, Paris, 322 p.

Thuderoz C. (2000), *Négociations. Essai de sociologie du lien social*, PUF, Le Sociologue, Paris, 290 p.

Underlid K. (1996), Activity during unemployment and mental health, *Scandinavian Journal of Psychological*, (37), 269-281.

Vala J. (1993), Privation relative inter-groupale, identité sociale et action sociopolitique, in : Beauvois J.-L., Joule R.-V. (Eds), *Perspectives cognitives & conduites sociales IV*, Delachaux & Niestlé.

Valenduc C. (2000), La répartition des revenus. Des approches classiques à la question du partage entre les générations, *Reflets et Perspectives de la vie économique*, De Boeck Université, XXXIX (1), 59-75.

Vallerand R.J., Thill E.E. (dir.) (1993), *Introduction à la psychologie de la motivation*, Vigot, 240-246.

Van Parijs Ph. (1991), *Qu'est-ce qu'une société juste ? Introduction à la pratique de la philosophie politique*, Collection La couleur des Idées, Seuil, Paris.

Van Ryn M., Vinokur A.D. (1992), How did it work ? An examination of the mecanisms throught wich an intervention for the unemployed promoted job-search behavior, *American Journal of Community Psychology*, (20), 577-597.

van Ypersele D., Gaussin C. (1998), Recherche évaluative du projet de réinsertion sociale et professionnelle à Dampremy, *publication interne*, CERISIS-UCL, Charleroi.

Vanheerswynghels A. (1998), Trajectoires scolaires, prolongation de la scolarité et insertion professionnelle des jeunes, *Critique Régionale, Cahiers de sociologie et d'économie régionales*, (26/27), ULB, Bruxelles, 37-58.

Verhaegen L., Deykin E.Y., Sand E. (1994), Depressive symptoms and employment status among belgian adolescents, *Revue Epidémiologique et Santé Publique*, (42), 119-127.

Verly J. (1999), *Les rouages de l'emploi. Relations collectives de travail et protection sociale*, Bruylant-Académia, Louvain-la-Neuve, 191 p.

Vernières M. (1997), *L'insertion professionnelle. Analyses et débats*, Economica, Paris.

Vinokur A.D., van Ryn M., Gramlich E.M., Price R.H. (1991), Long-term follow-up and benefit-cost analysis of the jobs program : a preventive intervention for the unemployed, *Journal of Applied Psychology*, 76 (2), 213-219.

Walzer M. (1997), *Sphères de justice. Une défense du pluralisme et de l'égalité*, Du Seuil, La couleur des idées, Paris, 476 p.

Warr P.B. (1987), *Work, unemployment and mental health*, Clarenton Press, Oxford.

Warr P., Jackson P. (1985), Factors influencing the psychological impact of prolonged unemployment and reemployment, *Psychological Medecine*, (15), 213-219.

Weinberg A. (1998), Socioéconomie : Derrière le marché, le lien social..., *Sciences Humaines*, L'économie repensée : Théories, enjeux, politiques, hors série (22), 18-20.

Willaert A. (1996), Les emplois sociaux resteront précaires !, *Bis*, Conseil Bruxellois de Coordination Sociale, (136), 5-11.

Wistow G., Knapp M., Hardy B., Allen C. (1994), *Social Care in a Mixed Economy*, Open University Press, Buckingham.

Xiberras M. (1998), *Les théories de l'exclusion*, A. Colin, Références Sociologie, Paris, 242 p.

Table des matières

Introduction 7

PREMIÈRE PARTIE
REGARDS DISCIPLINAIRES SUR L'INSERTION

Chapitre 1
Regards sociologiques 21
1. Conception fonctionnaliste 23
    a) Emile Durkheim 24
    b) Talcott Parsons 25
    c) Robert Castel 26
2. Conception conflictuelle 27
3. Conception constructiviste 30
Conclusion 33

Chapitre 2
Regards psychologiques 35
1. Entre conception normative et conception objectivante 35
2. Le concept d'insertion en sciences de l'éducation 39
    a) En milieu scolaire 40
    b) En éducation des adultes 43
3. Une analyse psychosociale 45
    a) L'insertion confrontée à ses limites méthodologiques 46
    b) L'insertion sur le plan de la pratique sociale et politique .. 47
Conclusion 51

Chapitre 3
Regards économiques 53
1. Le paradigme néo-classique et ses extensions 54
    a) L'homo-œconomicus ou l'agent économique rationnel 54
    b) L'allocation des ressources via le marché 55
    c) De la coordination par le marché à la coordination
       organisationnelle 58
    d) De la rationalité «substantielle» à la rationalité limitée 59
    e) Théorie néo-classique : positive ou normative ? 60
2. Les courants hétérodoxes ou la socioéconomie 62
Conclusion 66

DEUXIÈE PARTIE
ENSEIGNEMENT ET INSERTION

Chapitre 4
Indépassable hiérarchie des enseignements ? 77
1. Le concept de hiérarchie instituée 78
2. La hiérarchie aux 2e et 3e degrés et le processus de diffusion vers l'amont 79
3. Fondements de la hiérarchie 80
4. Evolutions récentes 82
5. Les tensions observables au premier degré 85
6. Actions politiques 86
Conclusion 88

Chapitre 5
L'enseignement qualifiant entre sphères familiale et professionnelle : le cas des services sociaux et familiaux 91
1. L'articulation entre famille et emploi dans les projets des jeunes ... 92
   a) Le monde du travail dans les projets d'avenir 92
   b) La polyvalence féminine 94
   c) Liens entre sphères professionnelle et familiale 95
   d) Conceptions de l'articulation entre sphères familiale et professionnelle 96
2. Les valeurs professionnelles : entre pôle domestique et pôle professionnel 100
   a) Le paradoxe entre les logiques du don de soi et de la rétribution 101
   b) Les compétences relationnelles : entre l'affectif et le technique 102
   c) La minimisation des tâches ménagères 106
Conclusion 108

TROISIÈME PARTIE
INSERTION, QUALITÉ DE VIE ET PROCESSUS PSYCHOSOCIAUX

Chapitre 6
Insertion et qualité de vie : une approche multidimensionnelle 119
1. Qualité de vie et Entreprises de Formation par le Travail ... 119
2. Définir la qualité de vie : dogmatisme, subjectivisme et... fonctionnement 121
   a) Le dogmatisme des indicateurs objectifs de qualité de vie ... 121
   b) La relativité du jugement de bien-être 122
   c) Une définition multidimensionnelle de la qualité de vie ... 125
3. Opérationalisation : étude de la qualité de vie de jeunes en formation ... 127
   a) Le dispositif de l'étude et le questionnaire de qualité de vie ... 128
   b) Quelques résultats en faveur d'une approche multidimensionnelle de la qualité de vie 130
Conclusion 137

Chapitre 7
Activités, santé mentale et mobilité professionnelle 141
1. Du rôle des activités 141
2. Contexte de la recherche 146
   a) Participants à l'étude 146
   b) Plan d'échantillonnage 146
3. Santé mentale et mobilité professionnelle 148
   a) Santé mentale 148
   b) Mobilité professionnelle 150
   c) Place des caractéristiques sociales et individuelles 152
Conclusion 153

Chapitre 8
**Le Sentiment d'efficacité personnelle, une composante
de l'insertion ?** 159
1. L'individu au centre de la formation 160
2. Le sentiment d'efficacité personnelle : un vecteur potentiel
   de développement 162
3. Une analyse sur le terrain 163
   a) Un sentiment d'efficacité personnelle multidimensionnel 164
   b) L'évolution du sentiment d'efficacité personnelle au cours
      de la formation 165
   c) Le sentiment d'efficacité personnelle, une composante
      de l'insertion ? 169
Conclusion 170

QUATRIÈME PARTIE
INSERTION ET ACTION PUBLIQUE

Chapitre 9
L'ambivalence des politiques d'insertion 181
1. Déstructuration du salariat et émergence des groupes à insérer 182
   a) Régime de croissance fordiste et construction de la sécurité
      d'existence du salariat 182
   b) Régime de croissance patrimonial et transformation du salariat 183
   c) Transformation du mode de production des inégalités
      et processus d'insécurisation du salariat 186
2. Processus de déstabilisation et création de « précaires assistés » 188
   a) Vulnérabilité et précarité : dimension économique et sociale
      du processus 188
   b) Précarisation et stigmatisation : dimension symbolique
      et idéologique du processus 191
3. Les politiques d'insertion : enjeu ambivalent 195
   a) Les politiques d'insertion parmi les politiques du marché
      du travail et les politiques sociales 195
   b) La question de l'ambivalence structurelle des actions
      et des politiques d'insertion 196
4. Points de repère des actions d'insertion vers une société « plus juste » 200

a) Premier repère : identification de la hiérarchie
des responsabilités de chacun des acteurs 200
b) Deuxième repère : relations entre emploi, insertion
et octroi de reconnaissance sociale 207
c) Troisième repère : rapports sociaux «à somme positive» 208
Conclusion 209

Chapitre 10
**Analyse multidimensionnelle du coût des entreprises de formation
par le travail** 213
1. Dualité de financements 214
2. Impact des facteurs structurels des EFT sur la politique de subvention
du secteur 217
   a) Modèle de production de bien-être 217
   b) Estimation économétrique d'une fonction de coût dépendante
   des circonstances de production 219
Conclusion 223

Chapitre 11
Parcours d'insertion et trajectoires individuelles 227
1. Quelles modalités d'insertion au cours de l'histoire? 229
2. Logiques sequentielles ou simultanees? 230
   a) Processus d'apprentissage : interaction entre aspects sociaux
   et cognitifs 230
   b) La pyramide des besoins de Maslow 231
3. Analyse empirique 232
   a) Recherche 1 : logique de séquentialité ou de simultanéité? 233
   b) Recherche 2 : attentes des stagiaires et des concepteurs 235
Conclusion 238

Chapitre 12
**Les services de proximité : pluralité d'acteurs et d'effets
sur l'insertion** 241
1. Grille d'analyse 243
2. Insertion des travailleurs 245
   a) Insertion professionnelle 245
   b) Insertion sociale et citoyenne 248
3. Insertion des usagers et de leur entourage 249
   a) Services de proximité, support à l'insertion professionnelle
   et sociale des usagers 249
   b) Insertion des usagers et enjeux d'équité 251
   c) Insertion des usagers et qualité des services 253
   d) Quelle externalisation des activités en dehors de la sphère
   domestique? 254
4. Insertion des bénévoles 255
5. Environnement socioéconomique et conditions structurelles
de l'insertion 258
6. Vers une insertion multidimensionnelle au sein des services
de proximité 260

a) Subventionnement des services 260
   b) Statut des travailleurs et des bénévoles 262
   c) Soutien au développement des initiatives locales....................... 263

Références bibliographiques 269